U0580121

"中国好老师"在行动

2017年

"中国好老师"育人故事

教师篇之一

主 编

"中国好老师"公益行动计划办公室

北京师范大学中国基础教育质量监测协同创新中心

北京师范大学出版集团
BEIJING NORMAL UNIVERSITY PUBLISHING GROUP
北京师范大学出版社

图书在版编目（CIP）数据

2017年"中国好老师"育人故事．教师篇之一／"中国好老师"公
益行动计划办公室，北京师范大学中国基础教育质量监测协同创新
中心主编．—北京：北京师范大学出版社，2018.12
（"中国好老师"在行动）
ISBN 978-7-303-24445-4

Ⅰ.①2… Ⅱ.①中… ②北… Ⅲ.①优秀教师－先进事迹－中国－
现代 Ⅳ.①K825.46

中国版本图书馆CIP数据核字(2018)第279100号

营 销 中 心 电 话　010-58802181 58805532
北师大出版社职业教育网　http://zjfs.bnup.com
电 子 信 箱　zhijiao@bnupg.com

2017 NIAN ZHONGGUO HAOLAOSHI YUREN GUSHI
JIAOSHIPIAN ZHI YI

出版发行：北京师范大学出版社　www.bnup.com
　　　　　北京新街口外大街19号
　　　　　邮政编码：100875
印　　刷：北京盛通印刷股份有限公司
经　　销：全国新华书店
开　　本：787mm×1092mm　1/16
印　　张：17.75
字　　数：290千字
版　　次：2018年12月第1版
印　　次：2018年12月第1次印刷
定　　价：68.00元

策划编辑：姚贵平　伊师孟　　　责任编辑：伊师孟　郭　瑜
美术编辑：焦　丽　　　　　　　装帧设计：瀚视堂　李少华
责任校对：段立超　　　　　　　责任印制：陈　涛
特约编辑：李　葳　冯谦益　李少华

版权所有　侵权必究

序 言

2014年9月9日，习近平总书记在北京师范大学考察时发表了《做党和人民满意的好老师》重要讲话，号召广大教师做有理想信念、有道德情操、有扎实学识、有仁爱之心的"四有"好老师。同年12月，北京师范大学和其他十余所兄弟师范院校一起，面向全国中小学校和幼儿园发起了"中国好老师"公益行动计划，旨在提升我国基础教育阶段教师的育人素养和能力，推动教育公平及优质发展，促进亿万青少年儿童健康成长。

几年来，"中国好老师"公益行动计划大力弘扬"四有"好老师精神，营造了立德树人、尊师重教、争做"四有"好老师的良好氛围，提升了基础教育阶段学校与教师的育人能力，产生了广泛的社会影响和认同。

当前，一方面，各地学校和教师在推进基础教育事业发展的过程中创新了科学有效的实践举措，积累了丰富的育人经验，总结形成了很多优秀成果，但这些好资源和好做法未能得到有效的交流与分享，亦未能得到广泛的传播；另一方面，我国部分地区和学校仍存在重智育轻德育、重教书轻育人的情况，亟须与同行交流，取长补短，提升整体育人功能。有鉴于此，"中国好老师"公益行动计划以学校共同体为基本组织形式，采取"总结—创新—宣传—表彰—推广"的方式，积极在广大中小学幼儿园中播撒优秀育人经验的火种。

2017年10月，"中国好老师"公益行动计划办公室面向各基地校开展了优秀育人案例征集活动，共收到相关案例近万篇。其中教师育人案例9000余篇，学校育人案例 600 余篇，各省市工作推进经验 60 余篇。"中国好老师"公益行动计划办公室邀请了来自高校、科研机构以及教育一线的 40 余位专家对这些案例进行了三轮评审，在择优表彰的同时，又遴选了一等奖案例结集出版，这就是此刻您手中这套《2017 年"中国好老师"育人故事》。

书中案例丰富翔实，记录了育人过程中生动感人的珍贵点滴。这些案例均来自鲜活的教育实践现场，提炼和总结了不同育人情境中的有效方法，记录了教师在育人探索中的心路历程。它们之所以具有打动人心的力量，不仅因为处处展示出教师的育人智慧、对孩子们的仁爱之心以及对教育的热爱之情，而且更因为它们真实可信。希望这些优秀案例得以广泛传播。我相信，不仅广大教师能从中汲取育人方法，获得育人动力，教育研究者和观察者也会受益匪浅。当越来越多优良的育人经验和做法在实践中生长，我们的教师就能收获更为精彩的教育人生，我们的学生就能够拥有更加灿烂的明天。

百年大计，教育为本。教育大计，教师为本。在 2018 年教师节期间召开的全国教育大会上，习近平总书记特别强调了教师的重要作用和崇高地位，指出广大教师是人类灵魂的工程师，是人类文明的传承者，承载着传播知识、传播思想、传播真理、塑造灵魂、塑造生命、塑造新人的时代重任，勉励广大教师在教书育人岗位上为党和人民的事业做出新的更大的贡献。习近平总书记的重要讲话为我们建设新时代教师队伍指明了方向。新时代呼唤新作为，"中国好老师"公益行动计划将继续与各基地校携手，汇聚力量，为亿万青少年儿童的健康成长和美好未来不断努力。作为全国师范院校的排头兵，北京师范大学将进一步贯彻落实习近平总书记重要讲话精神，以习近平新时代中国特色社会主义思想为指引，继续贯彻落实立德树人根本任务，搭建"四有"好老师成长平台，为建设教育强国、努力实现"两个一百年"的奋斗目标和中华民族伟大复兴的中国梦，积极贡献应有的力量。

董奇

2018 年 11 月

目 录
CONTENTS

你的成长我陪伴

我的成长我做主

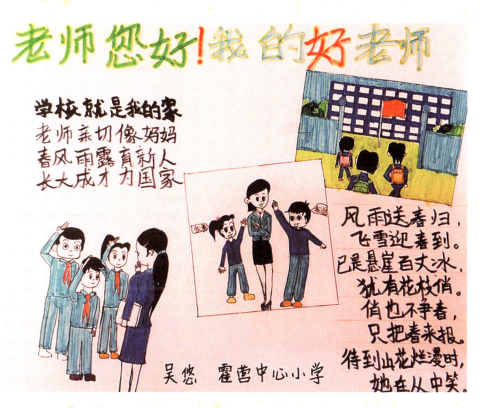

作者：吴　悠（一年级二班）　　指导教师：么胜男　学校：北京市昌平区霍营中心小学

导　读

　　国无德不兴，人无德不立。立德树人是中华民族伟大复兴的强国之基，是教育改革的根本任务。班级管理是立德树人的重要渠道，有着不可替代的独特作用。"中国好老师"公益行动计划特邀育人专家引领一线班主任以班级管理为抓手，对育人工作进行了多层面多视角的探索，在研究中践行文化育人、活动育人、实践育人、环境育人，理念先进，策略创新，活动丰富，效果显著。

　　下面的班级管理案例涉及班主任工作的很多方面，特色鲜明，为一线教师改进班级育人工作、提升班级育人效果奉献了新理念、新策略和新方法。"管是为了不管"，班级管理工作要创造机会和条件充分发挥学生的主体性，促进学生实现自主管理和自我教育。班级管理要面向全体，关注差异，针对不同类型和特点的学生采用不同的教育策略和方法。班级管理不是枯燥空洞的说教，而是通过活动中的深度体验和真情感悟，助力学生由知到行的自觉转化。班级管理需要文化浸润，让学生在真善美的高尚文化中被熏陶和感染。班级管理不单是班主任的事情，学生存在的很多问题，不管是学业问题还是行为习惯问题，或是心理思想问题，往往都需要班主任与学科教师协同作战，合力攻关。班级协同、全员育人是保障育人效果的重要法宝。一线教师是如何践行这些班级育人的新理念，又有哪些好的策略和方法呢？请大家细细品味这些案例，它们定能从不同角度启迪您的智慧，激发您开创班级管理和育人工作的新局面。

导读者

　　李小红，北京师范大学教育学部课程与教学研究院教授、教育学博士，美国威斯康星大学麦迪逊分校访问学者，主要研究教师发展与教师政策、科学教育、基础教育改革。所著的《教师与课程：创生的视角》曾获第四届全国教育科学研究优秀成果二等奖，发表了《坚持少而精 践行生为本——特级教师郑忠斌的化学教学思想初探》《我国教师课程创生的缺失与偏狭》等论文。

我给你平台　你送我惊喜

黑龙江省双鸭山市尖山区一马路小学　王和珍

　　光阴荏苒，岁月如梭，转眼间我已从事教育工作23年了。在这23年里，我一直担任班主任。作为一名老班主任，在紧张繁忙的教育教学工作中，我不但注重知识的传授，而且注重学生能力的培养和提高。我想办法、找机会，为孩子创造机会、搭建平台，让所有的学生都对未来充满了希望。

　　2014年9月，我又接了一个一年级新班。为了培养孩子的参与意识和合作意识，锻炼孩子的语言表达能力，我决定从一年级下学期开始实施"培养班队会主持人"的计划。可谁做第一个主持人呢？看着孩子们那一双双流露着胆怯的眼睛，望着他们紧锁的眉头，我犯难了。哎，万事开头难啊！孩子们都生怕第一个会是自己。我苦思冥想，先安排了几个平日里表现积极的学生来当主持人，并且要求他们自己选择一名同学做搭档。我只提供班队会的主题和基本要求，内容和形式由家长协助主持人设计，所有的参与人员由主持人自由选择，并且主持人和所有参与人员需要在班队会前做好一切准备工作。最终在家长的大力支持和配合下，在孩子们浓厚的兴趣和好奇心的驱动下，第一次的班队会获得了圆满成功。我抓住这一契机，利用微信平台，将孩子们首次登台亮相时精彩绝伦的表现发到家长微信群，迎来了家长们的一致赞扬，孩子们的主持热情也随之高涨。仅仅一个学期，十几个小主持人就在我们班产生了。

　　到了二年级，我开始"大撒网"，让学生毛遂自荐，主动来当主持人，唯一的条件是必须由一个主持过的学生带着一个新手，搭档主持班会。就这样，我们班兴起了"手拉手""老带新"的主持小高潮，平时的课间、双休日，他们谈论的话题大多都是与班队会有关的，有的家长还把两个小主持人聚到一起练习，真是全家上下齐上阵啊！又一学期下来，有主持经验的同学越来越多了，就连家长们也风趣地说："我这才明白班队会是怎么一回事儿啊。""我也学会设计班队会内容了。""我姑娘平时少言寡语，现在竟然敢主动当主持人了。""这样丰富多彩的班队会不但使学生受到思想道德教育，而且还锻炼了孩子们的能力，我们做家长的必须大力支持这项活动。"听了家长高度赞扬的话语，看到他们积极配合的态度，我工作的动力和信心又增强了不少。

到了二年级下学期，我要求所有没有当过主持人的同学必须承担一次主持任务，搭档可以自己选择。有经验的主持人都求他们"选我吧！我会我会！""选我吧！所有的设计我全包了！"到了三年级，全班62人，人人都当过主持人了，人人都有了丰富的设计班队会的经验。于是，我就要求大家按学号轮流当主持人：1号和2号，3号和4号，5号和6号……每周的班队会，学生和家长都争先恐后地参与。同学们都做好充分的准备，内容丰富多彩，形式多种多样。内容确定后，家长就会把分配好的任务发到家长微信群，家长可以领着孩子提前熟悉稿件。班队会那天，有的主持人的家长主动到班级现场，亲自观看孩子们的表现，还把录像发到微信群，让全班的家长都来欣赏孩子们精彩的瞬间。现在，每次和家长、孩子们提起班队会，他们都兴奋不已。班队会成了我班家长与家长之间、学生与学生之间沟通的桥梁，成了孩子们逐步成长进步的平台。在这个平台上，家长们可以增进友谊、创造和谐；孩子们可以充分发挥、自由驰骋、展现自我、超越自我！

作为孩子们最亲密的引导者，教师要挖掘孩子们的艺术潜能，只单单抓住班队会这一个平台是远远不够的。为了让孩子们有更多的锻炼机会，我还用心设计其他平台让孩子们展示自己的风采。

一年级入学开始，我班每天安排五人讲课前小故事，按学号轮流，每学期每个孩子至少能上台讲故事七次，一直坚持了三年，效果显著。四年级刚开学，我又把这项活动改为"才艺展示"，按学号轮流，每天两人进行展示。学生的积极性再一次被调动起来，有人唱歌，有人跳舞，有人弹琴，有人打快板，有人打手鼓……真是让我大开眼界。家长们也特别支持，背着琴、扛着鼓，乐此不疲！两轮过后，我又改革了，即孩子们不用按学号轮流了，可以自由组合。孩子们编排集体舞、课本剧等，再一次展示自我，同时也培养了合作意识，增进了友谊。现在，孩子们已经能自编、自导、自演了，太令我吃惊了。这也许就是三年来我们师生、家长共同努力的成果吧！

作为教师的我们要善存于心，爱在于行。只要我们教师肯给学生搭建平台、创造机会，学生总会给我们带来惊喜！

点评

教师不仅是知识的传授者，更是学生学习的促进者。学生是学习的主人，教师是学生学习的组织者、引导者和合作者。对于教学而言，"教"是为了"不教"；对班级管理而言，"管"是为了"不管"。好的教育应该为每个学生的自由发展提供充分选择的机会和自由发展的空间，使每个学生都能走向成功。因此，班主任应该努力实现教育观念和教育角色的转变，从"牧羊人"成为"领头羊"，把班级还给学生，让班级成为学生成长的家园，让每一个学生都能在自主管理的班级中得到成长。培养班队会主持人和才艺展示的做法值得借鉴和推广。

我和学生一起做研究

江苏省扬州市汶河小学　王　静

在学校开展公民教育实践活动的大背景下，我和孩子们一起研究了我班的课题，真正给学生搭建了良好的成长平台。

确认和选择所要研究的问题

2012年3月，我班启动了"小公民实践活动"。通过观察、走访、讨论，我班最终确立的研究课题是"小学生校车公交化问题研究"。校车公交化就是指公交车在上学、放学特定时段为小学生提供校车式服务。

上学、放学时，学校周围的路况如何呢？同学们在育才小学、育才实验小学、东关小学、维扬实验小学、汶河小学的门口及站台进行了调查。结果显示，路上人车混杂，车子堵在一起，难以正常行驶，车声、喇叭声、人的叫喊声响成一片，孩子们在车流中穿梭。公交车门一开，大人、孩子都在拼命往上挤。有时，好几辆公交车一起进站，情况就更糟了。报纸、电视等媒体也多次曝光了四望亭路、南通东路、文昌路在放学时段的拥堵状况，还向市民征集解决相关路段拥堵现象的良方，可学校门前道路拥堵依旧，站台前混乱的现象依然存在。

同学们采访了交警支队的徐警官，得知市区每天会发生200起左右的交通事故，与小学生出行有关的就占10%。我们学校2000年发生过一起惨剧。乔校长清晰地记得那是12月的一个星期一，石塔站台前，12路车来了，人们贴着车跑，结果一个小男孩和一个小女孩被挤到车下，男孩当场身亡，女孩身受重伤。我们真的不希望这样惨痛的事情再次发生。

通过调查，同学们得知汶河小学五年级共有学生 825 人，乘公交上学的有 331 人，乘私家车上学的有 171 人，使用其他交通工具上学的有 323 人。通过估算，整个石塔校区三个年级，放学时公交站台前会有 993 名小学生在等车，校门口会有 513 台车在接孩子。如此大的交通压力，文昌路怎么承受得了呢？育才小学、育才实验小学、东关小学的情况也是如此。人多、车多，这就是造成道路拥堵、安全事故发生的重要原因。这样的情形与我们倡导的低碳、绿色、环保生活很不协调。扬州市区约有 76000 名小学生，乘公交车上学的有 8000 多人，比例似乎不大，为什么呢？同学们从发放的 400 份调查问卷中得知：76.25% 的市民对学校上学、放学时段的交通秩序状况很不满意；100% 的家长都认为让孩子独自乘坐公交车上下学很不放心，因为安全隐患太大。他们认为小学生校车公交化能缓解道路拥堵现象，能一定程度上保证孩子们的人身安全。校车公交化了，他们就放心让孩子乘车上学了。

这个问题该由哪些部门负责呢？同学们走访了市教育局、市公交公司、市公安局、市规划局。教育局的工作人员说，教育部门已经加强了对学生上下学的管理。他认为，同学们的想法很好，可国家目前没有明文规定，教育局也只能按规定行事。公交公司的张主任说，他们已经在上学和放学时段增派了公交站台的工作人员以进行疏导和维护秩序了，同时要求驾驶员在学校附近减速慢行。但他们的服务对象是广大群众，所以不可能在上下学时段为学生开设专用公交车。他还说，校车公交化想法很好，但需要政府投入资金，在各方面进行大力支持。同学们又去了规划局采访，蔡主任说："规划局正在学校附近建设地下人行通道，以保证学生步行的安全。"步行的学生安全了，那坐车回家的学生呢？同学们觉得，相关部门重视管理是对的，但是不是更应该积极去寻找治疗病根的好方法呢？

2006 年 5 月，我们学校召开了"学校附近的公交站台高峰期乘车难问题"公民实践听证会，同学们的建议得到了市政府领导和公交公司的高度重视。经过多方努力，公交公司在上学、放学时段增加了公交车的班次，安排了管理人员维持秩序，学生乘车难问题一度有所缓解。可现在，6 年过去了，我们学校的学生人数已由 2700 人增加到近 5000 人，乘车的孩子数量猛增，再加上私家车等交通工具的增加，仅仅靠增加管理人员和公交车班次已解决不了学生安全出行的问题。通过调查、采访，我们得出结论：当前，学生安全问题是全国的热点问题。扬州作为全国文明城市更应该把学生的安全出行问题处理好，如果能为小学生专门设置公交线路，实行校车公交化，那扬州市民的幸福指数将大大提高。

研究和制定解决问题的方案

接下来，同学们对校车公交化问题展开了更为深入的研究。

近年来，随着一起起惨痛的校车交通安全事故的发生，"校车安全"问题引起了社会各界的广泛关注和深思。2011 年全国"两会"期间，全国人大代表张利钿在谈关注民生是全社会共同的责任时，就建议校车公交化。他的提议立即引起了社会各界的关注。2012 年 4 月，国务院正式发布了《校车安全管理条例》，条例第九条明确规定："依法设立的道路旅客运输经营企业、城市公共交通企业，以及根据县级以上地方人民政府规定设立的校车运营单位，可以提供校车服务。"这为校车公交化提供了明确的政策支持，《校车安全管理条例》为校车安全开出了"治病良方"，也为乘坐校车的学生们系上了一条"安全带"。

2012 年，《公安部关于修改〈机动车登记规定〉的决定》（以下简称《决定》）增加了保障校车安全的内容，明确了公安机关交通管理部门参与校车许可条件审查、发放校车标牌和校车驾驶人资格许可的业务程序。《决定》中还确定了严格校车登记检验和报废制度，规定校车在办理注册登记前必须进行安全技术检验，加强校车使用的日常监管，严格校车驾驶人资格许可和管理制度，建立校车驾驶人每年审验、联合监管以及退出机制。

我国有些城市已经率先实行校车公交化，如张家港、昆明、天津等。2009 年，常熟市全面启动包括 14 家民工子弟学校在内的 28 家中小学的校车公交化工程。2011 年年初，无锡市由锦江旅游客运有限公司注册成立惠山区锦江中小学生接送服务中心，承担学生接送任务。

外国的校车管理经验同样值得借鉴。在法国，政府鼓励学生乘坐公共交通工具上下学，除了提供校车服务外，当地政府还为乘坐公共交通工具上下学的学生提供了大力度的补助。在澳大利亚的悉尼，校车基本独立于教学和教育部门之外，属于公共交通服务的一部分。根据相关规定，澳大利亚的校车并不像美国等国家那样拥有专门的色彩、车型，一般就是普通的公交车，只要它在特定的时间和路线上行驶，挂上"school bus"的标志就可以了。这样的管理并没有什么形式上的高调，但管理的细节却是超越一般意义上的严格，为小学生上下学提供了安全、快捷、方便的交通工具。

同学们采访了某律师事务所的宋律师和当地司法局的凌阿姨，得知我国关于校车安全管理的法规还有许多不足的地方。例如，国务院颁发的《校车安全管理条例》规定："县级以上地方人民政府应当采取措施，发展城市和农村的公共交通，合理规划、设置公共交通路线和站点，为需要乘车上下学的学生提供方便。"这种说法太过笼统，职责没有明确，分工没有细化，没有提出如何保障学生安全出行的有效措施。扬州市也没有根据该条例出台校车管理的细化规定，没有提出操作性强的有效措施。所以同学们认为：只有做到有法可依，有法可施，学生的安全出行才能得到有力的保障。

因此，同学们经过讨论提出以下建议。

第一，向规划局、建设局建议：一是重新梳理小学生乘坐的公交车线路，使线路的设置更合理；二是在生源拥挤的学校附近的站台增设校车等候区，专供小学生候车；三是在生源拥挤的学校附近建设地下通道（已有的地下通道应保证畅通），确保学生安全过马路。

第二，向交通局和公交公司建议：一是校车管理中心通过卫星定位系统实时监控校车的行车速度、路线和突发情况；二是公交校车是公交车中特殊的车辆，车身颜色应涂成鲜明的橘黄色，并在车头、车尾、车身设置明显的"公交校车"标志；三是在7:00～8:00和16:00～17:00，公交校车只在校车等候点停靠，此时段只为小学生服务；四是为确保小学生的安全，上述两个时段驾驶公交校车的司机必须是经过专门培训且通过相关考核的司机；五是上述两个时段内，公交校车班次越密越好，以便尽快疏散乘客，减轻站台压力，也避免小学生在站台候车时间过长而造成一些意外伤害；六是每天安排有责任心的人员到站台维持秩序并监督公交校车司机的工作。

第三，向公安局、交警支队建议：在小学生上下学乘车高峰时，安排警察在重点站台协助指挥，确保公交校车优先通行。

第四，向财政局建议：一是加大补贴力度，让公交公司多买些高质量的车辆用作公交校车（像美国的"大鼻子"校车等）；二是提高公交校车司机的工资待遇。

第五，向教育局建议：设立专管部门随时督查校车公交化进程，发现问题及时与公安局、交通局、建设局等部门沟通，尽快解决问题，确保小学生上下学的安全。

第六，向文明办建议：在电视台和广播电台播放公益广告，宣传校车公交化，号召市民开车时礼让公交校车，特殊的时段应关爱小学生，不和小学生争抢。

第七，向学校建议：一是各班级组织成立文明乘车志愿宣传小组，各位宣传员都要戴醒目的标志帽，乘车期间主动担起宣传、监督的责任；二是乘车的同学在乘车卡上标注班级、姓名，便于接受监管；三是请老师把乘车学生护送到站台。

第八，向家长建议：一是尽量让孩子乘坐公交车上下学，不用或少用电动车和私家车接送孩子，这既能锻炼孩子的独立能力，又能缓解城市交通压力，为全市小学生成功开设一条绿色通道；二是教育孩子文明候车、文明乘车，遵守秩序。

找到解决措施后，同学们便立即行动起来。他们给汶河石塔校区维扬实验小学、育才实验小学、东关小学等学校发放了倡议书，并请各校大队部利用晨会的时间向全校同学发出倡议：一是请家长少开私家车，让学生更多地乘坐公交，低碳出行；二是请同学们文民候车，自觉维护站台的秩序，保持井然有序；三是争做文明小乘客，尊老爱幼，做文明小公民；四是积极投身到"列车长"的竞选活动中，努力实现乘车自治自理。

同学们还准备了横幅，走上街头，开展"校车公交化，让孩子生命多一份保障"的百人签名活动。大家把横幅拉到文昌广场时，吸引了很多市民朋友。一开始，他们不明白"校车公交化"的意思，经过同学们的耐心解释，他们都非常支持我们班的活动。不一会儿，横幅上就写满了支持活动的市民的名字，还有热心的市民提出了宝贵的建议。经过统计，同学们共收集了156个签名。通过参加这次活动，同学们发现社会上还是有许多人都关心着小学生的出行安全的。

为了将倡议落实到行动中，同学们轮流到学校附近最繁忙的公交站台做志愿者。同学们戴着"志愿者帽"来到公交站台前，维持候车秩序。经过不懈努力，原先拥挤杂乱的现象有了一些好转，很多人还是很配合同学们的工作的。这项行动不但提高了市民的素质，而且也教育了孩子们自己，要遵守社会秩序。

同学们还走进公交公司去宣传我们的活动，张处长的一番话让大家深受感动。他说："你们的想法真好，但也有一些不太成熟的地方，比如车身如果使用卡通图案就会分散行人的注意力，反而不安全了。其次，校车公交的驾驶员必须经过严格的专业化训练，不是所有公交司机都能开校车的，因为他的一个举动会直接关系到一车孩子的安危。另外，我们全市公交车的数量只有900多辆，除非有政府补贴，我们多买一些车，才能不影响正常运营情况。说到底，还是需要政府的大力支持。"听了这番话，同学们明白了："校车公交化"还存在着许多困难，需要政府和各行政部门共同努力才行啊！

同学们还给市长、市委办公室、市人大、市政协、市文明办、市规划局、市建设局、市教育局等部门写了信，把大家倡导实施校车公交化的设想告诉了相关领导。

这期间，同学们的倡议得到了各个学校的支持和响应，东关小学和梅岭小学的学生还回了信。我们班的活动也得到了李菊梅校长的大力支持，她给同学们回了信，说看了同学们的来信后很欣慰，说我们班研究的问题很有创意，很有价值，还夸同学们能关注社会公共政策问题，能走进社会这个课堂，为自己办事，把我们的心声呼吁出来，真了不起。

更令人惊喜的是，5月23日，同学们收到了扬州市人大代表孙主任的回信。他在信中热情洋溢地夸我们开展的活动很有意义，调研的方式很有价值，提出的建议十分宝贵，并且从小就懂得依法办事，值得赞赏。他还给相关部门做了批示，请市政府及相关部门好好研究，为学生们的安全出行创造一个良好的社会环境。随后，同学们又跟踪采访了孙主任。他说，市人大已经向市政府提议实施校车公交化，市政府正在考虑重新规划公交线路，增加公交班次。

最后，同学们将活动过程中收集的资料进行了筛选、加工，制作成图文并茂、内容充实而又一目了然的展板，以此形式将公民教育实践活动过程展示出来，并认真做好陈述及应答提问的准备，等待召开模拟听证会那一天的到来。

召开模拟听证会

2012 年 5 月 25 日上午，我们四年级九班召开了模拟听证会。同学们汇报了他们两个多月来参加公民教育实践活动的收获和感悟。他们从与自己生活息息相关的小学生上下学时段乘坐公交难的民生问题入手，关注了扬城何时才能实施校车公交化的公共议题。他们做了大量的研究工作：共发放调查问卷 400 份，走访社会各阶层人士 500 余人，向 16 个政府相关部门写信，向市民发放倡议书 600 余份，走进 16 个社区开展宣传活动，向育才小学、东关小学、梅岭小学、维扬实验小学等学校学生发放倡议书 1000 余份，向政府各职能部门提出合理化建议 46 条，到文昌广场进行横幅宣传并收集到签名 156 个、建议 72 条，策划解决方案 8 个，制作图表 12 个，记写体验日记 500 余篇，拍摄活动照片 300 余张。学生们的精彩汇报赢得了模拟听证官们的一致好评。他们热情地鼓励孩子们要继续关注社会公共政策问题，让小公民真正发挥大作用。

活动的小结与反思

听证会虽结束了，但活动还在继续。2012 年 9 月，扬州市已经在全市范围内采集了学生乘坐公交校车的详细信息，为实施校车公交化奠定了良好的基础。这项工作的落实，同学们感觉自己功不可没。作为小公民，他们受到了巨大的鼓舞。2012 年 11 月 27 日，已升入五年级的孩子们在扬州市美琪小学召开的"第二十一届全国班集体建设班主任专业发展"研讨会上召开了真正的听证会，来自全国各地的 500 多名专家代表参加了本次会议。本次听证会邀请到了扬州市委研究室、市人大、市政协、市教育局、市规划局、市公安局交通巡警支队、市公交公司等部门的领导和专业律师及家长代表做听证官。面对提问，孩子们落落大方，对答自如，赢得了听证官和现场嘉宾们的高度赞誉，成功展示了学校公民教育实践活动的成果。

实践证明，丰富多彩的公民教育实践活动是德育的社会大课堂，是意义深远的生命教育。它培养了学生的公民意识，提升了学生的综合素养，为学生的幸福人生打好了明亮的底色。

点评

"小学生校车公交化问题研究"是一项公民教育实践活动。孩子们在老师的指导下，以社区存在的公共问题为主线，以研究性学习为主导学习方式，发现问题—选择问题—研究问题—编制方案—模拟听证—总结反思，经历着从课堂走向社会，从书本知识到实践的运用过程。孩子们通过自己的观察、分析、研究和讨论，学习到收集信息、整理资料、调查研究的方法，懂得如何通过正确的途径参与社区事务管理。在公民教育实践活动中，他们的合作精神和创新精神得到升华，提出问题、解决问题的能力得到提高，更重要的是这帮助他们从小树立了公民意识，增加了公民责任感，以便将来走向社会做一个能够承担责任，能够行使公民权利和义务的好公民。

音乐教师的育人之道

海南省儋州市洋浦第一小学　林　蒂

　　人们通常认为，班级管理工作是班主任的事，由班主任去完成，科任教师只要上好课就可以了。其实这是一种错误的观念。当今社会无论做什么事都讲合作精神，教育也是如此。一个学校，如果没有全体教职员工上下齐心、通力合作，学校的教学、管理工作就无法正常进行，教学质量就难保证，学校也从而失去生命力。一个班级，如果各科任教师只顾完成自己的教学任务，而把其他事情一律推给班主任，这个班级就很难形成良好的班风学风，也会直接影响自己这科的教学质量。下面以我的音乐教学为例，谈几点看法。

班级管理从低年级做起，使他们从小养成良好的习惯

　　对于刚入学的孩子而言，如果有一个好的开端，那么今后的教育教学工作都会事半功倍。校长从开学初就一直重视一年级的班级管理，从主课老师到其他科任教师，一直被告诫现在慢一点就是为了今后更快一些，有些事情往往会欲速则不达。那么，作为一名音乐教师又应该如何配合班主任管理好班集体呢？一周两次的音乐课，一年级的学生都要到音乐教室去，班级离音乐教室有一定距离，要经过好几条走廊，还有老师的办公区，如果组织不好，他们就会边走边说边闹。于是，我每次上课都要提前5分钟到班里组织好学生，让他们排好队，就像在幼儿园一样，手拉着手，一边走一边唱着歌或者念着儿歌，整整齐齐地走到音乐教

室，回去时也一样。到音乐教室门口，我唱着"do、re、mi、fa、so、la、xi"然后他们一个一个地进去，来回反复，看看谁进去后能很快找到自己的位置。通过这种方法，学生既能快速地进到教室，还能安安静静地坐好。课堂前良好的开始使师生们的心情都很愉悦。下课后，我弹奏一曲《小白船》，学生们随着音乐做着鸟飞的动作"飞出"教室，排好队又回到班里。很多科任老师总是埋怨学生不听话、不好管理，与其埋怨还不如想想办法让他们"一切行动听指挥"。

激发兴趣，提高课堂效率，促进班级管理

音乐教师都有过这样的经历：上音乐课时，老师正在认真地介绍"这里应该唱几拍，用什么情绪演唱……"但有些学生却心不在焉；教唱歌曲时，学生不顾节奏、音准随意大声唱歌，老师急得直喊"停！停！"但学生却毫无反应，仍然我行我素地放歌课堂；老师正在弹奏钢琴，大部分学生唱着歌曲，但有些学生却打闹、嬉戏、追跑起来。对此，老师立刻停止上课，大声呵斥这些学生，一"吼"就是十分钟……对于这些现象，只有把班级管理好才能有效地进行课堂教学。科任教师如何管理好班集体呢？从兴趣入手，我在课前提出要求，如果能安静地学会本堂课的内容，我就会让这节课表现好的同学上来点自己喜欢的歌曲唱一唱，跳一跳。我还可以分小组赛　赛，看看哪一组课堂纪律好，我就让他们组上来拿着打击乐器表演今天学的知识。我会用一些手势进行纪律管理，不会对他们大声喊叫：小声说话时我把食指放在嘴边；我用手做出运动员"暂停"的动作，他们马上就知道不能讲话；欣赏音乐时我把一只手掌放在耳边，一根食指放在嘴边，学生很快理解只能用耳听，不能用嘴唱。这些动作其实也在教他们不要在班里学校里大喊大叫，影响其他人，这样不礼貌。可见，课堂教学管理其实也是班级管理的一部分，是上好一堂课的有效保证。一堂既轻松又愉快的音乐课，往往让学生陶醉其中。良好的课堂氛围，不仅是音乐课成功的基础，有时也是课外班级管理的延伸。例如，每次值周检查，我只要发现调皮的学生在走廊里打闹，就马上做一个暂停的动作，他们很快就安静了。有些孩子在下课时总是喜欢

大喊大叫，我发现后只是把食指放在嘴上，学生就马上听话地把音调降低了。如果把学生叫来大声地批评一番，会让学生觉得"你不让我大声讲话，但你的声音也不小"。孩子们心里肯定不服气，只是不敢表达罢了。

结合一些重要节日教唱歌曲，以此来进行班级的德育教育

我们学校每一个月都有一个主题活动，于是，我就利用这一契机，除了准备课本上的曲目，还从网上收集了许多德育方面的音乐素材。比如，3月，我会结合主题教他们唱《学习雷锋好榜样》《世上只有妈妈好》；清明节，我又准备了一些红歌，让他们知道我们现在的幸福生活来之不易，应该好好学习，报效祖国；5月1日是劳动节，我会在音乐课堂上教他们《劳动最光荣》，告诉他们在学校、在家里可以干一些力所能及的事；6月是学生们的节日，在这一月中，我会开展唱班歌的活动，既展示出他们自己的风采，又增强了他们班级的凝聚力，加强了集体主义观念。六年级的学生马上面临毕业，应该更加珍惜小学阶段的师生情谊，这时，我经常给他们欣赏一些好听的校园歌曲，如《光阴的故事》《毕业歌》《同桌的你》等。这些潜移默化的教育活动，很好地配合班主任做好了学生思想品德教育，也进一步有效地管理好了班集体。

爱心传递，搭起友谊的桥梁，配合班主任教育，使他们懂得对他人的帮助是一种美德

我在学校主抓合唱队工作，有些合唱队员家住得较远，每一次排练完，公交车往往都没有了，我住的地方离学校也有一定距离，刚好在回家的路上会经过好几个合唱队员家住的小区，这时我的小车就变成了小公交，沿途一路停车，送合唱队员顺利回家。榜样的力量是无穷的，同学们也发挥友谊的作用，谁家家长有私家车来接孩子，他们就会告诉父母邀请顺路的同学一起坐车，把他们顺便送回

家。上次，我带队去北京参加全国合唱比赛，我们的队员就充分地体现了"传帮带"的作用。在分配队员住宿的问题上，我有意识地让高年级的同学和低年级的同学住一起。晚上好几次查房，我都看见年龄大的在帮小的整理衣物、管理物品等，而年纪小的同学就帮姐姐干些力所能及的事。我总是担心小同学不会梳头发，可是检查时都梳得漂漂亮亮，一问，她们都说是姐姐们梳的。每一次上台演出前，我经常会看见高年级的同学在帮低年级的同学换服装，不仅这样，高年级同学还协助老师帮低年级的同学化妆，这些表现使我非常感动。

由于工作的需要，我连续带高年级的音乐课，很多女生早早进入了青春期，每一次到生理期时都会出现一些意外，恰恰几个班的班主任都是男老师。于是，小女孩们就找到我，让我帮忙，把我当成自己的妈妈，我毫不犹豫地像对待女儿一样关心爱护她们，告诉她们一些生理常识，排除恐惧心理。这种"爱心"不是用语言来教的，而是靠我们这些教育工作者一步一步慢慢地渗透到他们幼小的心灵里的。在教师节的"感恩教师"活动中，很多毕业班的学生上来拥抱我，对我说："林老师，我真想留一级，不想离开合唱队，不想离开您。"当时我们都哭了。这些工作，往往是很多男班主任无法做到的，我们只有很好地配合他们，才能使他们的班级管理做到全面。

教育和管理班级绝不仅仅是班主任一个人的事情，它应该是全体教师共同的事情。每个教师都应该有"全员教育"的意识，积极参与到班级管理和班级建设中，配合班主任做好班级管理工作，从而培养出更多文明、优秀的班集体。

点评

德国音乐家乔治·弗里德里希·亨德尔讲道：假如我的音乐只能让人愉快，我很遗憾，我的目的是让人们高尚起来。音乐绝不仅仅是单纯地为了娱乐，而更重要的一点是要通过音乐来塑造人的灵魂，完善人的生命，提高个人和民族素质。

林老师在自己的教学过程中，注重培养孩子们的良好习惯，提高课堂效率，结合重要节日选择教唱歌曲，配合班主任教育，使孩子们懂得传递爱心、帮助他人的美德。一名音乐教师在教孩子们唱歌跳舞的同时，自觉把自己作为一名育人者，这是十分可贵而难得的。

作者：钟祥瑞（一年级三班）　指导教师：姜宁宁　学校：黑龙江省大兴安岭加格达奇区育才小学

苹果树的故事

北京市昌平区巩华学校　刘威茜

面对一年级孩子的习惯养成，很多老师都有许多方法，有发小贴画的，有制定评比表的，还有发代币换奖品的。我也尝试过很多，但是每一次都是头三天学生很有新鲜感，做得热火朝天，但一个月左右就会有一半的学生开始觉得无所谓，三个月之后，就只剩下一些习惯较好的学生在坚持。所以我总是绞尽脑汁在想如何调动学生参与的积极性，实在不行就再换一种方法，然后继续三天、一个月、三个月……

一个偶然的机会，我参加了一个班级文化建设的培训，从中收获了许多。之前我们的很多方法虽然也能在短时间内调动孩子的积极性，但是，新鲜劲一过，或小贴画一丢，孩子就完全不记得这件事了。如果能把这种评价机制作为一种班级文化，让它在学生的心灵中扎根，是不是就会有不一样的结果呢？

于是，我请来了我们班的任课老师们，一起思考如何建立一种评价体系，既能随时展现学生们的成果，又能让学生们一直保持积极性，还能形成一种独立的文化，在学生的心灵埋下一粒种子。在美术老师的建议下，我们决定创设一个情景，让苹果园作为我们班级文化的象征，每位老师就是一位果农，每个孩子就是一棵果树。我们一起为孩子们准备了一棵棵带有孩子姓名的苹果树，并给孩子们留下了放照片的地方，让孩子自己去设计。我们想通过这样的方法让孩子们把成长的苹果树真正地放在心上。

班会召开后，孩子们都特别兴奋，他们用美丽的照片和自己手中的画笔，给自己的苹果树设计了美丽的外套。很快，效果就出来了。当班里第一位同学在自己的苹果树上贴上小苹果时，孩子们不约而同地报以热烈的掌声，很快，第二位、第三位……一周下来，全班有一大半的同学都在自己的苹果树上贴上了一枚小苹果。我也把这些苹果树的照片及时地放到了班级的网络平台上。家长们看到这些图片时纷纷给孩子们点赞。

果然，第二周，同学们争得小苹果的积极性更高了，得到小苹果的同学也更多了。尤其是那些以前经常把老师奖励的小贴画弄丢，因而总是不能凑齐来兑换奖品的同学，现在有了这棵成长苹果树，得到的小贴画有地方贴了，不用再每天东找西找也找不到了。孩子们多了一项任务，每天放学之前数一数自己的小贴画，然后回家去跟家长汇报，家长们也可以通过了解孩子小贴画的数量随时动态掌握孩子在学校的情况。

虽然大部分孩子的积极性很高，但是也有个别同学因为各种原因迟迟得不到小贴画。于是，我和我的团队又坐在一起研究：是不是我们之前制定的评比标准不够全面？针对个别学生，我们是否能够想一些办法，从其他方面帮助他们成功，让他们的苹果树也结出成长的果实？

这时，体育老师说："咱们班的韩某某，虽然纪律不好，但是声音特别洪亮，要不，我选他当军体委员来喊队，只要他组织同学排好队，带到操场上，我就给他一个苹果。"音乐老师也说："那我就选王某某做我的音乐课代表吧，她平时虽然胆小，但在音乐课单独唱歌的时候音准特别好。"在大家的努力下，我们把每位同学的专长进行汇总，各科老师根据学生的专长设置了相应的岗位，每个岗位按照要求完成任务就可以获取相应数量的苹果，我们班的班级服务岗位就诞生了。

通过这些岗位的设置，每一名学生都能在实践中展现自己，学会管理自己和班级事务。渐渐地，孩子们的苹果树上的苹果越来越多，他们的自信心也得到了极大提升，每一个人都愿意为集体服务，班级的事务也都有人管，丢三落四、乱摆乱放的情况得到了很大程度的改善。

一花独放不是春，百花齐放春满园。在一个班集体里面，我们不能单纯地考虑自己。因此，为了增强集体荣誉感，我们不仅给每个孩子准备了苹果树，还为每个小组准备了一棵大苹果树。当孩子们个人的苹果数量超过十个时，就能在自已小组的苹果树上结出一个大苹果。消息一出，各小组立刻热火朝天地行动起来，每个小组都起了名字，开始了苹果之争。

其中，给我印象最为深刻的就是董某某同学所带领的"一飞冲天"组。这个小组曾经连续 8 周成为最佳小组。这组的作业每一次都是最快最好地完成，让交的通知、饭费也都是一个不落地交上来。于是，在班会的时候，我就让这一小组的同学讲述他们是怎样做的：每天放学的时候，组长都会检查同学的记作业本。这五位同学的家长还帮助他们建立了微信群，每天读课文的作业都要发到群里让组长检查。需要交通知和饭费的时候，组员要把它们装到书包的位置拍照发给组长。体育老师让同学们回家练习跳绳，组长还会要求小组的同学把跳绳的视频发到微信群里，相互监督，共同成长。

他们分享经验之后，其他小组的同学纷纷效仿，小组合作得以正常地运转起来。同时，孩子们的行为习惯也在这些小事中得到培养。在我们学校举行的啦啦操比赛中，我们正是通过小组合作，人人练习，最终取得了第一名的好成绩。

我们的苹果树也是在不断改进和变化的。虽然孩子们对苹果树的积极性很高，但偶尔也会出一些小错。一开始，我会在他们犯错之后马上把苹果摘掉，但是效果不佳，刚摘下来的时候孩子还能有点压力，但不久之后就又故态复萌了。而且，有的孩子心里会想：这是我好不容易因为别的方面出色得到的苹果，就因为另外一件事而被撕掉了，真是不公平。

后来我想，这个成长树既然是对孩子成长的一个记录，就应该把好的地方和不好的地方都真实地记录下来。于是，我们团队又再次聚集在一起，想通过苹果花给那些出现问题的孩子一个警示，希望他们能够通过自己的努力让苹果花结出香甜的果实来。于是在孩子们犯了错之后，我就给他的苹果树上贴一朵小花，渐渐地，小花不再仅仅代表错误了，它还代表了孩子需要努力的地方，告诉孩子只有通过不断努力才能让小花变成苹果。小花在苹果树上时刻提示着孩子们，孩子们的动力更足了，家长们通过孩子的描述也更加肯定我们的工作，形成了家校合力。

苹果树记录了孩子们的进步和成长，好标准成就了孩子们的自信和希望。一个学期下来，我们的果园初具规模，每一棵苹果树上的果实都蕴含着孩子们的成长故事，也蕴含着每一位任课老师的心血。正是因为老师们的协同合作，我们的果园才生机勃勃。

在这一片浓密的果园中，我们付出着，同时也收获着。我相信，在不久的将来，我们的果园将会硕果累累。

点 评

每一个孩子都是独特的，每一个孩子都有自己的价值，每个孩子都希望得到老师的肯定和鼓励。在苹果园里，每个孩子都是一棵苹果树，每棵苹果树都是成长树，每棵苹果树上的果实都蕴含着孩子们的成长故事。

苹果园里种苹果树，苹果树上结苹果，苹果越长越大，越结越多；苹果树越长越壮，苹果园越来越浓密。整个过程是向上的、是积累的。这是一幅多么美好的、令人喜悦的图景啊。"苹果树"不仅建构了一种评价机制，也建构了一个班级文化。

学生教我做班主任

海南省海口市第二中学　程世高

教书育人，理应是教师的天职本分。可是到了迈出师范院校大门的那一刻，很多人会突然感慨，将学校里学习的教育理论落实到教学实践中还是有些困难。我经过这几年的摸爬滚打，现在自认为是一名合格的人民教师，也是一名合格的班主任。而这一切，主要归功于我的学生——他们是我的"导师"。从他们那里，我收获了许多宝贵的经验教训，总结出了班主任工作的"四诊法"。

望：一叶障目，不见泰山

望，即看的意思。我把它分为两个层次：观察与关注、欣赏与期待。很多时候，大多数班主任都可以做到第一层次，但也仅仅停留于这一层次，我当初也不例外。

在刚带班的那段日子里，我总是纠结于为什么有些学生的考试成绩与平时表现极度不符，为什么同学们心目中的班级与我眼中的班级大相径庭等诸如此类让人绞尽脑汁、百思不得其解的问题。正当我备受困扰、一筹莫展的时候，一个学生很不屑地给了我答案："老师，您太没经验了，有时候您看到的未必是真相！"

学生很随意的一句话，却深深地刺痛着我软弱而又无力的心。好在这句话也让我深刻地领悟到"一叶障目"这个成语的含义了。随即我下定决心要寻求"真相"，而真相只有一个，通过一番查证，班级与学生竟让我看到另一番景象。原来，有的同学貌似专心致志，实则六神无主；有时候班级看似风平浪静，实则波澜壮阔。说白了，映入我们眼帘的，或是局部，或是表象，或是特例，而真实问题则可能被掩埋，因而也就永远得不到解决。这就是一叶障目带来的自我感觉良好和无穷后患了。套用《邹忌讽齐王纳谏》里面的一句话就是"王之蔽甚矣"。

从此我特别注意全面、真实地观察与关注我们的班级和学生。但这么做还远远不够，我们还应在此基础上，对学生多一些欣赏和期待，哪怕就是一个眼神也好，用个比较时髦的词就是"赏识教育"，这就是我前面所提的第二层次。魏书生老师在其专著和讲座中多次强调："坚信每位学生的心灵深处都有你的助手，你也是每位学生的助手。"这句话是一个学生在周记里面写到的，我也摘抄下来自勉。

我想，欣赏学生的成长，并对其成长有所期待，这样积极的引导对于学生终身发展的意义是不言而喻的，这也就是皮格马利翁效应给我们的启示。人无完人，中学生毕竟还是未成年人，想法和做法尚不成熟，容易出错，这很正常。如果我们整天揪着这样的"小辫子"不放，对师生关系的建立则是百害而无一利。

闻：兼听则明，偏信则暗

闻，即听的意思。作为班主任，除了要眼观六路，还需耳听八方。以前在带着孩子们军训的时候，我就一意孤行、专断独裁，以显示班主任的权威。原本以为，这么做会让学生因害怕而不敢恣意妄为，可最终完全是我异想天开，事与愿违。

记得刚带高一的时候，军训一结束，我就为学生安排好座位、制定好班规，忙得不亦乐乎，还以此而得意。可不到一个星期，就有很多同学对座位不满意、对班规也有怨言。听取了这些不满者的意见后，我做了局部调整，但当天宣布结果时又遭到一大批学生的反对。无奈之下，我只好继续发挥我的专制权威："就这么定了"，并用一句话"岂能尽如人意，但求无愧我心"进行自我安慰。

事后，一个女生跑到办公室愤愤不平地对我说："这不公平，凭什么您只听了一些人的意见就随便调换呢？"虽然该女生让我觉得有点无理取闹，但她的质疑确实让我哑口无言。于是我反思，为什么学生自己的事情要由我来包办？为什么我只听了片面之词就随意更改呢？

此后，凡是班级事务，我都跟同学们商量着办，听听大伙的意见，看看有什么不同看法，还有什么更好的做法，然后大胆放手让班干部去做。这样，少操一份心，少一份烦恼，但多的是学生的满意，多的是学生尤其是班干部的积极主动性，何乐而不为呢？

问：不厌其烦，无微不至

问的类型有很多，比如，询问、质问、考问等，但无论哪种，都是建立在关心学生、服务学生基础之上，这是班主任工作的原则和宗旨。可很多时候，我们在与学生一问一答的对话过程中，却有意或无意地忽略了这一点。

比如，学生迟到了，老师直接进行批评指责式的质问训话，根本都没深入了解原因，都不容学生解释，这很可能会让学生受委屈、遭冤枉。这样的事情就曾发生在我的班上。迟到的学生由于路上出了点小交通事故而晚到，但我不容他辩解就毫不留情地把他训斥一顿。恰好，有位知情的正义的同学来找我理论："到底是安全重要还是不迟到重要？"这一问，问得我无言以对。

显然，安全第一，学生来学校受教育，不就是为了成长成才吗？毋庸置疑，成长才是第一位的！青春期的学生在成长过程中或许有很多叛逆的言行，但不代表他们所做所想的每一件事都是不可理喻、值得怀疑的。往往在这个时候，他们需要的不是我们的批评，批评只会适得其反。批评不是他们缺失的，他们真正缺少的是关怀和理解，是与成年人沟通的机会，是班主任适时适当而绝不限量的询问。

因此，班主任应该时时刻刻为了学生的成长考虑，在此基础上学生才可能成才。我们无法保证人人成才，但我们有责任也有义务尽力去保障人人健康快乐成长。魏书生老师曾指出："教师一定要善于在平凡中、在小事中播种关心学生的感情。不要只是播种，还要培植种子萌发的幼芽，一点点浇水，施肥，它才能长成参天大树。"

切：标本兼治，心悦诚服

这里的"切"的意思是切中要害以解决班级中产生的问题，要标本兼治，更要让学生心悦诚服。那如何才能达到这样的效果呢？我还是认为要坚定不移地以关心学生、服务学生为宗旨和原则。下面以时下很难解决的手机问题为例，分享我的经验。

"不许玩手机"这样一条规定，是由全班同学商量出来的，并形成文字贴在了教室的墙上，是名副其实的成文法。可就在这个学期开学不久，在一堂自习课的巡视中，我很"艰难"地没收了一个女生的手机。之所以艰难，是因为这个女生比较任性，很少有老师敢去"惹"她。这次，我算是碰钉子了，在没收手机时，她竟公然与我争夺，最终很不情愿地让手机被我没收了。

虽然手机被我没收了，但事情还没完，她下课跑到办公室找我。我以为她是来认错反思的，谁知，她竟大吵大叫，意图很明显，是想拿回手机。见她这么紧张、这么愤怒，我也憋不住了，狠狠地训了她一顿。待我的声音压过她，从气场上已经镇住她后，我给她搬了把椅子，让她坐在我的面前。

等她情绪稳定、心情平复之后，我低声缓和、语重心长地跟她讲了一番道理，最终她不但不再强要手机了，而且还痛哭流涕地跟我说了一大堆心里话，并要求我替她保管手机，等到期末考试结束再还给她。很多同学和一些老师都很诧异于这样的结果，都很好奇我到底说了什么，能这么奏效。

其实，诀窍很简单，等学生冷静了，他们才有可能倾听我们的"唠叨"。我们的"唠叨"要抓住重点、切中要害，也就是首先指出学生所犯的错误，分析其危害，然后摆明教师不同的处理方式带来的不同结果，尤其是学生的利弊得失，这样学生就会自动地进入我们引导的换位思考和后果预设的环境下。学生也是讲道理的，也是懂事的，在他们有点内疚和自责的时候，老师立即点出这么做的出发点，学生怎么会不通情达理、明辨是非呢？

　　总之，班级管理不是一件轻松、容易的事。以上所谓"四诊法"是我在担任班主任的实际工作当中的深切体会和感悟，是我在与学生相处时学来的，所以我很感谢他们，在我引导学生成长的同时他们也让我成长，让我从一个傻乎乎的幼稚班主任逐渐成长为乐呵呵的成熟班主任。班主任是班级各种教育力量的组织者和协调者，是连接任课教师和学生、学校与家庭的重要纽带。只有我们在工作当中多用点方法和策略，才能最大限度地发挥教育系统的整体功效，促进学生全面发展、健康成长！

点 评

　　"望""闻""问""切"是中医看病诊断的基本手段，此文中的班主任老师把它用在了班级管理中，收到了良好的教育效果。"望"是指班主任要学会观察，用心观察，要站在学生的角度看问题，"望"学生的变化，发现问题的症结。"闻"是指班主任要认真倾听，耐心引导，真诚地体验学生的感受，并帮助他们解决问题，排解消极情绪。"问"是指班主任要多问善思，走进学生的心中，体验他们的情感，小心翼翼地呵护成长中的心灵，为他们保驾护航。"切"是指班主任要把握住学生的思想问题发生发展过程，在望、闻、问、切所获得信息的基础上进行综合加工整理、科学分析，针对学生问题的实际情况准确地开出根治问题的处方，科学地做好转化工作。

如果抄作业，你的老师会怎样

河南省鹤壁市淇滨区福源小学 许二娟

"奋笔疾书"

我像往常一样走进班里跟孩子们一起早读，刚到班门口就看到班里有追着打闹的，有聚在一起聊天的，有坐在座位上发呆的……

在一片嘈杂中，我一眼就看见了小雅，她正在低头抄作业。我在门口站了一会儿，若不是同桌碰她的胳膊提醒，她竟然丝毫没有察觉。她猛地抬头看见我，慌忙把语文书拿出来，装模作样地读起来。我静静地走到她身边，她匆忙把作业收起来，我把手伸向了她，示意她拿出来刚才正在抄的作业。她犹豫了一番，抬头看见我坚持的态度，怯怯懦懦地将作业递给我，我定睛一看，居然是萍萍的！当时我心中大怒却又装作很平静的样子说："按班规处置。"随着"嚓"的一声响，我把作业本撕了。班里立刻安静了，萍萍焦急地看着我，轻轻地叹息，眼圈红红的。小雅则低着头默不作声。把撕碎的作业扔进垃圾桶后，我径直离开了教室，除了想让他们好好地反思一下外，也确实有些杀一儆百的想法。

预备铃声响了，我回到班里，班里静得出奇，我觉得应该为早读的事情说些什么。"记得五年级时我们约定，抄作业，我们要处罚给别人作业的那个人，是吧？"没等我说完，小雅腾地站了起来，坚定地说："老师，今天早上是我不对，我认识到自己的错误了。但是，作为好朋友，我不能让萍萍为我承担。为了公平，我把我的作业也撕掉。"说着，小雅就将自己的作业本撕烂了。我心里想：

这不是公开与我作对嘛！不仅触犯了已经约定好的规则，还这样公开挑衅！大概是我的面部表情很凶狠，所以小雅看着我的眼睛说："老师，我不是在恨你。我只是真诚地向你道歉，我真的知道我错了！"我们就这样对视了一分钟，其他同学都低着头，不时地抬头看看我，看看小雅，似乎在静观一场战争的爆发。

"老师，我不想因为我一个人浪费大家的时间，请你上课吧！下课后，我会到办公室给您道歉的。"这时的萍萍早已经成了泪人，她站起来，抽噎地道着歉，连连说是自己的错。别看小雅长得很强悍的样子，其实她的感情很脆弱。我静静地注视着她们两个，小雅不觉得泪已经流了出来。几个往常和她很要好的女孩也都红着眼眶。我们还是直直地看着对方，尽管泪模糊了眼睛。很乖的两个女孩，我一直喜欢的两个小孩子，我该怎么处理？如果简单地让她们坐下，以后绝对还有学生会去抄作业，而且不光这两个孩子，甚至是更多的孩子心中都会留下阴影：老师就像恶魔！这样根本起不了任何作用，反倒使师生矛盾激化，这不是我想要的。

班里安静极了，连一向调皮捣蛋的小明这时候也安静地坐在那里，抬着头看着我。几个孩子想劝又怯的矛盾表情，都收在我的眼底。就这样，又过了几分钟。总不能一直对视吧，这件事该如何收场？我组织了别样的辩论会。

好，就这样！我转身在黑板上写下了下面的字。

正方：给朋友作业抄是对的。

反方：给朋友作业抄是错的。

180°的大转弯，学生一时没有明白要干什么。我清了清嗓音说："今天的事情每个人都有自己的道理，萍萍和小雅是好朋友，好朋友没有写完作业要挨批评，出于友谊帮助小雅，很好！小雅没写完作业，又不想惹老师生气，所以拿了萍萍的作业。这件事究竟是对还是错，咱们就进行一次辩论来分析一下。"没等我说完，同学们就从刚才的忧伤之中走出来了，个个显得很兴奋，唯独这两位主人公还有些没回过神来。我将一二组定为正方，三四组定为反方，简单地讲解了一下辩论的规则，就让他们开始准备了。其实这样分组也是特意安排的，萍萍在第二组，让她做正方，说说自己给小雅作业的原因和想法。而小雅为反方，她也可以说说自己的想法。这样我也可以更清楚地了解事情的缘由。

辩论赛开始了，两方的辩论很激烈，大家争得面红耳赤，又句句在理。

"一方有难八方支援。"

"你的帮助是把朋友往火坑里推，往深渊里拽，那样他会变得很懒惰，不去动脑子，你说你是在帮还是害他？"

"赠人玫瑰，手有余香！"

"授之以鱼不如授之以渔！"

辩论的双方互不相让，大家势均力敌。在最后的陈述阶段，大家更是妙语连珠、据理力争。稍稍平息了孩子们的情绪之后，我环顾了一下班里，作为刚才辩论赛的两方，小雅和萍萍都参与了这次活动，现在她们的情绪也稍稍平静了许多，孩子们也似乎走出了先前的阴霾。于是我说："辩论赛已经结束，但是每个人心中的辩论赛没有终止，再次遇见这种情况时，你该怎么选择？"刚才正方的孩子们说："老师，我们不用辩就输了，这种做法确实不太正确。"听着孩子们的话，我认为两位主人公似乎该说些什么。于是我大胆地请出了萍萍，她的回答很中肯，孩子们默默地听着，不时地点点头。萍萍说，"友谊再怎么可贵，也要分场所、分时间，这样的友谊才能长存"。小雅的发言更是激起了同学们的反思，"我现在感觉咱们班越来越不团结了，班里越来越乱了，这很不好。我今天的做法给班里抹黑了。我希望咱们班同学都能团结起来，能成为咱们五年级的第一，不要让老师失望！"同学们大声指出小雅的错误："是六年级，不是五年级！"小雅提高嗓门："我们现在还是第一吗？是倒数第一！我们五年级时，样样第一，而现在呢？"听了小雅的话，孩子们纷纷低下了头，沉默。

一件如此棘手的事情，涉及班里的优等生。如果草草了事，以后类似事情就会屡禁不止，还会引发学生的厌恶：一个没有原则的老师，一个没有公平意识的老师！恶性循环的结果很可怕！看似放弃了40分钟的讲课时间，但这在孩子们即将毕业时发生，在他们的人生当中一定会留下或多或少的回忆，也会有些许影响，关于友谊、关于团结、关于原则。其实这就是规则之美，当我们大家都遵守这项规则时，我们的人性之美就会熠熠生辉。

别样的辩论会，给了我很大的启示。

点 评

苏霍姆林斯基曾说："真正的教育是自我教育。"在班主任工作中，启发和培养学生主体的自我教育能力，调动学生的积极性与主动性，使我们的教育得到学生的认同，并内化为学生自愿的行为，这是达到良好教育效果的基础，也是教育获得成功的关键。

案例中的老师抓住最佳教育时机，通过辩论和讨论，让学生自己分析利弊得失，让学生自己清楚自身的不足和努力的方向，引起学生共鸣，引发学生强烈的主人翁意识和责任感，这样做的效果要远远好过简单说教。

磨刀不误砍柴工。让激动纷乱的情绪平静下来，形成团结向上的班风和学风，磨砺意志，陶冶情操，修炼心理品质，正如老师所说，虽然看似放弃了40分钟的讲课时间，但是给学生留下的积极影响是深刻而持久的。

作者：徐明玉（一年级四班）　指导教师：武美华　学校：黑龙江省黑河市爱辉区黑河小学

低年级班级管理中的"勤""情""晴""擎"

北京市海淀区实验小学 高 晶

低年级的学生刚踏入学校门槛不久，还不适应学校生活，各种习惯均有待养成。如何启迪他们的智慧，培养良好的道德风尚，呵护孩子们一颗颗稚嫩的心灵，是摆在我们低年级班主任面前的难题。为此我潜心摸索、苦心研究，尝试用"勤""情""晴""擎"这四个字来阐述我的班主任工作。

勤

当低年级学生的班主任，这个"勤"字显得尤为重要。

安全教育要勤

安全教育是我每天必须进行的工作。结合一些身边的事例，教育学生注意安全，天天讲，时时抓，防微杜渐，尽量避免安全隐患的存在。

班级管理要勤

我首先在班里设立了"服务岗"，为每个孩子每天都安排了一项班级值日工作，使他们天天都能为班级服务，帮助他们慢慢树立主人翁的意识。我还对全班同学进行了细致的分工，让大家有事可做，做事有责任心，从而形成人人为集体的良好班风，使学生逐步树立起"我是班级小主人"的意识。

在班干部分工上，我首先选出能在班级起表率作用又有一定责任心的学生，让他们担任班长、学习委员、纪律委员、体育委员、卫生委员、图书管理员、考勤员等。然后在每个小组安排其他孩子分别担任大组长、语文组长、数学组长、卫生组长和纪律组长。我让每个学生都明白自己所在岗位的责任和义务，并且交给学生工作的方法。开始时，我们每周一总结，两周一评比，进行重要岗位的轮换，使他们对集体的事情热心参与，为集体的成绩、进步而欢欣，为集体的困难、挫折而焦虑，感觉到集体的一切与自己息息相关。

在行为习惯的养成上要勤

学期初，为了提高孩子们的积极性，我想到一招——步步高升。我用电脑制作了许多精美的小羊图片，小羊们代表不同的项目：喜羊羊代表积极思考，上课举手发言；美羊羊代表学习用具带齐，讲文明礼貌；沸羊羊代表两操认真，卫生干净……这样一来，孩子们一天的学习和生活情况就被几只羊代表了。而且为了激发孩子的积极性，我将装羊的盒子上贴上了灰太狼的图案，学生每得一个小羊就相当于从狼嘴里救出一只小羊；相反，如果这个学生表现不好了，老师就可以收回小羊图片，相当于送羊入狼口。这样的设计大大激发了孩子们上学的积极性，也增强了孩子们的表现欲，更重要的是学生慢慢将这些行为规范变成了一种自觉行为，学生充满自信，感到上学是一件多么美好、有趣的事情。

在日常生活的照顾中要勤

小学一年级学生，生活自理能力较差。老师在下课、午休后要提醒他们多喝水，还要提醒他们及时上厕所。老师对生病的同学更是要多一份关爱。

情

这条情感线的一头是学生，另一头是家长。老师要真心真意地关心每一位学生，呵护每一个幼小的心灵。面对刚刚入学的孩子，我要让他们尽快适应并热爱学校生活，让他们愿意亲近我，愿意跟我说话，把我当成他们的好朋友。记得某学期开学后的第三周，一个女孩的妈妈给我打电话，说孩子不肯上学，在学校没有一个同学愿意和她一起玩。我听了之后想了想，我确实没有过多地鼓励这个性格内向的孩子大胆地融入班集体，当她入学的新鲜感过去后，孤独感就会随机滋长。于是，我马上给女孩打电话，和她聊了聊她在学校的情况，让她感受到原来老师是非常关心她的，并告诉她，在她来校后，我会陪她和同学们一起游戏、一起读书。终于，在我的鼓励和开导下，她也能和同学们一起开怀大笑了，再也不说不想上学的话了。

同时，我还将孩子在学校的一些情况尽量及时反馈给家长。其实，有的家长是很了解孩子个性的，所以老师用真诚的态度与家长交流孩子取得的进步和存在的问题，让家长感受到那份实实在在的关心，他们不但会乐意接受，而且还会感谢老师并信任老师。

晴

这个"晴"主要指我们保持晴朗的心态，为学生撑起一个晴朗的学习和生活空间。作为班主任，在管理班级时我也会很严格地要求学生，但一到课堂上，我就会调整心态，为他们营造晴朗、和谐、平等、宽松的学习氛围，带着他们做游戏、讲故事，让他们喜欢上我的课，不觉得学习是可怕的或枯燥的。我们班有个孩子，一贯胆小，言语不多。有一天下课，他怯生生地走到我的面前，小声地说："高老师，我越来越喜欢上您的语文课了！"我望着他，感觉到他是鼓着多大的勇气才走上前来和我说这句话呀！于是，我马上轻轻拍着他的肩膀说："我也越来越喜欢你了，因为你上课那么乖巧，作业写得那么漂亮！"一个学生如果喜欢他的老师，那么他一定会在意他在老师心目中的形象，怕老师不喜欢他，那么他即使调皮也不会很离谱。

在学生的日常生活中，老师保持晴朗的心态也很重要。课余时间，我经常笑眯眯地有针对性地找一些调皮的孩子聊天、谈心、游戏，慢慢地拉近我们师生间的距离，学生会把老师对他的亲近当作他快乐学习的动力，也会向父母炫耀，而父母则会知道老师对孩子的关心，知道孩子在学校不会孤独无依，从而也放心多了。

擎

我把这个字理解为老师在学生心目中树立起威信，我们每个老师都希望学生佩服自己。

第一，要让学生觉得老师懂得多。我会通过日常生活中一些行为习惯的养成树立威信，如告诉他们吃饭讲话的危害，这比大声训斥吃饭时不许讲话的效果要好得多；课前准备时，哪个小组最安静、学具准备最整齐，我就奖励他们组小奖贴，既让他们明白团结才能力量大，也可以通过小奖贴的发放激励他们的进取之心。

第二，以豁达的心胸包容学生的缺点。我们要让学生知道有缺点并不可怕，只要改正就好。对批评教育过的学生，或是有"把柄"在我们手上的孩子，我们要和他们多说话，上课多提问，课后和他们多聊天。一旦学生改正了错误，一定要在第一时间予以鼓励，别让学生感到老师对自己丧失了信心。

我们班有个孩子，上学前有一定的学习基础，人也很聪明，但是学习态度却不是很端正。一入学，他就表现出与众不同的精明和挑剔。开学那一段时间，我特别注意观察他，表扬他做得好的地方，对于他存在的问题就私下找他谈。我发现这个孩子其实特别好强，要面子，嘴又硬，极想当班干部却因管不住自己而未能如愿，但具有一定的管理能力，于是我就抓住他的这一心理特点和他约定：只要他攒够学习和行为的小奖贴，我就让他当班干部。同时，我与家长沟通，取得家长的支持。这样，只要他违反纪律我就扣他的"小奖贴"，他一下子就收敛多了。当他经过自己的努力终于当上体育委员时，不知多开心。现在他在班里不但成了我的得力小助手，而且人缘极好，同学们都很佩服他。

总之，低年级班主任工作是一项异常复杂而科学性很强的工作，需要

"勤""情""晴""擎"，更要在平时的工作中不断探索，开动脑筋，灵活变通，运用教育学、心理学的方法来管理班级，才能使班级和谐健康发展。所以说班主任管理工作是一门颇具内涵的艺术，我期盼这门颇具内涵的艺术总能开出绚丽的花朵。

点 评

　　文章用"勤""情""晴""擎"四个字来阐述低年级班主任工作。其中"勤"是指勤快、勤奋，要手到脚到。有些人爱用"忙"作为借口，但有句话说："如果你认为一件事情重要，你自然会有时间去做。"老师之所以能做到勤快、勤奋，是因为重视。或言之，是因为有"情"。"情"是指感情，作为小学班主任，热爱教育工作，心里面装着学生，关心爱护学生。"晴"是晴朗，即阳光心态。生活和工作中难免有不顺利的时候，但是班主任老师要态度积极，永远保持正能量。"擎"在字典中是"向上托举"的意思，文章作者理解为班主任老师要在学生心目中树立起威信。补充一下，"擎"的含义其实应该包括两方面：一是班主任老师自身的"擎"，即要在学生心目中树立起威信；二是学生的"擎"，即班主任老师引领学生树立自信，走向自我教育、自我管理。

进一步，再进一步

——我和叛逆班级的"耳鬓厮磨"

清华大学附属中学永丰学校　叶　莹

在踏入教育行业之前，我把教育看得很浪漫，认为教育就是《放牛班的春天》里的克莱门特力挽狂澜，用音乐打开学生封闭的心灵；就是《蒙娜丽莎的微笑》里的凯瑟琳以率真的作风帮助学生脱离束缚，找到自我；就是《死亡诗社》里的基汀用哲思启发男孩们聆听死亡的声音，反思生的意义。

而当我迎来了我职业生涯中最为"棘手"的一个班级时，我才体会到教育不仅需要情怀，更需要智慧。

更进一步：选干部"另辟蹊径，化解矛盾"

刚接手这个班时，我真是忐忑至极。这是清华大学附属中学承办永丰学校后招收的第一批学生。他们个性张扬，喜欢质疑，喜欢跟老师"抬杠"，这些特点早在军训时就表现得淋漓尽致了。新组建的班集体需要选拔班干部，在填写意向书时，大部分学生跃跃欲试，可是在军训过程中的观察和试探告诉我，几个异常积极的孩子在责任心和自律性上还不足，怎么办呢？我想到了竞选演说和投票。我先利用班会课组织了一次班级职务发布会，介绍了每个岗位的职责和特点，又利用一周的时间做试用期，所有候选人在试用期里组建临时班委，充分践行自己的"施政纲领"，然后"是非功过任人评说"。虽然我们班的班干部比别班整整晚了两个月才确定，但是通过一周的试用期后，不善言辞但踏实尽责的同学脱颖而出，实践能力弱的同学也直面了自己的短板。

在管理班级时，我有时会在现实中碰壁，在化解了一次次危机后我意识到，遇到问题时大家往往都会想到相似的办法，之所以有时不了了之而有时妥善解决，就在于是止步于那个办法，还是往前多走一步。

更高一步：开班会"外化于行，内化于心"

我和学生的"正面交锋"不仅体现在平时的危机干预中，更集中地体现在德育主战场——每周一次的班会课上。正所谓"教学相长"，这个不妥协、不盲从、不温驯的班级推动着我在践行中思考、在思考中践行，促使我在如何办好班会活动方面经历了三个阶段的成长。

第一阶段是春晚式的班会。我尽心尽力地排小品、练相声、写串词、找朗诵，但班里的孩子压根瞧不起这种班会，他们的注意力全在如何搞怪上。我也意识到这种班会的本质就是"表演"，这群古灵精怪的孩子当然不会认为表演等同于真实的生活情境，因此没有人真正从这样的班会中接收到我本想传递的信息。

第二阶段是走心式的班会。哈佛最受欢迎的公开课——迈克尔·桑德尔教授的"公平与正义"令我深受启发。他设置了一个情境，给火车铁轨变道，火车会轧死在铁轨上玩耍的两个小孩；不变道，一车的乘客会因火车脱轨而全部死亡，我们该如何选择。他把这个道德两难的问题抛给学生，让他们批判性地表达和辩护不同观点。刚好当时班里发生了一件事：某生在紧急疏散演练时推搡同学，差点酿成安全事故。安全是底线，我非常恼火，怒斥该生的不当行为。此生外号"少爷"，个性鲜明、脾气火爆，又好面子。被批评后，他反倒是急了，大声宣称，如果真有灾难大家一定都会自保，没人会顾及他人。很多标榜实事求是、不伪装、做"真人"的学生也认可和支持他的观点。我当时很苦恼，还感慨不已地发了一条朋友圈：趋利避害是动物的本能，如果高尚的品德和境界只是一种"冒傻气"，那么道德教育就是一种自我利益的自戕。抱怨和吐槽没有意义，为了解决这个道德困境，也为了寻求开"真"班会的方法，我以此为契机设计了一节班会课。我以汶川地震中对弃学生不顾而自己逃跑的老师"范跑跑"的争论和殒身公益的英雄人物作为开场，告诉学生："在这个世界上，每一个人都有权利做高尚者，也有权利做卑鄙者。善良，从来只是人性的选择，哪怕发生在别人看不见的地方。"承认选择的不同——利己或利他，然后我设计了一个游戏："4人逃生"。让学生们以4人为一小组，每人拉着一根末端系着棒棒糖的绳子，棒棒糖悬在一个窄口瓶中，代表4个困于枯井中的人，口令一下，学生在5秒内将自己的棒棒糖拽出瓶口则为生还，4人全部拽出的小组获胜。在这个游戏里，必须有人暂时牺牲个人利益，做出利他行为，才可能获得团队的胜利。我组织学生们就这个游戏的体验进行了辩论，大家居然讨论到很多宏大的主题，比如个人物质生命的有限性与精神生命的无限性，个人与种族的取舍等。最后我以博弈论在生物进化史上的表现作为结尾：选择利他行为在短期也许不利于种群的延续，但在长期累积中将会成为一个种群生存的关键因素。我告诉学生们，一个理智和成熟的人绝不会意气用事，而是会用严谨的思考和平和的心态面对一切挑战。"少爷"没有说什么，但是此后见面，他总是很敬重地跟我打招呼。

走心式班会虽然可以促使学生对问题进行深入思考，但由于知易行难，缺乏体验，他们在行为习惯上很难践行自己得出的结论。

第三阶段是活动体验式班会。我一方面是受到现下流行的拓展项目和心理学上的沙盘游戏的启发，另一方面汲取了班主任前辈的实践经验。在海淀区社会主义核心价值观班会的征集活动中，我尝试设计了一组活动方案。班会的主题是"友善"。第一个环节是认识友善的价值，我设计了"盖高楼"和"请伸手"两个活动，帮助学生体验"友善能促使人取得更大的成功"和"友善能帮助我们营造和谐轻松，有安全感和归属感的氛围"两个理念；第二个环节是学习友善的心态和行为方式，我设计了"摆人字"和"送良言"活动，帮助学生通过体验式活动学会从细节上呈现友善，收到了不错的效果。

到了紧张繁忙的初三，我们整个年级的班主任团队带领学生走上操场、走向校外，开展了范围更广、规模更大的活动体验式班会，有效地调节了毕业年级学生的心理状态，也贯彻了立德树人理念。在班主任工作的各个环节上，我不仅需要走得够远，还要走得更高，从 1.0 到 2.0 再到 3.0，像手机换代一样，不断打破定势，不断自我更新。

更稳一步：营造班级文化氛围"阅读固本，润心养气"

我在担任班主任的 7 年里，一直非常注重读书文化的建构。最早是从建造图书角开始，我带领学生开展了师生募集图书、推选图书馆长、黑马俱乐部等活动。接着是培养阅读领袖人物，我又和学生一起开展了书主开讲啦、人人一书单等活动，每月抽出一次班会课讨论班内的畅销书，给阅读天分高的学生提供进阶书单。后来我们自己做书，班内组建"出版社"，出版图文并茂的小书，并由"销售团队"在自习时间走进学校各年级各班推销自制小书。

近两年来，我阅读了很多关于阅读的书籍，包括艾登·钱伯斯的《说来听听：儿童、阅读与讨论》《打造儿童阅读环境》、吉姆·崔利斯的《朗读手册》、莫提默·J.艾德勒的《如何阅读一本书》，了解了阅读循环圈、阅读层次、大声朗读和持续默读等理论，并运用在自己的班级阅读文化的建构中。对初一的孩子，我要求每天中午进班朗读 15 分钟，每天放学前留出 20 分钟进行不限定篇目、不做笔记的自由默读，希望借此让阅读成为他们的生活方式。

更多一步：引领年级德育工作"团体作战，集思广益"

我们的班主任团队多了很多"新鲜人"，他们虽然经验不足，但是工作热情高，创意丰富。为了避免故步自封，我们年级组建了自己的班主任工作坊，随时随地探讨班主任工作问题：座位怎么排、怎么纠正行为偏差的学生、班会怎么开、纪律卫生怎么抓。我们还成立了自己的读书沙龙，共读一本书，比如《教室里的正面管教》，同时给学生选书，确定具有班级特色的基本书目。为了促进班主任团队的建设，我还组织班主任开展了办公室文化墙的创意布置，开展了班主任和科任教师之间"强强联合"的结对活动。

带给他人改变的同时，我发现改变最多的其实是自己。我从一个缺乏耐性、不拘小节的人成长为一个能静下心来找对策，关注每个学生的个性自由和全面发展，不断挑战和重塑自我的变革型班主任。

点 评

"南风效应"也称"温暖效应"，源于法国作家拉·封丹写过的一则寓言。北风和南风比威力，看谁能把行人身上的大衣脱掉。北风首先来一个冷风凛凛、寒冷刺骨，结果行人为了抵御北风的侵袭，便把大衣裹得紧紧的。南风则徐徐吹动，顿时风和日丽，行人觉得春暖上身，始而解开纽扣，继而脱掉大衣，南风获得了胜利。

故事中的南风之所以能达到目的，就是因为它顺应了人的内在需要。这种因启发自我反省、满足自我需要而产生的心理反应，就是南风效应。案例中的老师正是巧妙运用了南风效应，实行充满人情味的温情教育，润物细无声，使得孩子们的叛逆减少了，对老师的信任和配合支持增加了。

为诗歌插上"彩色"的翅膀

北京市海淀区七一小学　李爱利

　　说起诗歌，我们不由得想起古诗。古人作诗有四法：起要平直，承要春容，转要变化，合要渊水。这是旧时诗文惯用的手法，后来也泛指文章作法。现代人看来，起即事情的起因、文章的开头；承即事件的过程；转即事件的结果；合即对该事件的议论，是结尾。回忆自己的儿童诗歌活动，也正好走在了这一条路上。

起——意外的阅读收获

　　阅读经典是我进入四年级后带领同学们开展的课外阅读活动。进入六年级后，师生共读古典名著《红楼梦》是我们的目标。在一片质疑与否定声中，我艰难地坚持着自己的决定。在重建小组后，《红楼梦》的阅读也取得了巨大的成果。每个组员都努力读书，希望为小组尽自己的"微薄之力"。就这样，鸿篇巨制在学生们的你拼我夺中被"囫囵吞枣"地读完了。本以为读完也就完了，可是一次寻常的打"小报告"，令我有了"意外的""巨大的"发现。

　　一天，任同学敲开了我办公室的门，说有问题要跟我反映。我一如既往地洗耳恭听。在她的一番陈述下，得知她阅读《红楼梦》后，被文中的诗词歌赋所吸引，被文中人物出口成章、下笔成文的能力所折服，自己也蠢蠢欲动想要小试牛刀。于是她就偷偷地仿写很多诗。因为是第一次写诗，可能对自己的文笔不够自信，怕会有同学笑话，所以她不想让同学们知道。但是却不知为何被李同学知道了，李同学总是纠缠她要看她的诗，这甚至影响了她们的关系。她不知该怎么办。什么，你在写诗？而且仿着《红楼梦》中的诗在写？天哪，不可能吧？一定只是个顺口溜。我心中暗自好笑。"如果不介意，我可以拜读一下你的大作吗？虽然是初次，但好作品要懂得分享呀！再说了，没有读者，创作价值怎么体现呀？"在我的一番劝说下，她捧来了她的小"诗集"。整整一个小双线本，不下30余首，而且都进行了装饰，足见其用心。打开"诗集"，第一首就令我惊诧不已。

知春

未见芳草翠，却闻雀啼鸣。

依醉池边柳，月映笋芽群。

再往下看去，唐诗、宋词、现代诗歌皆有。那华丽的辞藻，很多我竟不知是什么意思。"这个字读什么？""这个词什么意思？"我像小学生一样在"任老师"的面前请教起来。"任老师"一板一眼地为我解答。

在征求任同学的同意后，我公开了她的诗，让同学们欣赏了一些她的创作，也鼓励同学们拿起创作的笔，让它"笔下生花"。同学们创作的热情空前高涨，一篇篇诗稿纷纷送到我眼前，这真是"无心插柳柳成荫"呀！

承——都是日记惹的"祸"

同学们写诗的兴趣被激发起来了。无论课上、课间，只要一有空，他们就三个一群、五个一伙地交流彼此的"大作"。更可喜的是，在轮流日记中，我也见到了他们所创作的诗歌。我也借机大肆表扬，使劲评星，让写诗的小组得更多的分。不过，可能是审美疲劳，每天我都和同学们欣赏他们创作的一首首诗歌，渐渐地我发现同学们的热情减了，我的兴趣也有些淡了。眼看着诗的水平还只停留在兴趣上，可同学们兴趣却减退了，我难免有些担忧。正在这关键之时，我突然发现，傅同学尝试着用"古文"写了一篇日记。虽然只是半白半文，但却令我耳目一新。

我欣喜地拿着日记本在每天早读固定的美文欣赏时间让傅同学读了她的日记。虽然同学们都听得似懂非懂，但从他们惊讶的眼神中我意识到，他们对傅同学佩服不已。毕竟，对于古文，即使是成人的我们也是畏惧和敬仰三分的呀。傅某某这位有心的学生在接下来的日子里，爱上了古典文学，《诗经》《人间词话》都成了她手不释卷的读物，在日记中她也表达了她的思想。

与诗如出一辙，古文日记开始大肆流行。每天读着他们半生不熟的古文日记，我啼笑皆非，但不能打消同学创作的积极性。我就在一次美文欣赏时引导他们，告诉他们每个人的文学底蕴不同，有的同学擅长写白话文，有的同学写诗歌拿手，有的同学爱创作歌词……我希望见到同学们"百家争鸣"的创作，而不只拘泥于一种，我希望他们都能找到自己创作的点，形成自己的风格。在之后的日记中，同学们用他们巨大的创作力，震撼着我的心灵。日记中出现了散文系列、诗歌系列、古文系列等多种风格的创作。每天我和同学们就在美丽的语言文字中徜徉。

起——创建社团，推波助澜

随着时间的推移，我发现学生的创作是零散的——零散的时间、零散的作品，兴趣来了就创作一下，有时间了就展示一番。这种不定时、不定式的方式无助于学生文学素养的成长。于是创建社团的构思就在我脑中冒了出来。一石激起千层浪，我和同学们选出散文、诗歌、古文、白话文、歌词五个社长，这也在意料之中，同学们所选举的都是某方面的佼佼者。招募好自己的人员，定好固定的时间（周五班会课）后，各个社长又利用一周的时间设计好自己每次活动的计划安排，"每周社团"就开始了。同学们最期盼的就是周五的班会课，因为他们又可以和志同道合的同学做喜欢的"事业"了。两个月后，我惊喜地发现，成果斐然，每个社团都拿出了自己的"业绩"。

　　真是不读不知道，一读吓一跳，较之两个月前，同学们的水平有了飞速的提升。我和同学们都沉浸在一篇篇美妙的作品中。

合——水到渠成，自出文集

　　孩子们创作的诗歌、散文、古文越来越多，于是我有了出班刊的想法。我拟了一个"花开花落"的刊名，但同学们觉得有些伤感。何不请孩子们来定刊名呢？于是，在一节语文课上，我请每个小组进行头脑风暴。孩子们的创意令我惊叹不已：墨笔生花、海棠文社、百花争艳、扬帆起航、栀子花开、待·春暖花开、文激起舞、一文成名，8个富有创意的名字灵动而出。最后经过评选，同学们一致认为"待·春暖花开"更富有诗意和人文情怀。就这样，我们有了自己的刊名，擅长画画的同学又主动为班刊创作了封面。

　　最终，浓墨重彩的"鲜花盛开"获胜，因为同学们都认为图画中的小蜜蜂和小蝴蝶正象征着同学们要在文学的天地中展翅高飞。

　　最后，我们成立了编辑部和排版部两个部门，编辑部由中队长陈同学带领5位同学每周三负责对投稿进行校对、筛选；排版部由大队长李同学带领的5位同学每周五进行相应图片和音乐的收集，并利用软件进行编辑排版。就这样，一期期班刊孕育而生。

　　一期期的班刊，让诗歌插上了"彩色"的翅膀，随着微信"飞"进了家长群、"飞"进了朋友圈，"飞"到了校领导的身边。当孩子们看到来自父母的点赞时，他们绽开了快乐的笑容；当孩子们看到来自朋友圈的点赞时，他们绽开了幸福的笑容；当孩子们看到来自校领导人的点赞时，他们绽开了骄傲的笑容……

　　再也不用我督促了，有的孩子开始手不释卷地看书，有的孩子开始笔耕不辍地作诗，更有不甘寂寞的孩子已经动手写小说，惊悚探险的《摸金校尉》《希望》、科幻迷离的《噩梦》、匪夷所思的悬疑冒险《侦探故事》《侦探事务所》等一篇篇想象丰富的文章在孩子们的"奋笔疾书"中酝酿而生。读着他们创作的文字，我的思绪也随之变得妙不可言。对我而言，老师最大的幸福就是可以尽情畅游在孩子们用稚嫩的文字所描绘出的无边的想象空间中，那是一种行自由的、舒畅的、满足的、骄傲的幸福。

我是一名普通的小学语文老师，每天面对着 37 个鲜活的生命，这是我的人生财富。我每天都陪伴着、见证着一个个生命的成长，我的每一天都是精彩的，更何况我还每天都能读到最至真至朴、最生动美妙的文字，这种幸福是其他职业工作者所不能体会到的。我愿助孩子们插上"彩色"的翅膀，让他们飞得越来越高，越来越远，飞到孩子们所期望的彼岸。

点 评

读书和写诗、写文章让孩子们思考人性与人生，让他们向往世界的神奇美好，让他们的内心变得细腻、丰富和充实。"起"而"承"而"转"而"合"，形成了一个过程，但"起""承""转""合"的划分是相对而言的，这个过程也没有结束，而是继续进行着，可能今后不一定是在老师的组织安排下，孩子们自己就会自主地去读书和写诗，为诗歌插上"彩色"的翅膀。引导孩子们读书、写诗，实际上是为孩子们的心灵、为孩子们的人生插上了"彩色"的翅膀。

爱过，才知情之深

江苏省无锡市东亭实验小学　吴海红

时光荏苒，岁月匆匆。转眼间，我已经工作 17 个春秋了。回首这 17 年走过的教育之路，我虽然没有轰轰烈烈的壮举，没有可歌可泣的事迹，可是平淡的教学生涯却赋予了我宝贵的经验。

17 年来，我无怨无悔、兢兢业业地从事班主任管理和语文教学工作，把教学工作当成是我的一大乐趣，并且热爱着我的孩子们。我爱看孩子们在课堂上那一双双求知的眼睛，更爱看他们在我的教育陪伴下露出幸福的笑容。孩子们的进步和成长，让我深深地知道，一个优秀的教师是需要超越平凡，用爱来谱写教育篇章的。

因为，爱永远是教育的真正内涵。如果没有爱，任何甜言蜜语都无法打动一颗冰冷的心。唯有爱，才能点亮心灵的灯盏，驱除蒙昧，收获希望。

爱，也是教育的根本。爱过，才知情之深。17 年的教学实践让我明白：只有用爱去温暖孩子，用情去打动孩子，我们的教育才能直达孩子的心田，引导他们快乐成长。只有爱过我们的孩子，我们才能真正感受到孩子们对我们的那份情同样也是至真至纯。

某新学年，我的班上新转来了一个男孩子——小宇，胖胖的身子、大大的脑袋、肥肥的脸。他不爱说话，却很调皮；不爱学习，却经常拿笔涂画。听孩子的家长说，孩子一到三年级是在私立学校上的，老师都不太管他，导致他不爱学习，不会写字。现在要上四年级了，他连写自己的名字都还写错。

开学后，我发现小宇几乎一下课就到外面跑，直至汗流浃背才到教室，不做课后作业，也不做下节课的准备工作。甚至有好多次，他一走进教室，上课铃就响起来了。班上有些同学开玩笑说他是"上课报时器"。上课时，他爱说话，常常搅得同桌不能安心听讲。他在作业本上写的字也是东倒西歪，像一根根火柴棒拼凑出来的，还都是错别字。平时他也不讲究卫生，他的课桌斗内经常是装满了餐巾纸等各种垃圾。因此，同学们都不愿意跟他做同桌，嫌他邋遢。

这样的一位学生，说句心里话，哪个老师、同学会喜欢呢？其实，刚开始，我对小宇也是有些爱不起来的。我给他提的要求，他总是屡教不改——学校禁止学生把零食带到校园，可他明知故犯；作业本上的字，我每次给他详细分解、帮他记忆，可他总会让字"缺胳膊少腿"；家庭作业就更不用说了，他天天不做，各科老师盯着才会补做。所以，我经常批评他，有时还对他没有好脾气。也许，我被这种"恨铁不成钢"的情绪蒙蔽了双眼，看到的都是他的缺点，少了关心和呵护。

事后，我静下心来反思自己，是不是太着急了？小宇的学习毕竟几乎荒废了三年，我怎么可以把对其他孩子的要求强加给他呢？10个手指头还有长短呢，更何况45个孩子的班级，孩子是参差不齐的，小宇的情况又更加特殊，总是一味地批评他，自己也有着不可推卸的责任。

平静下来后，我对小宇的态度也改变了，不再一味地要求他，而是给他时间，给他帮助，找他谈心，让家长协助，让他一样一样慢慢来。一段时间下来，虽然起色不大，他却也有了细微的改变。小宇变得讲卫生了，会在课桌斗里放上垃圾袋来收拾餐巾纸了；上课时的眼睛似乎也亮起来了……

然而，彻底改变我对小宇看法和态度的是发生在"十周岁成人礼"期间的一件事。学校要为四年级的孩子们举办"十周岁成长礼"。为了让孩子们快乐而有意义地开展活动，年级里所有师生都参与了进来。一个个节目地挑选与排练，一个个学生地选拔与训练，老师们都忙得不可开交，却也乐此不疲。

一天，我利用几节课的时间来纠正孩子们朗诵、舞蹈的动作。快放学的时候，我们才回到教室，孩子们一个个累得趴在桌子上休息，我也累得筋疲力尽，靠着门站着，两腿发软，说话声音也变得沙哑。此时，细心的小宇观察到我疲惫的样子，走到讲台旁搬来一把凳子道："吴老师，你站了半天了，你也坐一会儿，趴一会儿吧。"没想到，小宇会这样说，会这样关心我。虽然只是几句简短的话语、一个简单的动作，但这却深深地震撼了我。这个曾经被我一次又一次批评的学生，竟会来关心老师，想想我曾经对他的样子，我的眼睛湿润了……

自此之后，我开始对小宇多了一份关心和呵护。我开始尝试改变以前的教育方法。课堂上，简单的问题只要他发言，我就给予表扬和鼓励。课间做作业时，我手把手地教他写字，让他每笔、每画都写小一点，不能超过横线。练字帖时，我让他先观察字形，再一笔一画、专心致志地去写。他学习基础差，我让其他孩子不要歧视他，让班上成绩较好的学生帮助他。就这样，在教育与鼓励下，在同学们的帮助下，在他自身的努力下，渐渐地，我发现小宇的学习有了起色，生活上的进步也很大。

后来，我没有跟班上去，但是在路上碰到小宇时，他总会兴奋地跟我打招呼，我还会摸着他的头鼓励他。这次教师节，孩子们纷纷给我写信捎祝福，小宇也来了，用他那虽有错别字但却已是很大进步的字体和稚嫩、真挚的话语来祝福我，莫名的感动、满满的幸福涌上心头。

记得有人说过这样一句话："老师不经意的一句话，可能会创造一个奇迹；老师不经意的一个眼神，也许会扼杀一个人才。"是的，老师习以为常的行为，对学生终身的发展也许能产生不可估量的影响。作为一名老师，我们应该经常回顾自己以往的教育历程，反思一下：我造就了多少个遗憾，刺伤了多少颗童心，遗忘了多少个不该遗忘的角落。改变、弥补、敞开胸怀尝试去爱，其实从不嫌晚。

小宇的变化让我不断地反思自己，不断地完善自己，不断地改变自己，不断地要求自己，因为今后像小宇这样的孩子肯定还有。而一味简单粗暴的说教，只会在他们幼小的心灵上留下阴影，使他们对自己、对老师，都产生负面的看法，认为自己怎样努力也不会得到老师的认可，从而自暴自弃。

我要感谢小宇，是他让我重新认识了我们的孩子，也重新认识了自己，让我更加坚信要学会用心、用爱去浇灌我们的孩子，让我更加明白爱会帮助我们发现孩子身上蕴藏着的无限潜能。

"如果学生是一朵含苞待放的花蕾，教师的职责就是让他们在生活这片温暖的阳光里绚丽绽放。"一个信任的微笑，一个激励的眼神，一句鼓励的话语……都将给孩子们莫大的帮助与信心，我们也会有意想不到的收获与惊喜。

点评

"漂亮的孩子人人都爱，而喜欢不漂亮的孩子的人才是真正爱孩子。"作为父母是这样，作为老师也是这样。聪明的、遵守纪律的、学习成绩好的学生，所有老师都喜爱，但一个真正有教育情怀、真正关爱学生的老师，一定能够包容接纳那些调皮的、成绩差的或者有各种各样行为问题的学生。调整心态，转变态度，降低标准，给予学生理解，允许学生一点点逐渐进步……学生变了，变得讲卫生了，变得懂得关心别人了，老师带着发现学生美好的欣慰，给予学生更多的肯定和鼓励，学生的进步更大了。

作者：张轩语（一年级四班）　指导教师：武美华　学校：黑龙江省黑河市爱辉区黑河小学

关注细节   培养习惯   构建班级新生态

北京市海淀区中关村第一小学   刘   颖

美国教育家培根说过："习惯真是一种顽强而巨大的力量，它可以主宰人的一生。因此，人从幼年起就应该通过教育培养一种良好的习惯。"人们常说，培养孩子良好的习惯不仅可以决定孩子的性格，更能够影响孩子的一生。由此可以看出，在孩子幼年时培养良好的习惯很重要。

2014 年 9 月，我又迎来了一批可爱的孩子：18 个漂亮的小姑娘和 17 个帅气的小伙子，自此"快乐五班"成立了。从刚接班时，我就把培养孩子的习惯放在工作的第一位，希望通过细致入微的工作唤醒孩子自主管理的内动力；通过激励的方式鼓舞孩子，让每一个孩子养成良好的习惯。师生合作，一起构建一个属于我们快乐五班的班级新生态。

充满童趣的评比培养孩子的行为习惯

孩子刚刚上学，对学校的一切充满着好奇，内心被喜悦新鲜的感觉填得满满的，对学校的要求和规定还是懵懵懂懂的。多年的工作经验告诉我，刚开学的第一个月非常重要，是树立孩子的规则意识、培养孩子的良好习惯的关键期。天下大事、必作于细；天下难事，必成于易。无论做人、做事，都要关注细节，从小事做起。我根据一年级孩子的特点，将评比和游戏结合，设计出了一套有意义、充满童趣、有连贯性并能调动孩子积极性的评比方法"小鱼大变身"。评比分为

10级，学生在每一级小鱼身上攒够40张小贴片就能够成功晋级，当10级的小鱼也被满40个小贴片时，这学生就成了我班的"葵园榜样"。从按时到校、升旗仪式穿校服这些小事入手，以点带面。孩子每做到一项就可以得到一张小贴片，把它贴到小鱼身上。于是教室的后墙上出现了35条小鱼，每条小鱼上都写着孩子的名字。我准备了10种小鱼的图片，并将它们打印出来，剪好。我又印了"爱心小天使""小小演讲家""满分小状元"等奖状。一年下来我写了近千张奖状，拍了两千多张照片，发了近千段视频。

开展评比以来，孩子们一个个摩拳擦掌，你追我赶，形成良性竞争氛围。每天我都能够看到孩子晋级后灿烂的笑容。一张不起眼的小小贴片，在我们班里却是荣誉的象征。小小的贴片在我们班里发挥着巨大的作用。

"老师，我的小鱼晋级了。"下课时孩子拿着自己的小鱼激动地跑到我的面前，脸上洋溢着成功的喜悦。"太棒了，老师给你写奖状。"我拿出精心准备的奖状，用心地写上孩子的名字，双手递到孩子面前，孩子马上走到黑板前摆出胜利的手势，等着我给他拍照。"咔嚓"一声后，孩子朝我微笑着说："老师，别忘了发到群里啊！妈妈天天问我什么时候晋级，今天我晋级了，正好赶上妈妈生日，这是我送给她的生日礼物！"多么懂事的孩子啊，知道感恩，知道回报。这样温馨的画面几乎每天都会出现。孩子们在这样的班级氛围中健康地成长，体会着成长带给他们的喜悦，品尝成功的果实。家长们也被调动起来，主动关注孩子的在校情况。

从小圆圈入手，培养孩子的卫生习惯

我们班桌子腿所在的地面位置都画有一个小圆圈，就是这个小圆圈使我们教室的桌椅摆放永远是整齐的。孩子们上课间操、科任课，在离开教室前会先将书本放到位子里，再把桌子腿放到指定的小圆圈里，将椅子插到位子里，随后离开教室。桌椅整整齐齐的，书包统一放到椅子上，水杯挂在课桌旁边的挂钩上，就连鲜花也排好队整齐地摆在了窗台上，图书角里的图书，墙角的笤帚，一切的一切都是那么井然有序，那么温馨。

现在快乐五班的孩子都知道自己的事情要自己独立完成，自己整理学习用具，自己摆放桌椅。同时作为集体的一员，每一个人也爱护集体，维护集体荣誉，集体的事情大家共同完成。孩子们在学生精神"做最好的我"的引领下不断学习、不断成长。看，葵园里的小葵花在阳光的照耀下、雨露的滋润下绽放着笑脸。

抓住点滴时间，培养孩子的阅读习惯

营造阅读氛围，让每一个孩子喜欢阅读，让阅读成为一种习惯。早上走进快乐五班的教室，没有大声的喧哗，没有打闹，看到的是早来的小朋友在座位上看课外书；没有老师的看管说教，有的是孩子们轻轻的翻书声。阅读已经成为快乐五班的习惯。课间休息时、写完作业后和午休后都是孩子们阅读的时间，教室里、长廊下都是孩子们看书的地方。他们有时自己静静地阅读，有时聚在一起讲喜欢的故事，感受书的魅力。

读书记录，动手又练脑，让阅读深入

写读书记录对于一年级孩子来说有点难。他们学过的字不多，要想做好读书记录实属不易。但是培养孩子的阅读习惯，就要像困难说"不"。为此我为每个孩子准备了一个精美的摘抄本，并在第一页上写上"阅读，就是在接近真理；阅读，就是在汲取智慧；阅读，就是在借鉴经验；阅读，就是在学习。世界因阅读而和谐，文化因阅读而交融，生活因阅读而充实，生命因阅读而精彩"的寄语。没有具体要求，只有奖励制度。孩子们开始做读书记录了，由开始的不会记，到现在已经能够记200多个字了。他们还会根据自己的理解给自己的读书记录配上图画。

课前演讲，动口又练胆，让阅读延续

一年级下学期我结合班里孩子的情况，开展了课前5分钟演讲活动。按照学

号，每天一位小朋友上台演讲。孩子们一开始真的有点紧张，但是随着活动的深入，孩子不再害怕表现了，而是盼着走上讲台，展示自我。许多孩子在第二轮演讲时还精心准备了演示文稿。塞翁失马、铁杵磨针、亡羊补牢……孩子们娓娓道来，不仅锻炼了胆量与表达能力，增强了自信，故事里面蕴含的深刻道理也在孩子们幼小的心中留下痕迹。

听懂、读懂、讲出来让别人听懂，最后写出来别人能看懂——这是教育的精髓。

随着阅读的深入，孩子们不仅养成了阅读习惯，而且在两次期末词语验收中取得了优异成绩。第一次百字验收有 34 人参加，全班加起来只错了 7 个字；第二次百字验收有 35 人参加，全班加起来只错了 9 个字。好成绩要归功于好习惯。

小小讲台展风采

在我们的教室，讲台不再只属于老师，它也成为孩子展示风采的舞台。一年级第二学期我们就开始了课前 5 分钟的演讲活动。

开展课前演讲是否合适，孩子们能否接受，家长们是否支持，这个活动能否开展下去，这些都是疑问。怎样开始呢？由谁打头炮呢？经过深思熟虑，我决定按照学号开始，由 1 号小朋友打头炮，每天一个，依此类推，轮到谁就是谁讲。第一次演讲的内容不限，可以讲故事，可以背一段自己喜欢的散文，可以分享自己旅游中的趣事。有了初步的想法之后，我在班级微信群里做了一个小调查，听听家长们的意见。

"各位家长朋友，本学期开始班里要开展课前 5 分钟演讲活动。语文学习不仅要会听、会写、会看，最主要的是要会说，即能把自己心里想法准确、清楚地表达出来。因此培养孩子们说的能力、表达能力就显得尤为重要了。同时孩子在演讲过程中又能够锻炼自己的胆量，使自己变得自信、大方。孩子们还小，要想使此次活动能够顺利地开展起来就必须得到您的支持。请您在孩子演讲前督促孩子，并和孩子一同准备演讲稿。"

在本次调查中我发现，90%的家长都非常支持我的做法，都非常希望孩子通过这个活动变得自信、大方。

课前5分钟演讲开始了，我得到了家长的全力支持，1号小朋友的演讲非常出色。我也巧妙地利用了微信里面的视频功能，将孩子的演讲片段发到群里，让家长们欣赏。家长们在收看视频时，不仅能够看到孩子的表现，也能够从中发现孩子之间的差距，同时家长们也会在群里及时给予孩子鼓励和肯定。当孩子们知道自己讲故事的录像能被全班小朋友的家长看到时，又紧张又兴奋，同时也感到压力。这种压力不仅孩子有，家长也有。而当压力变为孩子和家长的动力时，孩子们学习的积极性也就有了。

孩子们按照学号有序地进行着课前演讲，一轮结束后，第二轮孩子们已经有心理准备了，不再满足于只讲故事了。有的小朋友在家长的帮助下一起制作演示文稿，将自己要讲的内容和要用的图片排进去。在这些小朋友的带动下，制作演示文稿的孩子越来越多了，孩子们对演讲也越来越有兴趣，越来越敢讲，越来越爱讲。家长们给了我如下的反馈。

"为了准备演示文稿，孩子们会提前几天收集材料，在收集材料的过程中需要阅读大量的文字，可是孩子却没有像以前那样不想读，而是兴趣盎然。看来老师的办法非常好，在不知不觉中提高了孩子的阅读能力，加大了孩子的阅读量，从而提高了孩子的语文能力。"

"我的孩子现在非常喜欢看书，常常是抱着课外书一直看。这次为了收集飞机的图标，给小朋友们讲解清楚各国飞机的历史，他翻阅了大量的图书。老师的办法真好。"

"利用微信群发孩子演讲的录像真是好办法，我也感到以前自己对孩子的学习关注太少。这回有了微信群，我发现了我和其他家长的差距，以后我也会多关注孩子，陪孩子阅读，让孩子养成好习惯，不拖孩子后腿。"

一学期下来孩子们真的变了：他们不再害怕在许多人前表达自己的观点，不再害怕阅读短文回答问题的题型，不再害怕在看图写话时没话写……期末考试，我们班41个孩子中有19个满分（满分人数是其他班满分人数的总数），全班竟然只错了38个字。这么优异的成绩让我和家长们大吃一惊。

　　语文课前的5分钟，看似时间很短办不了大事，但每节课5分钟，一学期下来量很可观。如果组织学生把这时间充分利用，实实在在地进行记说写训练，持之以恒，就可以解决很多制约学生发展的基础问题，有水滴石穿之效。

　　2014年6月19日，我们教室里坐满了家长和学生。家长们架起了摄像机，拿起了单反，忙碌了起来。主持人宣布活动开始，拉开了"我的演讲我做主，我是小小演讲家"活动的序幕。孩子们一个个地走到讲台上，一边演讲一边演示PPT，沉着大气，毫不慌乱。《变形记》《我和我的小战马》《花样滑冰》……孩子们的演讲涉及动物、植物、学校生活、兴趣爱好等多方面。历时3个半小时的演讲没有让在场的老师、学生和家长有丝毫疲劳。

　　美德大多存在于良好的习惯中，在孩子们树立了规范意识后，我利用各种机会，精心设计，开展各项活动，对孩子进行教育，如"讲故事比赛""感恩母亲""快快乐乐过圣诞"等活动。随着丰富多彩的活动的开展，孩子们在浓厚的兴趣中轻松、愉快地受到了教育，动手、动脑能力也大大提高了。

　　一件件不起眼的小事、一个个精彩的瞬间、一个个感人的片段，无时无刻不在提醒着我们"细节决定成败"。我和快乐五班的孩子们坚守着细节，共同构建着属于我们的阳光班级生态。我相信，用汗水浇灌的幼苗必定苗壮，用爱心培育的花朵必将灿烂，用细节培养的孩子必定成功。

点评

　　习惯是人的行为倾向。也就是说，习惯是稳定的、甚至是自动化的行为。用心理学的话来说，习惯是刺激与反应之间的稳固链接。良好的行为习惯是人的能力和素质的生长点，为实现人的全面发展提供了支撑性平台。刘老师从细节入手，采用生动有趣的评价方式激励学生，培养学生良好的卫生习惯、读书习惯，课前演讲等活动给孩子们提供了练习和展示的平台和机会。在这么优秀的老师的教育下，孩子们养成了一系列做人、做事和学习方面的良好行为习惯，这必然终身受用，成为自身可持续发展的重要力量。

作者：刘曦文（一年级 342 班）　指导教师：王国珍　学校：山西省晋中市寿安里小学

承载生存之重

——五元钱城市生存挑战

黑龙江省五常市实验小学　武晓秋

案例摘要

五块钱，在我们平日的生活里也许真的算不了什么，但要用它生活一整天，还要完成多项任务，仅交通费一项也不够，这对孩子们来说的确是极大的挑战。在这个活动中，我和家长看到过孩子的挫败、失望，但也看到了他们完成一个个挑战任务后的那种欣喜和自豪。除了基本的生存问题，我们还希望看到孩子们提升人际沟通、团队协作、抗压受挫、处理突发情况等方面的能力。孩子们在挑战自己、最终成功的那一刻，收获到了书本上学不到的东西。

案例背景

现在的孩子大多是独生子女。家长对孩子从小就娇生惯养、"唯命是从"，甘当"孩奴"的父母在一次次满足孩子心理欲望的同时，也使得孩子形成了自私自利、唯我独尊的强烈个人主义，成了饭来张口、衣来伸手、只会读书的"好孩子"。如此惯养下的孩子如何懂得生活的内涵，一个不懂生活真谛的孩子又如何适应生活，改变现实？

案例内容

五元钱能做什么？发挥孩子独有的创造力，吃饭、交通，只有五块钱，在陌生的城市生存 1 天，并要完成规定任务。在 2016 年 7 月 26 日，在我和家长的策划下，五常市实验小学 6 名学生在哈尔滨完成了五元钱挑战生存体验活动。

从难以启齿到勇往直前，是悄无声息地成长

"开启众筹"：每个孩子 15 元，去掉往返火车票 10 元，孩子们一天的费用为 5 元。为了生存，孩子们在列车上开始筹款。每个人将从家中所带的一件日用品或玩具等物品在火车上变卖，首先向乘客说明此次活动的情况，然后希望乘客购买自己所卖的物品，或进行升值交换。经过一个半小时的旅程，孩子们共筹得 198 元。带着兴奋和出师告捷的喜悦，6 个孩子踏上了一日生存挑战之旅。

计划周详、顺利到达既定地点，完成所有指定任务

下车后，孩子们最先找到公交指示图，设计行走路线。他们一开始想打出租车，后为节省开支改乘公交车，并手绘路线图。孩子们分别顺利地找到了指定目的地：防洪纪念塔、中央大街、中央商城、索菲亚教堂。饥肠辘辘的中午，他们打算购买美国加州牛肉面，经计算，决定购买 3 碗，6 人分吃。他们一共完成了如下任务：

购买明信片，说服陌生人互留姓名、地址、电话，交朋友。

展示自我、释放激情，广场倾情演绎。克服害羞情绪，在中央商城门前进行文艺表演。

化身小记者，现场采访观众，说明此次活动情况，与观众探索活动意义，听取群众心声。

窘况层出，是意料之外，也是意料之中

出发前，由于赶火车，一名家长将孩子的背包落在自己车上，未能带上火车。

小队员自带的口风琴，在辗转公交车时，遗忘并丢失了。

手绘的路线图，辗转丢失两次，被同行家长拾到并交还给孩子们。在第三次，路线图还是丢失了。

在最后一个任务地点——索菲亚教堂，队长由于喂鸽子上瘾，将背包直接放在地上，所幸被执勤室叔叔看到并保管，最后找到。

孩子们在出色完成所有任务后，很开心。在美丽的索菲亚教堂前，孩子们看见很多鸽子，于是将剩余钱款全部用来购买鸽子食，最后饿得没钱买饭，没钱乘公交车，无法到达火车站。6 个孩子在购买鸽子食时发生了争执，有的孩子提出饿了，要买吃的，可是队长马某兴奋过头，没有听从劝阻，导致最后两手空空。所以，最后收队时，区别于出发时的兴奋，孩子们都是沮丧的神情。

金钱是支持生存的基本条件，品尝赚钱的苦与乐

赚钱的过程中，孩子们深刻地体会到了其中的苦乐。火车上，徐某同学为乘客进行口风琴表演，被一妇女当场大声呵斥，声称吓到她睡觉了。孩子木讷地看着妇女，无言以对。家长耐心地告诉孩子，如果要表演，首先要征得大家的同意。看着孩子委屈的神情，家长的心里也在流泪，但还是有很多乘客批评了那名妇女，并安慰孩子，让她继续表演。

在火车上筹款卖物的过程中，有的孩子顺利将物品变卖，开心地展示自己的成果；可有的孩子没有卖出物品，只有沮丧地低着头；还有的孩子很害羞，无法向陌生人张开口，焦急地流泪。在火车上，孩子们还是得到了大多数乘客的支持，他们也表示很赞赏孩子们的勇气，并加以鼓励。

在中央大街沿途卖物过程中，路人基本没有耐心听取孩子们的诉说，根本没有人购买物品，所以孩子们放弃了继续卖物的行动。可是其中最小的徐某同学就是不气馁，而且有针对性地向被大人带领的小孩推销一本价值 19 元的图书。看着她小小的身影，坚持着向过往行人推销，家长几次告诉她，可以不用再卖了，

可她就是坚持，最后，在向一位和她年龄相仿的小女孩推销后，小女孩的妈妈已经领着小女孩离开了，不一会儿，又折返回来，小女孩在仔细看过这本图书并征得妈妈的同意后，终于购买了这本书。

插　曲

慷慨解囊，来自孩子们金子般的心：经过中央大街时，孩子们看到路边一位身体残疾的老爷爷在乞讨，一致决定要帮助他，在仅存的 24 元中，他们拿出 4 元钱给了乞讨者。

偶遇外宾，亲切交谈：在看到行人中有金头发、白皮肤的外宾时，孩子们有礼貌地上前问好，攀谈。

家长的泪

徐某妈妈的泪是看到孩子在不懈的坚持下，终于将家长认为不可能卖出的图书卖出去了而流下的心疼又激动的泪。弱小的孩子体现出的那份努力、坚持、不气馁、不灰心的精神，也许可以理解为心理强大吧。

隋某妈妈的泪是不放心、着急的泪。孩子们在最后环节，身无分文地结伴同行，家长虽在后面跟着，但是经地下过街通道时，转眼孩子们就不见了。家长们焦急地寻找，最后在街对面的公交车站看到了孩子们的身影。可能这就是人生的缩影吧，不管孩子多大了，家长总是不放心，可最后发现，孩子们清楚地知道他们的目标。

不管什么学习方式，过程是最重要的，只要经历就好。

与伙伴同行是一种力量，一起面对困难，迎接挑战，可能会体验到欢笑、喜悦、挫败、分歧、争吵、犹豫、坚持、放弃、沮丧、兴奋、成功、质疑，会感受到社会上的冷漠或善意。他们不在自己熟悉的环境中，依靠自己和团队，体会了生存之重。

在美丽的冰城，孩子们第一次用自己的视角探索这个城市独有的文化、历史、解读社会现象，感受民间艺术，接触陌生人，一路走、一路发现，发现未知的世界和自己。

案例诠释

"承载生存之重——五元钱城市生存挑战"，让孩子们知道了父母赚钱真的很不容易，每一笔收入都是父母靠自己的双手获得的，以后一定要节约。这还让孩子明白了生活中并不是处处都一帆风顺，需要我们勇敢、坚强地去面对。活动让孩子们收获了自信，锻炼了胆量，挑战了自我，培养了人际交往和团队合作能力。

案例反思

作为教育工作者，我们需要对正在受教育的独生子女补上不完善的一课，要对他们进行苦难教育，要引导他们正确认识转型社会有一个梳理、磨合、正常化的过程，要教会他们如何应对生活中的千难万苦。总之，我们要教会独生子女独立生存的本领。

点 评

6 名黑龙江省五常市实验小学的小学生在哈尔滨完成了五元挑战生存体验活动。这次活动让孩子们体验到了生存的压力，积累了社会生存的体验，提升了他们勇敢冷静去处理困难的社会适应能力和城市生存技能，同时也在比赛中坚定了不抛弃、不放弃的信念，锻炼了协调能力与组织能力，培养了团队合作能力。

当今的中小学生是在富裕的经济条件下，在父母长辈无微不至的呵护下成长起来的，很多孩子有些娇气，既任性又依赖，不懂得生活的艰难，不懂得感恩，缺乏对别人的理解和尊重，不知道与陌生人如何沟通，对社会的认知不足，或者过于理想化地认为社会过于复杂和凶险，不敢越雷池一步，过于自信或者过于自卑……

城市生存技能挑战赛是近年来一项风靡企业、教育等行业的极具挑战性的体验式培训，以提高人们城市生存能力、应变能力、人际交往能力、团队协作能力与思考能力为目的。虽然这项活动很有意思也很有意义，但是由于活动的复杂性以及可能的危险，学校和家庭在组织安排孩子参加活动时，一定要十分谨慎，事先做足准备。

作者：张轩语（一年级四班）   指导教师：武美华   学校：黑龙江省黑河市爱辉区黑河小学

在真实学习、项目推进中感受汉字文化

——记五年级班徽设计育人案例

北京师范大学青岛附属学校　王春霞

案例背景

　　10 岁左右的孩子开始独立思考为什么要学习、学到知识有什么用，逐渐对技能学习感兴趣。他们自身的群体文化往往体现在聚在一起讨论我会什么、我能做什么、我做过了什么等话题。当下从电子游戏中获取成就感的快乐使越来越多的孩子痴迷于它，不少的孩子不爱传统的学习，逐渐形成了一种普遍的社会病。因而很多人强制要求孩子远离手机、电脑，但电子产品的发展却是社会进步的必然趋势，不可逆转。而教育本身是一种引导，我们是否可以正确引导孩子体验到成果快乐的同时，又在一种真实的解决问题的情境里学习呢？这就成为这一次五年级孩子应用性体验学习的动机与初心。

学习目标

　　1．通过解读班级文化，形成班徽设计立意。

　　2．通过班级文化立意，解读文字含义，寻找具有表象性的物体。

　　3．掌握标志的基本制作方法。

　　4．学习掌握对比色的使用、设计说明的书写方法、对称图形的制作、设计方法的分享表达。

5．理解班级文化，形成班级特色，培养班级荣誉感。

学习过程

2017年暑假，孩子、家长、老师一起规划讨论五年级的班级文化建设。基于孩子的年龄特点，从级部整体建构，在不断的讨论交流中，方案逐渐清晰，要让孩子成为整个班级文化建设的主体，发挥级部资源优势。

2017年9月3日，在作为班主任的我的组织下，活动首先在我们班进行试点。孩子们开始了班徽设计的应用性体验学习之旅。

此次活动特邀家长吴先生参加。这位家长是设计师、画者，是TRIZ萃智创新理论人文艺术应用推进人。

9：00，孩子们先观看了画室老师与学生的作品，特邀家长代表吴先生向孩子们提问："画画有什么用途？能解决哪些问题？"孩子们互动回答。吴先生引导进入班徽设计话题。

9：30，吴先生给孩子们讲解班徽的名称来源、定位、各类历史名人典故，鼓励孩子用网络查找各种相关联的典故与图文。孩子们形成故事的画面感，同时也瞬间明白手机与互联网是人类的工具（TRIZ的预先作用法）。

10：00，吴先生给孩子们传授如何运用TRIZ的抽取、组合、分割、快速作用、柔性材料、改变颜色等原理把抽象的概念具象化。此时孩子们兴趣高涨，急于应用。

10：30，孩子们开始绘制草图，关联想象得到极致发挥。虽然孩子们的技巧不成熟，但班徽的意义都能表达到位，得出了七八种能说明班级精神的具象形态。此时，画画能力强的孩子得到了其他孩子羡慕的目光。

12：00～14：00，孩子们运用手机把手绘草图上传至班级微信群，发动全体同学参与班徽的评选活动，从五幅作品中选出两幅作品进行深入设计。其中有位同学，平日表现不突出，也比较内向和自卑，所以对自己的作品信心不足，认为自己的作品肯定不会入选。其实他的作品是很有表现力和想象力的。为此，老师告诉他，要想成功就必须先相信自己，此次的班徽设计就可以成为他重新认识自己、走向自信的起点。本次投票采用不记名投票，这位同学果然入选了。

14:00，开始班徽的深入设计。此时小组成员分工合作，选出了绘画基础最好的同学进行素描稿和色彩稿绘制，同时组织其他同学进行班徽设计说明、制图标准的学习与实践。

16:00，集体学习电脑设计软件，从结果导向化出发，进行了设计软件的直线、曲线、正方形、圆形、关联复制等基本命令的实用技能学习。

17:00～18:00，开始录入班徽色彩稿。孩子们开始用电脑软件绘制自己的班徽。虽然在此过程中，孩子们技术还不熟练，得靠老师指导一步步进行。但当班徽完全绘制完成时，每位孩子都发出了欢呼声。

18:30，孩子们将设计的班徽发送给了班主任王老师与各位家长，得到了大家的一致肯定与表扬。

9月8日，班徽被制作成成品送到各班级。

五年级一班的班徽设计取得了非常好的效果，孩子们和家长老师都感觉到了这种学习方式的快乐和成就感，于是，经过梳理后，此活动在五年级其他班级推开。

9月11日，学校在微信公众号以《在真实学习、项目推进中感受汉字文化》一文报道此事，得到学校、老师、家长的肯定与赞扬。

9月12日晚，各班级的电子版班徽绘制完成，编制成美篇《五年级孩子心中的班徽——解读互联网时代孩子们的影像语言》一文。

9月13日，美篇文章公开发布，同时进行了最喜欢的班徽评选活动。

9月16日，最喜欢的班徽评选结束，此时文章阅读量为1.5万人次。

此活动也实现了深化学习和跨学科融合。

语文课进行以《我最爱的班级》为主题的儿童诗创作，以儿童的视角观察自己的生活，发现身边的美，寻找自己班级的美，激发对自己班集体的热爱，增强学生的荣誉感。

品德课上学生为自己的班级创造独一无二的创意口号。比如五年级二班的口号是唯宽可以容人，唯厚可以载物，厚德载物，五二最酷！各个班通过创作与班徽理念统一的行动语，进一步理解自己班级的班徽设计意图。

　　数学课结合数学轴对称的学习，让学生补全轴对称图形，寻找班徽中的对称轴，将数学知识与班徽设计融为一体。

　　美术课上美术老师以班徽设计中的色彩搭配为案例，引导学生进行对比色的学习、线条表达的运用的研究。

　　班主任在"我们自己设计的班徽"主题班会中，进行班徽设计的分享会，孩子们阐述设计理念，分享设计方法，总结设计收获。

案例反思

　　未来孩子是否出类拔萃，关键在于孩子们在传统学习的基础上，是否善用人类的第二个大脑——互联网——进行学习。运用场景式体验引导的教学也随之大量出现。人类在学习上变得更加有目标性、互动性、实用性。此项目设计历经一个暑假的准备讨论，从班级文化建设到班徽项目学习，从整体级部规划到深入探讨，在这个学习的过程中，学生学习了解决特定问题时所运用的特定认知技能、认知策略，学生、家长、老师合作，一起体验真实的学习，感受新学习方式的魅力。

点评

　　在构建班级文化的过程中，班徽设计活动的开展既新鲜又有意义。这一活动使得班级成员积极踊跃地投入，为每位成员提供了一个很好的展示个性与才华的舞台和潜能开发的空间，使学生体验设计的成功感，产生幸福感。班徽的设计活动挖掘了学生的主人翁精神，牵动着集体成员的心，人人参与设计，愉快合作，相互之间高度信任，增强了班集体的向心力和归属感。学生在设计班徽的活动中能真正感受美、鉴赏美、表现美和创造美，在设计班徽的活动中会主动查资料、提问题，培养了创新精神和实践能力，使个人的文化修养和精神内涵得以提升。总之，班徽设计活动既充分发挥了班级文化对班级成员的教育功能，又发挥了活动育人、文化育人和环境育人的功能，是一种值得大力提倡的校园文化活动。

作者：肖一宁（一年级六班）　指导教师：赵　莹　学校：北京市东城区崇文小学

有一种爱叫 "放手"

黑龙江省齐齐哈尔市龙江县实验小学　李长林

随着课程改革的不断推进，人们对教育环境和学校课堂学习的理解正在发生改变，热爱教育、热衷课程改革就要学会 "放手"。我们爱学生就要学会放手，爱他们就不应该让他们成为 "老师一言堂" 的受害者，爱他们就应该让他们成为课堂学习的主人。正如魏书生老师所言，教师不替学生说学生自己能说的话，不替学生做学生自己能做的事，学生能讲明白的知识尽可能让学生讲。想达到这样的境界，我们还须努力。

小组构建、学会放手

传统意义上的班级通常由 4 个小组组成，一个小组都有十几人，班级管理主要是班长负责制，班级座位一律朝前，老师每天在讲台上喋喋不休地讲，学生在下面安安静静地听。这样的班级管理和表达模式已经延续了不知多少年，现在还有很多人乐此不疲地传承着。要想从真正意义上实现为学生终生发展着想，我们就要学会从多方面放手。

课堂教学之所以能有变化，小组构建是关键，科学的小组构建对于实现课堂自主互助学习作用重大，具体操作时应该从以下几方面入手。

小组分组

科学的分组能让小组合作、团队学习实现最优化。分组应该本着 "组内异质"

和"组间同质"的原则进行，每组 6 个人。"组内异质"是指每个小组都是按照两个优秀生，两个中等生和两个潜能生的原则安排；"组间同质"是指每个小组内成员的生活能力、自主学习、合作学习、语言表达、性格特征、性别、学习成绩等因素与其他小组大致平衡。实现"组内异质"有利于小组内的合作团队学习，实现"组间同质"有利于班级小组之间良性公平竞争。

小组座位安排

要想实现小组合作、团队学习，小组内科学的座位安排十分重要。因此在分组后安排组内座位时，经常是每个小组六人，六人对面而坐，六人中两个高分高能力的同学坐在六人中间位置，中等生与潜能生分别在两侧相对而坐。这样的安排在上课需要小组合作时，两侧的中等生和潜能生都站起来参与小组合作、团队学习，潜能生提出的问题由中等生讲解，由优秀生补充，或者由优秀生讲解，中等生补充。这样在小组合作、团队学习时，就会实现每个问题都有人参与，每个环节都有人进步和提高。长此以往，潜能生提出问题的能力会大大提高，中等生的讲解能力会有大幅提高，优秀生的补充、质疑、释疑能力也会大大增强，小组所有成员的倾听能力和思考能力都会大大提高，实现团队整体能力的提升。小组成员参与小组合作、团队学习的积极性会日渐高涨，小组成员的团队合作意识会呈现前所未有的态势，最终实现小组成员互助共赢。

小组人员分工

小学阶段开设的学科有语文、数学、英语、科学、品德与社会、实践、音乐、体育、美术等。每个小组六个人，每人至少担任一门学科的学科长，学科长负责监督该学科作业完成情况和作业收发。小组内设组长一人，监督组员按照班级常规生活和学习，并填写小组学习生活日志，记录每个成员的加分和扣分情况。小组设副组长一人，配合组长做好辅助工作，组长有事不能管理组员的时候其代行组长职责。小组设仪表卫生监督员一人，监督小组内仪表和卫生工作，带领组员做好值日。这样的分工实现了小组内"人人有事做，事事有担当"。

小组内配套设施完善

每个小组从创建之初就被给予 3~5 天的时间完善小组内的配套设施，制作特色鲜明的组旗、组牌，把组名、口号、愿景、组规书写到组旗和组牌相应位置，小组带来绿色植物和组花，设置小组书架，每人带来课外图书完善小组图书角，所有配套设施的构建本着多利用废弃的饮料瓶、彩纸等材料，以小组内同学分工负责团队合作的方式自主设计制作完成。小组内配套设施的完善让每个组员更加热爱自己小组，实现班级内小组间良性竞争态势，班集体变得更具活力。

班级设带班班长两名，实行周轮换制，每周一人负责，职责是协助班主任监督管理好值周班长及各小组组长的工作情况，在老师不在班级时行使班主任职责。班级设值周班长六名，两人一组，实行周轮换制，负责班级日常管理、课上课下秩序、组织放学等。带班班长负责统计小组学习生活日志，负责五星队员和五星小组评价统计。每次值周班长和带班班长工作结束后，都要做工作总结，进行自我反思的同时，激励下一任班长更好地开展工作。组长负责管理组员，填写小组学习生活日志，通报小组成员表现和成绩。班级管理实行班主任——带班班长——值周班长——组长的层层负责制。每周召开一次班级行政团队会议，研讨班级管理事宜，带班班长在班级家长微信群中总结开会情况。

有了科学的小组构建，有了层层负责制，老师就真正意义上实现了科学管理班集体的"放手"，为课堂学习时实现学生自己独立支撑、互动学习打下了坚实基础。

规范表达、学会放手

要想实现课程改革所倡导的"学本课堂"学习形态，规范的课堂表达是实现学生自主互助学习的催化剂。

班级设学术助理两人，负责班级的学习事宜，可以代替老师引领学生进行课堂学习。班级每个学科设学科长一人，负责每一学科的作业收发检查，与组长共同批阅小组成员作业。

在课堂教学中，同学们在学术助理的引领下，在规范的课堂表达用语的支撑下，就会呈现出学生、老师和其他学习者共同参与的学习状态。其中规范化用语主要有"破冰语、陈述语、讨论语、结束语"等，需要学生在课堂教学实践中不断应用、总结和锤炼。

破冰语

破冰语是我们与人交往时的引入用语，是开启一段语言表达的前奏。课堂上破冰语的恰当应用，为顺利解决问题打下了坚实的基础。那么，课堂上的破冰语有哪些，怎么说呢？例如，"各位同学大家好，我是力争上游小组的李长林，下面由我代表小组展讲这个问题。""各位同学大家好，我是你们的大同学，针对这个问题，我想做如下补充。"

陈述语

陈述语是用较长的一段话，把自己或小组团队的观点清晰地表达出来，无论正确与否，都要尽量让倾听的人听清楚听明白。课堂上我们要养成一种习惯，每当一个人代表小组陈述见解时，一定不要不礼貌地打断他，要耐心倾听，要边听边思考，这样才会在交流、质疑、释疑中有更好的发挥。

讨论语

讨论语是课堂教学中常用的一种用语。讨论语应用得好，会让同学们对问题理解得更透彻，会对问题解决的过程更明白。

在小组内组员之间交流讨论一个问题时，讨论语通常有："各位同学，这个问题我的观点是……你们怎么看？""李同学，我和你有不同的观点，我的观点是……你同意我的观点吗？""各位组员同意我的观点吗？""大家看，在小组展讲时，我们应该怎样表达才好呢？谁有自己的观点，请补充"等。

讨论语在表达应用时应该在倾听、思考的基础上进行，做到思维缜密，表达有理有节、落落大方。

结束语

结束语是与人交流之后简短的用语，让人知道你的观点已经表达完毕。结束语通常简单明了，既清晰又给人思考的余地。

我们了解了这四种课堂学习结构用语，然后将其应用到课堂学习实践中，就会收到意想不到的效果，最终实现课堂的高效学习。

陶行知先生说过："先生的责任不在教，而在教学，教学生学。好先生，不是教书，而是教学生学。不仅教学生学会，更重要的是教学生会学。"仔细品味其中道理，我们真应该反思一下，有爱的教育才是有生命力的教育，爱学生就应该学会"放手"，班级管理时，我们要学会"放手"，课堂上我们实现常态化"放手"，实现有节有度收放自如的"放手"，学会把"教学生学会"这一点落实到每一天的教学中。慢慢地，学生靠自己就能学会。更重要的是，我们的"放手"最终能让每个学生"会学"，能让他们养成一生受益的学习习惯。

点评

当班主任就好比做父母，如果什么都是包办代替，是培养不出成才的子女的。很多班主任总以为学生还小，心智还不成熟，学生自我管理能力很差。所以一天到晚，看着这，管着那，自命为"二十四孝全能保姆"，把自己累得不行不说，还常常会因为学生的差错而黯然神伤。放手，让学生去做，是对学生的信任；放手，锻炼学生，是老师应有的责任。做一个敢于放手的班主任，需要学识、勇气、实践与智慧。只有敢于放手，班主任才会轻松愉快地做"非我莫属"的事情，才有专业发展的可能。只有敢于放手，班主任才会让学生真正达到"自我教育"的最高境界。做一个敢于放手的班主任，你会感受到教育原来可以很幸福。

我的"教育心路"之旅

广东省中山市三乡镇光后中心小学　王运芹

缘起——我的"讲台"情缘

儿时的梦想真的成为了现实：讲台成了我劳作的主阵地，不知不觉间我已在这三尺舞台上演绎了二十个春秋。其间，眼之所见、心之所想、我之所践、我之所获，昭示着我20多年讲台生涯的轨迹。

眼之所见——让关爱成为一种习惯

几天前看到一个小女孩，稚声稚气地找木工房师傅借老虎钳。出于好奇，我默默地跟在她后面，只见她来到一棵小树旁，踮起脚尖费力地拧开嵌入树干中的铁丝后，又旁若无人似的蹦蹦跳跳地走了。我连忙追上她问为什么这样做，她说："小树苗好疼啊，我要救它，让它快快长大。"这满含关切的稚嫩声音久久在我耳旁萦绕……

现在的孩子生活在一个物资充裕的时代，他们很容易得到自己想要的东西，因而不会珍惜和感恩。城市生活的那种对门邻居不相识的冷漠，让现在的孩子普遍缺少了一双善于观察的眼睛和一颗感恩的心。而这孩子的举动，让我萌生了一种到升旗台上表扬她的冲动。然而，"表扬"只是最应该做的常态教育方式，如何放大这一细节的教育力量呢？我觉得，比表扬更重要的是当众诉说自己看到这样一幕时所有的感动与震撼，让我们的感动也感染带动其他人，继而把关爱他人的种子播进更多学生的心田，让关爱与感恩成为更多孩子的习惯，最终成为一种校园常态。

心之所想——把握"关注"的度

适度的关注似阳光雨露，使学生健康成长，过度的关注似重重枷锁，制约着学生的发展。老师切不可"眼里揉不得沙子"，要知道，过度关注是严、是爱，更可能是一种伤害。

这几天我一直在反思这两个星期来以的教育细节：班里有一个小孩非常优秀，我太想培养好他了，想让他成为班中的榜样，于是对他就有了更严的要求。在课堂上，我的目光总是不由自主地投向他，学习状态佳，我觉得理所应当；稍有疏忽，我立马会以眼神警示他。没想到，小家伙对我的"好心"并不领情，不但课堂上总躲避我的目光，课后也绕道走，学习状态十分低落，这让我懊恼不已。回到家和上初中的女儿谈及此事，没想到女儿却说："我终于找到知音啦！你现在才知道你教我的 4 年，我有多么难受了吧！"

女儿的话触动了我。现在想来，这孩子真够受罪的，我无时无刻不在关注着他，他的"弦"也时刻紧绷着，总处于紧张状态，丝毫不敢懈怠，哪有学习的快乐可言？面对他，找真的需要少一份苛求，多一分宽容。"水至清则无鱼"啊！于是，我有意忽略他，减少对他的关注，用一颗平常心对待他。

这种尝试还真的有效果，自从这孩子不再是我过分关注的焦点后，他的很多不足在不知不觉中消失了，学习上又燃起了自信，课堂上思维活跃，时不时还蹦出几个新颖的解题思路，我们之间疏远的关系也变得融洽了。

可见，偶尔"视而不见"也未尝不是一种有效的教育。

这让我不由得想到了对有成长偏差的学生的帮扶。面对有成长偏差的学生，老师因为想帮助他们解决身上的问题，就紧盯着他们的不足，苦口婆心，唠叨不止。殊不知，这是一种负面强化。有成长偏差的学生也有优点与潜质，只不过老师过多地关注了他的问题而已。对学生出现的一些成长偏差，只要不违反原则，老师不妨"视而不见"，姑且忽略几次，减少负面强化的频率。同时，多发现其优点，大张旗鼓地给予表扬与挖掘，增加正面强化的次数。用放大镜来看学生的优点，学生的优点也会越来越明显。这样，"小步子，大目标"也就能逐渐接近老师的期待目标。

更何况每个人的成长过程都是点滴错误、点滴成绩、点滴感悟慢慢积累，然后发生质变的过程。"视而不见"并不代表放弃自己做老师的责任，只是把拽着孩子的手松开一点，允许孩子犯错而已。这世界上的每一个生命，每一株小花，每一棵小草，都需要有自己的阳光和空气，何况一个天真的孩子？放弃对孩子的过分关注，给他一份自由，也许能收获更多。

我之所践——我和花儿有个"约定"

我想试着走进每个孩子的心灵深处，温柔对待每一颗稚嫩的童心，让每一朵花儿都微笑着跑向春天。

这学期接手新班，班上有几名同事家的孩子。新学期第一课，同学们都很踊跃，每一个问题都小手如林。前3名学生在回答问题时语言简洁清晰，声音洪亮，赢得了大家的掌声。可点到第4名学生时，窘况发生了：她不说话，也不像其他孩子一样起立面对老师。我以为她没听清问题，便走到她身边弯腰复述了一遍，引导她开口，可没能成功，只好说："某某同学可能有点不适应王老师的问话方式，但我听见她的回答了，非常正确！我当她的录音机和小喇叭，转达一下她的答案好不好？"下课了，我生怕伤到小女孩的自尊心，正准备找她聊聊时，有同学过来和我说："老师，她在其他课上也是不发言的，但她都会！"原来如此，我心释然：不是偏科，不是不喜欢数学，只是性格使然。放学时，我和她悄悄做了约定："刚才同学们都在夸你特别聪明，说这些问题太简单了，你才不想回答的。以后你想回答时就举手，我再点你。好不好？"我以为她还会选择不说话，没想到她和居然我聊了很多。我也知道了她上课不说话的原因。原来是她特别不喜欢班上几个同学，不想在他们面前说话。我不禁哑然，好有个性的孩子啊。

　　有的孩子性格外向喜欢表现，抢到发言机会就自信无比，如同牡丹花一样向众人展现自己艳丽的花朵；有的孩子性格内敛，不愿在人前表达，只愿像无花果般静悄悄地度过花期。我们又何必要求无花果也长出牡丹般的花朵呢？

　　每朵花都有自己的独特之处，每朵花都有既定的绽放时间，这样才能营造出四季的美丽。既然如此，我们又何必强求百花都在春天里齐放呢？教育不是批量生产统一型号的机器人，我们不妨给每一朵花自由生长的环境，张扬其天性。

　　每一颗稚嫩的童心都藏着小小的秘密，我愿谨慎地处理教学中的小细节，小心翼翼地呵护花开，不让绽放的美丽花朵夭折……

我之所获——圣诞老人"打"了我一拳

　　那天是圣诞节，大家洋溢在欢乐的氛围中。一进教室，我就觉得同学们笑得格外灿烂。我并没有多想，只以为是碰到节日了。

　　整节课都有条不紊地进行着。下课铃响后我正准备离开教室，忽然听到身后孩子们发出一阵笑声。我诧异地一转身，又看见一红一黄两个大大的拳击手套高高举在我的头顶！"当"同学一手举着一个拳击手套，像小企鹅似的左右摇晃着身体，有点尴尬地解释道："王老师，我不是要打你。这是捶背的，今天是圣诞节，这是我送你的礼物。"原来是这样。我故作惊魂未定的样了拍拍胸口："吓死王老师了，我还以为你讨厌王老师，想偷偷地给王老师一记闷拳呢。"我举起"大拳头"朝着同学们比画了一下"打人"的动作，同学们又"哄"地笑开了。"谢谢'当'同学！我特别喜欢这个礼物！但是，我不会这么用的。"（我又做了一遍"打人"的动作）"我会这么用。"我把捶背棒平举，捏了捏它的大拇指，并用右手模仿"大拳头"也竖起了大拇指，"因为这不仅是'当'送给我的礼物，也是送给全班同学的礼物。希望你们每个同学都是最棒的孩子，每个同学的数学都棒棒的！"

尾声——感受细节的温度

我们每天的生活看似相同，但每时每刻，都衍生着不同的教育细节。用心俯拾教育小细节、真诚感受这些小细节的"温度"，便如同小火煨汤，精心熬制，慢慢炖煮……最后，那种独特的香气就会弥漫在我们的生命周围，贯穿我们的生命全程，成就我们的幸福人生。

点评

雨果曾说过："花的事业是尊贵的，果实的事业是甜美的，让我们做叶的事业吧，因为叶的事业是平凡而谦逊的。"教师就像那默默奉献的绿叶，时时刻刻衬托着鲜花的娇艳。教师的工作是普通平凡的，但是，"把每一件普通的事做好，就是不普通；把每一件平凡的事做好，就是不平凡"。

岁月留痕，一路且行且思且思且行，就能看得更清楚，想得更明白，做得更有成效。每次的反思总结都是为了不断完善自己，让今后的路更有方向感，让我们能走得更坚定。

积极建设班级文化　构建学生精神家园

湖北省武汉市黄陂区前川街第五小学　黄崇飞

班级文化是班级全体成员用智慧和实践创造出的物质财富和精神财富的总和，包括班级精神文化、班级制度文化和班级物质文化，是班级全体成员在学习和生活的过程中共同形成的价值观、信仰、态度和行为准则。班级文化是一门隐性课程，具有无形的教育功能、激励功能、制约功能。打造班级文化，能使学生形成良好的品德，塑造积极向上的班级精神，促进学生持续发展，彰显班级特色。

突出精神文化建设，构筑远景，浸润心灵

精神文化是班级文化的核心，它影响、制约、规范着每个学生的行为，能对学生产生潜移默化的教育作用。

确立班级理念

班级理念是班级的灵魂，是班主任管理班级的方向标，是学生前进的导航仪，对班级活动起着支配的作用，决定着班级的发展方向和提升层次。班级理念的确定要以生为本，体现民意；要勇立潮头，体现创意。前川街第五小学五年级五班在确定班级理念时，经历了畅谈—论证—提炼三个阶段。在畅谈阶段，每个同学都说出了对班级和同学的期望，提出了班级的远景规划，并在此基础上，初步拟出了班训、班风、学风、班级精神、班级口号。在论证阶段，同学们对拟出的班

级理念进行可行性的论证，把假、大、空的，没有创意的理念都筛选掉，留下了体现时代特点、符合学生实际的理念。在提炼阶段，同学们将入选的理念作进一步提炼，用对称的几个词或短句来表述。经过三阶段，五年级五班最终确定的理念如下。班训：创新、自主、严谨、坚韧；班风：同一个班级、同一个梦想；学风：快乐与学习同行、梦想与智慧齐飞；班级精神：精益求精、不断创新；班级口号：五五五五，自己做主。

设计班级标识

班级标识是班级文化的象征，是班级个性化的表现，是班级理念的另类体现。班级标识要来源于班级理念，又高于班级理念，是对班级理念的高度浓缩，是对班级理念的艺术表现。五年级五班的班级标识是从同学中征集来的，是在反复打磨的过程中形成的。班名是：春天班。寓意为：希望同学们像春天的阳光一样光彩四射，引人注目；像春天的花朵一样缤纷多姿，争奇斗艳；像春天的小草一样顽强不屈，永不低头；像春天的幼苗一样朝气蓬勃，茁壮成长，像春天的溪水一样消融坚冰，勇往直前！班级八个小组名称是：春光组、春花组、春草组、春苗组、春水组、春雨组、春风组、春雷组。班旗名称：春天·希望，由"春天"两个字拼音的第一个字母 C 和 T 组成，两个字母组成一个张开双臂的小学生。班旗的寓意为：我们是一群纯洁、善良的学生，是一朵朵盛开的鲜花，我们张开双臂，享受春天的温暖，一步一个脚印地学习生活。班徽主题：向上·攀登。班徽由山、学生、太阳组成。班徽的寓意为：我们的学生永远保持向上的姿势，永远向着阳光，奋力拼搏，努力攀登。此外，五年级五班的同学还创作了班歌。歌名为《向梦想飞翔》，歌词为：

向梦想飞翔，我们加强锻炼，学会坚强，不负父母期望，我们不断超越，快乐生活，健康成长。

向梦想飞翔，我们勇于创新，争做榜样，不负自己期望，我们发挥想象，勤学苦练，谱写华章。

向梦想飞翔，我们团结友爱，相互交往，不负老师期望。我们携手共进，互学互帮，创造辉煌。

向梦想飞翔，我们好好学习，天天向上，不负祖国期望。我们牢记教诲，刻苦钻研，实现理想。

引导班级舆论

正确的舆论是一种巨大的教育力量，对班级每个成员都有约束、感染、熏陶和激励的作用，具有行政命令和规章制度所不可代替的特殊作用。五年级五班的班级舆论引导主要依靠小蜜蜂报刊社、小蝴蝶话剧社和小百灵通讯社三个社团来完成。小蜜蜂报刊社每两周出版一期班级简报，简报口号为：点点滴滴记录成长足迹，串串脚印描绘七彩童年。

强化制度文化建设，规范行为，建立保障

制度文化是班级成员共同遵守与监督维护的一套行为机制和价值观念。要培养优秀的班集体，必须加强班级制度建设，通过班级制度的建立、执行、完善，不断深化班级管理，促进学生的全面发展。

制定量化管理制度

量化管理制度的实施，让班级的学习和常规活动切实可行，激发了班级活力，提升了学生素质和习惯养成。五年级五班在征求学生意见的前提下，制定了量化管理制度，并把这种制度命名为"三大纪律、八项注意"。三大纪律为：①一切行动听指挥；②做错事情要承担责任；③有事不到校要请假。八项注意为：①不迟到早退；②不乱扔乱涂乱画；③不打架骂人；④不做危险事；⑤坚持佩戴红领巾；⑥站好队做好操；⑦做好卫生工作；⑧作业及时做错题及时改。以天为单位，学生每做到一条，就在该生的《行为习惯存折》上记 1 分。当积累到 50 分时，学生就可获得一张由学生自行设计证词、班级统一印制的证书。

量化管理的制度，利用了强化的原理，把教育要求和行为规范的内容量化为一定分值，对学生进行考核记载，突显了管理的科学性。

设计高效管理流程

高效的管理流程，能使班干部按照既定的流程进行相关的工作，减少因个人理解差异、人与人之间衔接不到位等不确定因素对工作的影响。五年级五班对每一件事情可能发生的变化进行预设，做到事情突变时有人出来管理，有序地开展工作，保证班级工作正常运转。

建立自主管理模式

建立自主管理模式，能使每个学生在班级自主管理中自强自立，学会与他人团结协作，进而促进自身发展。五年级五班通过细化岗位、细化职责、细化流程、细化评价，将班级纷繁的事务变得简单而又好操作。

学生在班级自主管理中能够激发自身的自主意识和管理意识，增强了学生的主人翁意识和管理才能，让学生在管理中学会了尊重他人、学会了与人合作。

加强物质文化建设，以人为本，营造氛围

一个学生从进校到离校，大部分时间都生活在班级物质文化的氛围中，无论课内、课外、个体活动、集体活动，物质文化环境总在无声无息地影响着他们，伴随着他们成长。

开辟激励专栏

学生都有表现自我、获得赞赏、期望成功的心理特征，学生的性格也各有不同。班级的物质文化建设，可遵循学生特点，开辟激励专栏，扬长避短激励学生进步。五年级五班开辟了"三展两台"专栏。"三展"专栏为：书画展、摄影展、手工展；"两台"专栏为：点将台、封将台。"三展两台"专栏的配合使用，从多种角度激励了不同层次的学生，点燃了学生心中自信的火花。

建立休闲乐园

班级是学生学习的地方，也是学生休闲的地方。休闲的设施如何，直接影响学生的生活质量。班级的空间有限，因地制宜，合理规划，能将有限的空间最大化，使班级充满生活气息。五年级五班设置了空中花台和墙面书橱。书橱的下面放着几张音乐凳，学生可以坐在这里悠闲地看书，自在地畅谈读后感受。

打造洁净班级

一个班级的地面是否干净，物品摆放是否有序，体现着这个班级的德育水平。整洁卫生是班级文明的重要标志，是班级形象的外在表现。洁净亮丽的环境，让人赏心悦目。五年级五班努力打造洁净班级，实行"五勤五要五不"。"五勤"为：勤换衣，勤洗澡，勤洗头，勤刷牙，勤剪指甲。洁净班级，首要的是抓好学生的个人卫生，个人卫生也是班级卫生的一部分。"五要"为：桌椅要对齐，抽屉要理顺，洁具要摆正，讲台要厘清，书籍要放齐。这些物品有序了，班级从里到外才整洁了，走进这样的班级，才让人震撼。"五不"为：不乱扔，不乱涂，不乱画，不乱堆，不乱放。整洁班级，要让学生养成这"五不"的习惯，学生管住了自己的手，班级的卫生才能保持干净。

班级文化建设是一项动态的、发展的系统工程，是班级全体师生在班集体建设过程中共同积累和创造的财富，是素质教育的重要载体，抓好班级文化建设有利于促进学生健康成长和全面发展。班主任应积极探索、大胆创新、科学规划，努力打造班级文化特色，以适应现代教育的发展。

点 评

　　班主任必须非常重视班级文化氛围的营造、建设，要努力使班集体成为具有鲜明文化特色、浓郁文化气息、优秀文化精神的文化组织，让班级充满青春活力，充满人文关怀，充满昂扬向上、积极进取的文化精神。这样，班级才能真正成为每一个学生温馨的精神家园。

　　班级文化包含班级的方方面面，可分为"显性文化"和"隐性文化"。所谓显性文化，也就是物质文化，是可以摸得着、看得见的环境文化。比如，教室墙壁上醒目的班训、班级口号、班歌、班级公约、班徽等图案，名言警句、英雄人物或世界名人的画像和标语，摆放整齐有序的桌椅，丰富多彩的黑板报，精致实用的图书角以及班级活动等。隐性文化是一种"软文化"，包括班集体在建设过程中逐步形成的制度、班级风气、氛围、价值追求等因素。

　　班级文化重在育心，重在丰富和引领学生的精神，重在塑造孩子的灵魂。它的建立，不仅仅是在墙上写几个号召性的标语、搞几次实践活动、出几期主题黑板报，更重要的是将班主任的职业情感、专业思想天长日久地贯穿于学生的行动中，引导学生形成一个良好的学习、生活、心理氛围。

你的成长我陪伴

作者：林霖馨（三年级六班）　指导教师：段　薇　学校：云南省昆明市金康园小学

导　读

　　班级是我国中小学教育教学工作的最基层组织，是学校进行立德树人工作的主要阵地。班主任和科任教师都是班集体的一员，承担着教书育人的重要职责。本篇呈现了一线教师生动鲜活的教书育人案例，向我们展现了作为一个"好老师"的必备品格和关键能力。

　　"好老师"要"用心大爱"。顾明远先生说："教育是爱的事业，没有爱就没有教育。"这种"大爱"就是对教育的信念和情怀，只有"不忘初心，一路前行""让我们一起感受家的温暖"，才能"打牢人生之基，谋学生长远发展"！"真教育是心心相印"，有大爱，才会更用心。陶行知先生说："教育是心心相印的活动，唯独从心里发出来的，才能打到心的深处。""用心，让一切美好变得更有可能"。

　　"好老师"要"读懂学生"。读懂了学生，就会"走进孩子的生命里"，就会让"'好学生'的心中阳光更灿烂""让每个孩子在和谐的集体中闪耀个性的光芒"。要"读懂学生"还要"讲究方法""善于反思"。每个孩子都渴望被爱、被关注，关键是寻找到打开他们心门的钥匙和方法。有了钥匙，一起巧妙的"破例"或许"破"出了一个新天地，"'书面沟通'也能成为释冰的一剂良药"，"写接力日记也能辟育人之蹊径"。有了方法，"小小任务单大大促成长"，"无批评日""我与学生共成长"，"小二子"也会变形，"放牛班"也有春天。善于反思，就不会"牵一只流泪的蜗牛去散步"，而是通过"老师与爸爸的约定"让最具有独特个性的孩子也能够在体育课中得到锻炼。

　　"好老师"要"善用资源""协同育人"。基于学生的发展协同育人，"心霾拨散是晴空"，让"折翅的天使""天涯有爱不觉远"，美术育人也不再分分内分外，"卷你来'共同体'"一样促进孩子的交往力。"建平台，促家校融合"，不一样的成长记录本就能"连接家校，助力成长"，做好家校联系，开办家长课堂，就能顺利实现"幼小衔接"，敲响"种子'变奏曲'""播种希望 收获幸福"！

导读者

　　卢立涛，北京师范大学教育学部课程与教学研究院副教授，硕士生导师。研究领域为课程教学与教师教育、学生发展与学习科学、学校改进与学校评价等。著有《发展性学校评价在我国实施的个案研究》《撬动中国基础教育的支点——中国特色教研制度发展研究》《基于班级——校本研究的新路径》等。

播种希望　收获幸福

——我和学生的故事

海南省琼海市嘉积镇第二中学　王家敏

2000 年 8 月，我从海南琼台师范学校毕业，被分配到琼海市烟塘镇一所乡村小学任教。我在五年级教语文，并兼任班主任。我认真上好每一节课，做好学校安排的每一项工作。

冬去春又来，春节一过，新的学期开始了。开学报名那天，我等到很晚，还是没有等来我们班的黎黎同学。我几经打听，才得知黎黎过了小年就到城里去当保姆了。我来不及犹豫，立刻借了一辆自行车，一路辗转找到黎黎的家。看到的那一幕我至今不能忘记：一间破旧的瓦房，房顶的瓦片不知什么时候漏了几个大小不一的洞，阳光从洞口射进来，照在几根高高的用来支撑房梁的木柱上，因为年久失修房梁已经摇摇欲坠了。屋里靠墙一侧有一张木板床，有一个女孩正站在床前给躺在床上的人喂水，房子的门口还坐着一个头发凌乱、衣冠不整的女人，她一边玩弄着一根树枝一边自言自语。对于我的出现，他们没有太多的表情。床上躺着的是黎黎的爸爸，一个靠帮别人爬树摘椰子为生的农民，年前帮人采椰子时不慎摔断了双腿。门口瘫坐着黎黎的妈妈，患有轻度间歇性精神病。黎黎是家中第 3 个女孩，下面还有一个两岁的弟弟。床前站着的是黎黎的二姐，大姐带着黎黎到城里打工了，留下二姐照顾母亲和年幼的弟弟。看到眼前的一幕，我立刻就哭了，眼泪怎么都止不住。我没有和黎黎的爸爸讲什么教育重要性，甚至没有问黎黎在哪里当保姆，就慌不择路地骑车走了。车子一路狂奔出那个小村庄，行驶在田间的小路上时我这才彻彻底底地哭出声来。到一处，我把车子停在一边，就坐在田间的小溪旁。立春了，田里新插的稻禾正在努力地生长，绿莹莹小苗在晚风中沙沙作响。我平静地望着不远处的学校，心中陡然升起一种责任：我不能让黎黎离开学校。

后来，我找校长，找村委会，帮黎黎家成功申请了农村居民最低生活保障，减免了她的课本费和校服费，并且申请到一笔助学金。黎黎又回到了学校。黎黎爸爸不久之后也康复了，他骑着自行车给我送来一捆自己家种的甘蔗。我把甘蔗带到教室里，每个学生都分到了一段。大家一起啃着甘蔗，那叫一个甜呀。

2003年9月，我调入了长坡中学工作。学校安排我带七年级两个班语文，同时兼任七年级二班的班主任。

开学第一周，学校组织新生军训。我和教官带着学生们在操场上训练。海南的9月，烈日炎炎，酷暑难耐，同学们表现很努力，一招一式，学得很认真。唯独有一个叫韩某的大个子男生，特别捣蛋，他不是故意在队伍里随意走动，就是偷偷扯前排女生的头发，还威胁个子矮小的男生给他买零食。我几次找他谈话，他压根就不用正眼瞧我。我一打听才知道，他家就住在长坡镇上，家庭条件很好。家里有好几艘远洋渔船，还开了一个海产品加工厂，父母忙于挣钱很少管他，出了事情，不是用钱来帮他搞定，就是对他用"拳头"进行"家庭教育"，所以他性格倔强，脾气暴躁，天不怕地不怕，更不怕我这个新来的老师了。我打定主意一定要把他拉回健康成长的轨道上来。

军训结束了，新学期的教学生活开始了。我发现韩某个子高，爱打球，跑得也很快，就和体育老师商量，安排他当体育课代表。在平常的班级活动中，我只要有机会，发现了他表现好的"例外"情况，就真诚地在班里表扬他、鼓励他。慢慢地，同学们开始接纳他，他也渐渐地融入集体中来了。

一天我带学生上完晚自习往宿舍走，途经学校操场，听到操场中间有声响，似乎还有哭声。操场上没灯，借着教学楼射出的灯光，模模糊糊中我看见有几个社会小青年模样的人围在那里。我壮着胆子走过去，大喝一声："干什么的？"那几个社会小青年停下来转身看我，那一刻，我看见了他们手中长长的木棍，也认出那个被他们围着殴打的是我们班的韩某。韩某光着身体，全身只穿着一条短裤，蹲在地上，双手抱住自己的头，在瑟瑟发抖。出于一种本能，我冲了过去，用自己身体护住韩某，木棒狠狠打在了我的背上。我顾不上疼痛，大声呵斥道："我是他的老师，你们不能打他。"那几个小青年一听我是老师，愤愤地扔下木棍走了，走时还丢下一句话："要不是你老师救你，今天非打断你的腿不可。"我没有理会他们，伸手把韩某扶起来，他的手上、背上都是伤痕。我脱下外套披在他的身上，问他这是怎么一回事，那些小青年为什么要打他。他都一概不回答。我要送他去校医室去，他站着不肯走；我说送他回家，他却转身跑了。我担心他的安全，拨打他的家庭电话，刚开始没有接，过了半小时，电话接通了，接电话的是他，他说爸妈都不在家，他安全回家了。

我在焦虑中等来了第二天的早读，早早地，韩某就来了，破天荒地没有迟到，他认认真真地读书，下了课，乖乖跟着班长打扫卫生。放学了，我留下他，问他前一天是怎么一回事，他不肯说，只对我浅浅笑了笑，说让我放心，以后不跟他们交往了。就是那个笑容，让我知道：韩某改变了，他走回健康成长的轨道了。在接下来的日子里，韩某明显转变了，不再故意和老师对着干，也不再四处惹事，更没有欺负班里的同学。他安静地学习，还带领我们班一举拿下校运动会的体操表演第二名。

韩某的改变，促使我深刻思考自己的工作。教育是什么？德国哲学家雅斯贝斯说："教育本身就意味着一棵树摇动另一棵树，一朵云推动另一朵云，一个灵魂唤醒另一个灵魂。"森林里没有完全一样的两棵树，天空中没有两朵完全一样的云，校园里也没有两个完全一样的孩子。教育不是模式化的生产，孩子也不是工厂流水线上的产品。全班几十个孩子，每一个孩子的家庭情况、成长背景、性格特点、习惯爱好都不一样，我们不能用同一个尺子去衡量他们。教师除了要有爱心，还要有耐心、有智慧，讲方法、讲宽容。一个收获职业幸福的老师必定是一个富有教育情怀和教育智慧的老师。我坚信，一名优秀的人民教师，在点燃学生希望的同时，也必将收获自己的幸福人生！

点 评

　　这篇案例让我想到前些年有一部叫《一个都不能少》的电影。成为一名合格的教师，必须要有专业知识、专业技能和专业情怀，三者缺一不可，但在有些时候有些情况下，专业情怀是最重要的。比如《一个都不能少》中的主角魏敏芝，比如文中的王老师。王老师和电影中的主角魏敏芝一样，认真、执着、不怕苦不怕累，辛苦奔波甚至冒着危险，用尽各种办法帮助学生成长进步，体现出一名乡村教师最纯洁的责任心和爱心。也许放在社会上，有些人会认为她们很傻，但事实上她们是崇高的，拥有金子般的心灵。

作者：张轩语（一年级四班）　指导教师：武美华　学校：黑龙江省黑河市爱辉区黑河小学

让每个孩子在和谐的集体中闪耀个性的光芒

北京市海淀区教师进修学校附属实验学校   冯国蕊

　　我毕业于 2004 年，时任班主任九年。回顾这三个三年，我看到了一个从稚嫩到成熟但激情不减当年的班主任成长经历。第一个三年，和学生一起摸爬滚打，学生亲切地称我为冯董，直至今天每逢节日学生还会发来温馨的祝福。但老班主任对那届的评价是有些散漫，所以经过反思，得出的结论是自己不够严，决定第二个三年改头换面，从而吼了三年，盯了三年。有一个学生跟我说的话，时刻警醒着我，"老师，您不要把叫家长、隔着门玻璃监视我们当成解决问题的方法，那样只会把我们和您的关系弄成像隔着玻璃一样"。回顾这三年，我只做了三件事：定标准、讲道理、做班会。

一个标准不断升级，学生就会精益求精

　　标准在一定程度上就是规范或规则，有标准可依，学生畏的就是规则，而不是班主任；同时，标准不断升级，学生重视质量的意识和品质就会慢慢培养起来。

　　记得班里新装空调那会儿，大家都争着想当空调管理员，最后大家共同选举了一个合适人选。但是问题来了，有人喊热要开空调，有人喊冷要关空调，看似鸡毛蒜皮却争执不下，于是我们共同制定标准，其中两条是有关开机时间和室内温度的，为此，空调管理员还专门为班里买了室内温度计。没过几天问题又来

了，空调的扇叶怎么摆动，有人说吹得厉害，有人说吹不着，为此大家一起重新商讨《班级空调使用标准》的升级版，还绘制了空调扇叶摆动示意图。至此，空调争端慢慢平息。

除了具体事务有标准，学生的习惯和能力层面也是如此。倾听的重要性不言而喻，而学生却暴露出倾听的种种问题。于是，我们利用班会制定了倾听的标准，比如，眼睛看着发言人。

一个道理反复渗透，学生就会刻骨铭心

道理讲在做事之前，就是动员，明确其背后的价值与意义所在，学生明理之后自然会义无反顾并乐此不疲；道理讲在做事之中，就是指导，为学生注入持久的动力，指明需要调整的方向；道理讲在做事之后，就是反思，总结经验与不足，最终促进学生综合能力的螺旋式上升。

面对一个个鲜活的生命，我讲得最多的道理就是，每一个人都是一个独一无二并且有价值的个体。面对一个集体，我渗透最多的道理是，"我和周围人的目标是一致的，其他人是我的伙伴和同路人"。对于学习，每个孩子都明白的道理是，学习是为了遇见更好的自己。对于学习以外的各种活动，"无私乃大私：全心全意为他人服务，是为了提升自己的综合能力"这样的道理已经渗入骨髓。

对于家长，从一开始建班，我就努力地在传达这样一个理念：两个教育者——学校和家庭，不仅要一致行动，要向孩子提出同样的要求，并且要志同道合，抱着一致的信念，始终从同一原则出发。学生有时候会发出甜蜜的抱怨，"我妈怎么跟您说的话一样一样儿的！"我心想，傻孩子，我们是"串通"好的。

这些道理悄无声息地演变为学生的生活方式和思维方式，内化于心，外化于行，加之有效的反馈表扬机制，最终变成植根于内心的修养，无须提醒的自觉，以约束为前提的自由，为别人着想的善良，班级文化就此慢慢形成。

一件事情做成体系，就会化腐朽为神奇

班级文化的形成还有一个主阵地，就是班会活动和晚点评。通过这些年的摸索，这样的模式逐渐形成。

搭建三年框架

根据学生不同学习阶段的特点进行不同的教育。七年级进行集体主义教育，重行为习惯和学习习惯的培养；八年级进行青春期主题教育，重交往能力和自主能力的培养；九年级进行理想教育，重学习能力和思维能力的培养。

制订学期计划

在三年整体框架的基础上，每学期初我会和各班班主任进行集体备课，制订本年级的德育计划，现以八年级第二学期的班会计划为例。

八年级第二学期班会计划表

主题	次主题	阐释
自主发展能力 （开学季）	物品整理能力	新学期伊始，学生刚刚从比较宽松的寒假生活进入学校生活，用大约一个月时间，以培养"自主发展能力"为主题的班会贯穿开学季
	情绪管理能力	
	金钱管理能力	
感恩 （感恩季）	感恩女性（妇女节）	学生的感恩意识比较薄弱，将每爱师恩视为理所当然，所以借助三八妇女节、清明节等，开展以节日为主题的班会，增强学生的感恩意识
	感恩故人（清明节）	
青春 （青春飞扬季）	爱情	爱情教育切实解决学生在青春期遇到的问题，并为学生的成长埋下种子；八年级可以挑战权威，但要敬畏规则。学生必须明白：遵守规则才能享受自由
	责任（五四青年节）	
	规则	
	爱国（端午节）	
专心做事 （考试季）	时间管理意识和品质	考试季以培养学生良好的学习习惯和学习品质为努力方向，以迎接期末考试和九年级的到来，并将学习品质细化加以培养，相信学生终将受益
	注重质量的意识和品质	
	专注的意识和品质	

接下来，负责班会的学生团队按照校历，每周制订翔实的班会计划，从班会名称上来看，主题和年级德育计划相一致，但从表述上又体现出了鲜活的语言特点，例如，高智商：身边的尖端科技；财商：做一位理财顾问；情商：做情绪的主人；

时间管理：时间都去哪儿了；致我们逝去的少年时光；做理智的追星族……

目标引领，灵活实施

数据说话型：重在"知行合一"中的"知"，也就是为什么这么做。为了让学生养成垃圾分类的生活习惯，我们开展了《垃圾分类，从身边做起》的活动，用数据说话，培养大家的垃圾分类意识。学生为了收集数据，不仅从网上搜集资料，还戴上手套和口罩，通过称重计算一天的垃圾量，并将垃圾桶里的内容进行分类。在班会课上，负责该活动的团队给大家呈现了这样的数据，一棵20年的树能生产3000张A4纸，而我校每学期使用的白纸（含A3、A4或B5等）为10万张左右，折合成大树约30棵！每人每天卷子纸平均10张（开学的淡季和期中期末复习的旺季进行平均），卷子纸由芦苇制成，折合成人民币约每学期8万。与此数据相对比，学校四层垃圾桶重约一斤，中午将近12斤，其中80%为可回收的纸张等。在此类班会中，学生的思维越来越严谨。

标准引领型：重在"知行合一"中的"行"，也就是应该怎么做。八年级的学生进入青春期，男女生的交往越来越密切，节假日期间，班级也会比较频繁地组织集体活动。通过查阅资料发现，初中恰恰处于异性吸引期。这个阶段，学生表现出来的是对群体异性的好感，愿意参加与异性在一起的集体活动。所以我跟学生达成的一致原则是，提倡并且鼓励男女生之间的交往，但要把握适度交往的原则。

碰撞明理型：重"知""行"合一，适用于某些有争议的话题。为了培养场合意识，我们召开了《寻找最美声音》的主题班会，目标定为：学生能够意识到不同的公共场合需要选择不同的声音，并能总结出公共场合声音适度的原则。负责该活动的团队为学生们展示了不同的场所，比如，音乐厅、博物馆、教室等。

及时反馈与评价

自评：每次班会和晚点评结束后，我会和准备的团队进行非正式的交流与反馈，鼓励孩子对自己的班会和晚点评进行反思，引导他们一分为二地看问题，先说自己值得肯定的地方，然后觉得哪些地方还有待提高。

师评：我的反馈主要是引导孩子们进行更深入的思考。例如，学生在做《新新人类之网络流行语》的班会时，主题的选取，同学们非常感兴趣，但是只停留在调侃和吐槽层面，我引导主办团队进行更深入的思考：如今网络流行语为什么如此受欢迎？它对传统语言的冲击是什么？网络流行语使用的场合应该注意什么？

生评：来自同学们的评价有时候更有价值。一次情绪管理的晚点评，同学给出了这样的反馈：今天某某同学在讲如何控制情绪，我觉得案例举得很好，贴近我们的生活，非常受用。运用冲厕所的方式发泄情绪，把痛苦倾诉了再冲走，的确是个不错的方法。

家长评：家长较少参与班会和晚点评的评价，但是我偶然从网上看到家长晒学生晚上在电脑前准备班会的照片，文字说明是"发着烧还在准备第二天的班会，快睡吧，儿子！"简短的几句话和一张照片，是对孩子莫大的肯定与鼓励，同时也激励着其他孩子更加精心地准备每一次班会和晚点评。

三年下来，每次班会以及晚点评都成了学生精神上的一次饕餮盛宴，并且基本形成模式与体系，成为班级的一个品牌文化产品，不仅促进并固化了班级的文化建设，并且为学生搭建了锻炼的平台，学生变得更加从容、淡定和自信，思维也在不断地拓宽。

 点 评

"回顾这三个三年，我看到了一个从稚嫩到成熟但激情不减当年的班主任成长经历。"好一个"激情不减当年"，从中看不到琐碎的班级管理工作带来的疲惫和厌倦，让人很好奇是什么让这九年的班主任生涯走得越来越坚定有力？从标准、道理、班会的描述中我们能够看到答案，是把孩子的权利还给孩子，是循循善诱地引导孩子，是满足孩子成长需求的探索，是对每个孩子主动参与的鼓励，这些都源自信任，源自相信的力量。这样的班主任普通却不平凡。

走进孩子的生命里

江苏省盐城市第三小学　吴晓静

　　我是一个个子不高的女老师，工作前两年里任教小学一二年级。新学年分配工作时，我得知自己将任教的是四年级，心中便充盈着满满的恐惧与排斥：恐惧比我还高的学生，排斥一无所知的班级。就这样，我带着满心的忐忑走进了这个班级，走进了这段时光。

一个班，一盘散沙

　　不出所料，第一次考试，他们便以年级倒数第一的成绩给了我一份意料之中的"见面礼"。家长当面质问"听说你们班和其他班成绩差距很大"，学生和父母谈论着"这个老师怎么那么矮"，学生处因为孩子爬上屋顶的安全问题找到我，楼下班级的班主任因为我们班学生撕纸扔到楼下而怒气冲冲地质问我，班级的英语老师长期请了病假……

　　"飞檐走壁"的学生、"天女散花"的学生、"一盘散沙"的学生，让我灰头土脸，心生畏惧，这真是可怕的班级！

一群人，变成了我们

　　面对这样一群学生，我只能"看着"他们。

　　课时间，我带着他们一起阅读；运动会上，我和他们一起奔跑；英语早读，我来领读；小数报竞赛，我来辅导；科学课，我带着他们一起实验；读书节时，我们一起编排课本剧……

　　慢慢地，我成了他们心中"博学多才"的语文老师，解得了奥数，读得了英文，做得了实验。慢慢地，我不再是他们口中"个子很矮的老师"；慢慢地，我和他们，变成了我们。

一个蛋糕，很特别

　　过生日那天，我忽然收到了学生的礼物，满满当当地铺满了我的办公桌，我感动得不知如何是好。"老师，你请我们吃蛋糕吧！"就这样，中午，我买了一个生日蛋糕，带到了班级，学生半天的心思全都系在那盒蛋糕上。终于熬到了放学，学生一拥而上，"老师，点蜡烛！""糟糕，没有打火机！""那就算了吧，我们直接分蛋糕吧。""不行！过生日必须得许愿！"几个男生分头跑开，见到男老师就问："老师，请问你有打火机吗？"终于，他们一边抱怨着"我们的老师不抽烟，都找不到打火机"，一边用好不容易找到的打火机点燃了我27岁生日的蜡烛。"老师许愿！老师许愿！"还没等我许完愿，学生们就一起帮我吹灭了蜡烛，而我却被挤到了人群外。蛋糕一抢而光后，他们才发现我，"呀，寿星还没吃上蛋糕呢！"后来，这一幕被学生们一次又一次地写进作文中："虽然普通，却是我吃过的最特别的蛋糕！"

一次聚会，很满足

　　期中考试，我们班的成绩在年级进步了。孩子们开始跟我"讨价还价"，想要奖赏。他们要去我租住的小屋做客，这么多的孩子，安全问题谁来保障？我如何填饱他们的肚子？

但无论怎样，答应了就必须做到！

就这样，我买了饺子皮，学生带着自家做的饺子馅，甚至还自带了碗和筷子，相聚在我租住的顶楼天台上。

学生包着饺子，我包上幸运硬币。然后我守在厨房，一锅锅的饺子端出来，饺子馅形形色色。没有地方坐，学生就端着碗蹲在地上吃"百家馅饺"，吃到硬币的恨不得"飞"起来，那一枚一角硬币已然成了幸运的化身。我没办法让他们安静下来，吵闹声足以掀翻屋顶。当学生们一个个被家长接走时，我觉得自己的耳边还在轰鸣。

原来，让孩子们满足也很容易！

一个背影，烙心头

我们班级的保洁区有一处是楼梯。有一天，我看见学校公示栏中批评了我们班的卫生区，就在班级里批评了劳动委员。我说过之后也就没太当一回事，可后来发现，劳动委员就坐在楼梯上。我以为他是因为受了委屈，便问他怎么了。他低着头说："班级被扣分，我很难过。可我们之前真的打扫干净了，不知道哪个班的同学吐在楼梯上。现在我下课就在这看着，有垃圾我就清理掉。"我冤枉了这个孩子，可他心里念着想着的却不是自己的委屈。回到班里，在全班同学面前，我向他郑重道歉。

就这样，这个背影和我的道歉，印在了全班同学的心中。

顺其自然地，当我们的班变成了所有同学的家时，它不再是问题班级；当这个教室除了学习、除了教育，还有着许多特别而温暖的回忆时，当学生写关于老师的作文不再无话可写时，我们的班就成了品学兼优的集体。所有孩子在乎它的荣誉，它成了当之无愧的文明班级。

我们都说爱学生，当爱被说至泛滥，变得廉价，我们的学生是否能够感受到我们的爱？我们又是否得到了学生的回应？

一年的时间，我们的班破蛹成蝶。"家最温暖"，我们班的学生们如此评价。我想，我也就是如雷夫·艾斯奎斯所说的，和学生们共度了许多时光而已。如爱丽丝闯进奇境，我走进了孩子们的生命里，又或者说，我们走进了彼此的生命里。

点 评

个子矮小的老师，内心却是笃定的：我十分重视你们，只要力所能及，我就陪伴你们，为了你们的快乐，为了你们的成长。真心换真心，四两拨千斤。"顺其自然地，当我们的班变成了所有同学的家时"，"顺其自然"的背后，是老师做了很多、付出很多心力。工作者是美丽的，个子矮小的老师，在人们心中的形象越来越高大。

打牢人生之基　谋学生长远发展

黑龙江省绥化市北林区英俊小学　张艳波

　　《弟子规》中说："泛爱众，而亲仁；有余力，则学文。"古人把教师的首要职责定为育人，我们的教育方针也把立德树人作为教育的根本工作，所以我在工作中重视德育，把促使学生人格完善、养成好习惯作为自己的首要工作，并常抓不懈。在班级管理中我摸索了许多方法，但我觉得最有效的还是利用《弟子规》教育学生。依托学校"习惯之星"评比活动，我确立了用《弟子规》去教育学生的工作思路。

　　记得我刚接一年级时，发现一些学生娇生惯养。通过和家长沟通，我知道他们早晨不按时起床，吃饭穿衣都是家长包办，导致他们不能按时到校。上课时，他们没有遵守纪律的意识，怎么坐的都有，有的甚至躺在椅子上。他们不知整理自己的学习用品，绝大多数同学没有倾听的习惯，有几个孩子写汉字"一"时竟从右往左写。他们的生活习惯、学习习惯、行为习惯都让人头疼，整个班级像一盘散沙，连正常的教学秩序都无法维持。有的家长只知一味娇惯，有的家长也想让孩子快速适应学校生活，但面对孩子的问题都束手无策，把希望寄托在老师的身上，都希望学生通过学校教育得以改变。针对一年级学生的状况，我觉得首先要规范他们的各种习惯。要想做好这件事，取得家长的理解与支持是关键。首先我在家长会上给家长讲了我要通过《弟子规》教育学生，让家长意识到要给孩子做好榜样，还给家长讲了我的育人目标：短期目标是通过学习《弟子规》，重点培养学生各种习惯，训练注意力；长远目标是通过巩固《弟子规》，使学生形成良好人格，具有无须提醒的自觉。我还给家长发了社会爱心团体捐赠给每名同学的《弟子规》，使他们意识到学校教育是家庭教育的延续，并与家长达成共识，要求家长督促学生背诵《弟子规》，强调《弟子规》是用来做的而不是用来背的，要把其中的做法落实到实际行动中去。我指导家长在家如何配合老师教育学生，制定明确的考核细则：每周一发《弟子规测评表》，一周后由学生交给老师，要求家长如实填写，哪一项做得好就打对号，哪一项没做到就画圆圈。家校有机结合，我每天在班级利用一定时间讲解《弟子规》，给古人的一些观点赋予新的时代意义，对其中的孝敬父母、友爱兄弟、立身处事、待人接物、修身治学章节，结合学校养成教育的要求，逐步加以落实。

　　我首先从学生只要努力就能做到的小习惯入手，在校按《弟子规》中的"步从容，立端正；揖深圆，拜恭敬"及坐姿儿歌规范学生行为习惯，让学生有正确的坐、立、行走、读书写字的姿势，使他们具有良好的精神风貌；在家主要规范他们的生活习惯，像"父母呼，应勿缓；父母命，行勿懒"。我规定学生闹铃一响或父母一叫就要立刻起床，自己的事情自己做。但在具体操作时难度较大，许多学生不适应这种做法，不能经常坚持，令家长很苦恼。我就利用低年级学生特别听老师话的特点，给学生提出这些基本要求，并让家长如实、及时和我沟通。于是，家长就在孩子表现好或存在问题时给老师打电话、发微信，同时把学生在家好的表现发到班级微信群。第二天，我对表现好的学生当着全班同学的面大力表扬，并奖励小红花，让学生体会到学《弟子规》的好处，并增强学好《弟子规》的信心；对做得不好的，我私下里指出他哪里做得不对，告诉他怎样改正。这样坚持下来，学生们每天都按规定时间起床，自己穿衣、洗脸、吃饭，主动规范自己的言行。好习惯的养成只需21天，在坚持了3个星期后，家长普遍反映学生在家发生了可喜的变化，散漫的现象有了很大改观，对父母的态度发生了很大变化，家长纷纷认可并支持我的做法。特别值得一提的是白某某同学，这个孩子原来早晨不愿起床，父母怎么叫也不能按时起来，而为了要完成《〈弟子规〉测评表》，为了让父母在测评表上打对号，变成只要父母一叫就立刻起床，后来主动要了一个闹铃，不用家长叫，闹铃一响，立刻起床，然后洗漱，不再拖拉。在家学习时，他也比以前认真了。对于他的变化，孩子的家长高兴得不得了，对我说："张老师，这个测评表太好了，孩子比以前勤快了，知道主动收拾房间，他也比以前听话了，这个教育方法我们家长太赞成了。"我听了感到很欣慰，更坚定了好好利用《〈弟子规〉测评表》教育学生的决心。

我班还有一个全校皆知的学生田某某，这个白白胖胖的、集所有亲人宠爱于一身的学生刚入学时，没有一点约束自己的意识，可以说是"无法无天"。上课时，我讲一句，他学一句。他的文具盒是汽车形状的，不管上课还是下课，他都把文具盒放在桌面上"开"来"开"去。没办法，他妈妈只能来校陪读。田某某确实让我很苦恼，我决定一点点地规范他的言行，耐心细致地教他在校礼仪，在他背"路遇长，疾趋揖；长无言，退恭立"时，教他见到老师如何问好，如何和老师交谈。在班级讲解《弟子规》时，经常让他说说对每句话的理解，渐渐地，他能有意识地照《弟子规》的话去做了，也知道作为一个学生，应认真听讲、遵守纪律了。对于这个很难受纪律约束的学生，我是抓反复、反复抓。我让他对照《〈弟子规〉测评表》，说说自己当天哪里做得好，哪里做得不好，怎样改正。我还和他的父母做好分工，共同督促其进步。短短一个月的时间，他发生了巨大的变化：见到校长、老师能主动问好，课堂上也遵守纪律了，不和同学打架，也能控制自己不骂人了。许多老师见到改变后的他，纷纷称奇，我们在一起感慨地说："教育真是一个塑造人的事业，学了《弟子规》之后，孩子的表现真是焕然一新。"可以说，这个孩子的转变是传统文化和学校教育有机结合的一个成功的范例，也让我感受到了传统文化在教化孩子上的独特作用。

我所教的每一届学生都从一年级开始养成记日记的习惯，我每天都进行批改。当看到绝大多数同学能按照《弟子规》做了，在三年级我给他们的日记中加了一个内容，要求学生每周对照《弟子规》写反省日记，在每天的日记批改中，针对其反省内容写出评语，使学生感受到老师对自己的期待，力求做得更好；遇到做得好的就大力表扬，利用学生向善的心理，让中华民族的传统美德在学生幼小的心中扎根。我班的杨某某同学有一天在日记中写道：今天晚上放学，我和爸爸在楼下水果店买水果，我把其中一个大苹果揣在怀里，从水果店出来一直到回楼上，我就这样焐着，到家后我把焐得不凉的苹果给妈妈吃，妈妈见了，都激动得哭了。当我看到这个日记，也被这孩子的赤子之心感动，在日记里写道：你的妈妈真幸福，因为她拥有你这个懂事的孩子。杨某某同学深受鼓舞，在家做得更好。他姥姥见到我就说:"这孩子可孝顺了,每次吃饭前都让我先坐下,说:'姥姥您太辛苦了,我给您盛饭。'张老师,你教育出来的学生真好啊。"看到老人那欣慰的笑容,我的内心真的涌起一种教书育人的神圣感。同学们知道后,都很佩服,在月末的班会上评选感恩之星时纷纷投票给这名同学。

俗话说:"三年前的生活会决定三年后的生活。"我运用这样的工作方法培养学生,他们的成长是扎实的、是茁壮的。上一届绝大多数同学都有了良好的习惯,无论在校内还是在校外,言谈举止颇有君子之风,表现出良好的道德修养。传统文化这种春风化雨的作用得以显现,我教的班级可以说是硕果累累:教学成绩始终名列前茅,德育工作也是走在各班的前列。如今,这一批学生已升入中学,孩子和家长也经常向我汇报在中学的学习情况,看到绝大多数同学无论在做人、学习态度还是学习成绩方面都很出色,一种"桃李不言,下自成蹊"的成就感让我感到特别的欣慰,更坚定了我今后努力的决心。

教育的每一天都是新的,每一天的内涵和主题都不一样。让我们怀揣教育理想,立足现实,着眼未来,无愧于我们人民教师的光荣称号。

点 评

《弟子规》原名《训蒙文》,为清朝秀才李毓秀所作。《弟子规》强调教育的先后次序,先学做人,后学做事,即先培养德行,后学习知识、技能,也就是《三字经》上说的"首孝悌,次见闻",这完全符合"育人为本,德育为先"的教育方针。《弟子规》里面有许多孩子日常行为规范,可指导、引导孩子们学习做人的道理。

但是《弟子规》是当时皇权、神权下的产物,有人认为《弟子规》是精神鸦片,只强调无条件地服从,而不分青红皂白,这样的教育禁锢孩子的心灵,产生不良的后果。

　　张艳波老师在用《弟子规》去教育学生的过程中，注意对于古人的一些观点赋予新的时代意义，对其中的孝敬父母、友爱兄弟、立身处事、待人接物、修身治学章节结合学校养成教育的要求，逐步加以落实。这种做法是符合辩证法和科学精神的，也因此取得了积极良好的教育效果。

作者：杨雨宸（一年级二班）　指导教师：姜宁宁　学校：黑龙江省大兴安岭林业育才小学

美术育人的思考

河南省开封市金明小学　黄　芳

秋天是一支笔

在课上，我让学生以《我眼中的秋天》为题画一幅画，很多学生眼中的秋天是落叶、果实，而一个孩子的作品却深深地吸引了我。画面上是一条由深到浅的直线，在这条直线中间位置上竖立着一支圆珠笔，标题是《秋天是一支笔》。我百思不得其解，于是便问："秋天怎么会是一支笔呢？"他认真地解释道："当笔油刚买来时，它是满满的，所以这时它是春天。然后用过一些后，它是夏天。再往后笔油已用去一大半，越用越少，这就到了秋天，所以我说秋天是一支笔。"我被他说服了，是啊，谁说秋天必须是落叶、果实？秋天其实还可以是一支笔，抑或是其他一些东西，比如，一本书、一幢房子等。于是，打分的时候，我给了他一个很好的成绩，尽管他画的那支圆珠笔歪歪扭扭，造型也不是很好看。

令我意想不到的是，这个"破例"竟然"破"出了一个新天地，那幅画在孩子们中间传来传去，他们一个个欢喜雀跃，争相谈论着自己的奇思妙想。有一次，一个孩子兴冲冲地拿着自己的作业让我打成绩。我看了一下画面：一个男孩儿躺在一张铺着花条纹床单的床上，旁边还写着几个字：1:00 我不睡觉。我迷惑不解，因为作业要求的是要画某人某一时刻在干什么。有些学生画了晚上几点钟在看书，爸爸几点钟在睡觉，妈妈几点钟在做早饭等，我还没看到过"几点钟不在干什么"，于是我便请他给我讲讲。"老师，不睡觉就是睡不着。因为我躺在床上，还在想怎样画一幅更好的画。"他充满自信地指着画让我看。我恍然大悟，原来那躺在床上的孩子是圆睁着眼睛的。

"美术课程应特别重视对学生个性与创新精神的培养"，每当提起这句话，就总有一个挥之不去的问题困扰着我："个性"与"创新"究竟是什么关系？为什么要把培养学生的个性与培养学生的创新精神同时并提呢？《秋天是一支笔》给我了启发，这就是只有当教师特别重视保护和发展学生的个性时，学生的创新精神才能获得一个自由的充分的发展空间。犹如节日的礼花，只有点燃了引信，才能看到五彩缤纷的世界。

分内与分外

下午第二节是四年级二班的剪纸课。我讲完后，便要求学生尝试作业。大家做得很认真，也很投入。不时会有一阵风吹过，纸屑"随风飘舞"，尽管大家的眼睛都盯在自己的作业上，却没有人忘记随手捡起那些散落的纸屑，落下一片，捡起一片，落下一片，捡起一片……不难看出这已经成为他们养之有素的习惯了，并不是要做给谁看的。

面对此情此景，我眼前不由得浮现出初上讲台的一幕：每每上课前，总能看到班主任站在讲台旁边，平静而又认真地提醒学生"课前准备好了吗？""绘画本、工具带齐了没有"直到学生每项都做好了，这才转身轻轻带门离去。经验告诉我，在这样的课堂里，学生的精力格外集中，思维也特别活跃。我切切实实地感受到了老教师对青年教师的关怀和支持，暗下决心一定要认真备好、上好每一节课。我想，这就算做我给班主任的一点回报吧！

后来，发生在课堂上的一件事，使我对美术教学有了新的认识。那是在一节手工课上，我发现学生的课桌上、地板上到处丢弃着边角料，原本十分整洁的教室变得一片狼藉，学生都只是扒开一点小小的空间做作业，这不仅影响了教室的卫生，而且影响了作业的效率。虽然我一再强调不要乱扔边角料，却很少有人在意。不得已，我让全班同学停下手中的作业，都来听我讲道理。情急之下，我甚至把自己童年所听到的科学家自幼都养成了好习惯的故事也讲了出来。我讲得激动，学生也听得认真。接着，我和学生一起动手捡起了丢弃的边角料。这节课就这样过去了。事后，我反复拷问自己：这是美术课吗？我是不是做了原不是美术课应该做的分外的事？后来我找到了答案：我见到越来越多的学生都自备了"垃圾袋"，从学生的眼睛里，我还看到了他们送给我的亲近、信任和尊重。再后来，终于出现了本文开头所写的一幕。

我突然明白，当我们意识到无论任何学科都是在引领学生学会做人的时候，也就没有什么"分内"与"分外"之别了。

"笑脸"与笑脸儿

《全日制义务教育美术课程标准（实验稿）》提出九年义务教育阶段美术课程的价值主要体现在五个方面，其中第五条就是"促进学生的个性形成和全面发展"。我们知道美术课不同于其他学科，它不像语文、数学那样有固定的模式，更没有固定答案。我注意到平时批改作业时，很多老师用了 Ａ 、Ｂ 等这种方式对学生的作业进行评价。当然，这样做能很好地把学生的作业情况如实地反映出来。但是，作为一名美术老师，我在想，如果能在如实反映学生作业的情况下，又能激发学生的作业热情，岂不是更好！于是我想出了以 Ａ、Ａ＋、Ａ＋＋、Ａ＋＋＋……这样没有了减号，以 Ａ 开始依次递增的评分方式也能有效地鼓舞学生。

俗话说："一分耕耘，一分收获。"在日常的教学中，这种方式确实起到了意想不到的效果。每次批改作业，学生都特别关注自己的成绩，都希望老师能给一个"笑脸"，因为这代表老师对自己的作品非常满意。在评分时，我也毫不吝啬，寥寥几笔勾画出一个笑脸的形状，抬起头时，立刻能看到孩子们灿烂的笑脸儿。

教学中，只需我们稍微动动脑筋，本来枯燥乏味的事就会变得趣味横生。

温暖的问候

开学之初，我因为感冒，再加上每天四节课要上，用嗓过度，嗓子一度发不出声。原来盼着的上课，却成了我最苦恼和担忧的时刻。

尽管每节课我都会尽最大的力气发出声音，但心里仍会有许多疑问与担心：学生喜欢听我这从嗓子眼挤出的沙哑声吗？他们会不会听不清我所讲的内容而影响到听讲的效果？

然而，我的担心似乎是多余的，无论到哪个班，学生就像约定好了似的，变得自觉了，说话的声音小了，平时调皮的孩子也安稳了许多。

我和往常一样，照例来到教室上课，稍停顿后，我便开始讲课。"老师，嗓子好点儿了吧？"几个孩子打断我的话，亲切地问。"好多了。"我努力掩饰着内心的感动，不知道还应该说些什么，心中却倍增了无穷的力量，停顿片刻，继续开始了讲课。

在我没当老师之前，就常听人说，现在的孩子不好教，只顾自己，不知道关心他人，不懂得体谅别人的感受。其实不然，只要我们用心去观察、体验，就会发现孩子们身上有许多让我们成人惊讶的美好。就像一句话说的那样："生活中不缺少美，而是缺少发现美的眼睛。"

责任在谁

在一节课上，我和学生共同探讨小小报的技巧与方法。为了总结过去办报的经验，我拿出了同学们以前办的一张小报让大家评论指出优缺点，并说出理由。

同学们争相发表自己的看法。有称赞的："老师，这张小报布局合理，看起来很舒服。""老师，我觉得这张小报字写得很工整，版面也很干净。"也有指出不足的："老师，我觉得这张小报有些插图画得不够好，画面上的气球画得跟蝌蚪一样。"

我仔细看了一下，确实如此：几个椭圆形的气球下面，长着短短的弯弯的

"小尾巴"，再加上涂上了黑黑的颜色，看上去，很像正在游动的小蝌蚪。这时，不知哪个男孩儿接了一句："这是谁的呀，怎么把气球画成蝌蚪了？"我并没有太在意，继续讲我的课，可是不一会儿，便听到一个女孩儿小声抽泣的声音。下课之后，我找到这个女孩儿。原来，这个男孩儿明知是她办的小报，却故意要追问谁是办报人，她觉得很难堪，就哭了起来。听了她的讲述，我轻轻地拭去她眼角的泪水，并安慰她说："你画得很认真，版面也很干净，老师相信下一次你一定会把报办得更好。"等女孩儿情绪好些时，我又叫来那个小男孩儿并告诉他每个人身上都有优点和缺点，要学会取长补短，要学会体谅别人。经过一番劝导之后，男孩儿也认识到自己的错误并主动向女孩儿道了歉。

　　这件事虽然已经过去，两人也言归于好，后来还成了很好的朋友。但是，我的内心却一直没有平静。我在想，究竟责任在谁？真的是那个小男孩儿吗？如果我课前做足准备工作，先强调对评论应持的正确态度，坚持对事不对人的原则。坚持在肯定优点的同时，再适当指出画作的某个缺陷，还会有这件事吗？看来，责任不在男孩儿，而在于我！我很庆幸当时没有批评那个男孩儿，更庆幸经过教学反思使我从中认识到了自己的不足。这使我深刻感受到：在教学中，只有不断的反思，才会有长足的进步。教学反思其实是在为我们自己积累教学财富，是在为我们自己搭建专业成长的阶梯。

点评

　　美术教学不仅仅是教给学生怎么画画，不仅仅是构图、线条和色彩，最根本和最重要的是培养学生的审美能力，力求能在平凡的生活中发掘出美来，进而能以审美之心来看待生活，这样才能培养其品性，完善其情操。正如丰子恺先生所说："我教艺术科，主张不求直接效果，而注重间接效果；不求学生能作直接有用之画，单求涵养其爱美之心，能用作画的一般的心来处理生活，对付人生，则生活美化，人世和平。此为艺术最大效用。"

所以，美术老师也如同班主任和别的学科教师一样，对学生发挥着言传身教的影响作用，美术老师也同样需要维护课堂秩序，需要积极管理和引领学生。黄老师在自己的美术课上重视保护和发展学生的个性，和学生分享习惯培育的名人故事和自己的经验，优化评分方式，给予学生温暖的问候，让学生学会包容别人。黄老师曾经犹豫和疑问"这是美术课吗？我是不是做了原不是美术课应该做的分外的事？"而我们十分肯定地回应"黄老师，学生亲近、信任和尊重您，他们喜欢上美术课，您的美术课很棒。"

作者：杨雨宸（一年级二班）　指导教师：姜宁宁　学校：黑龙江省大兴安岭林业育才小学

幼小衔接，我们这样做

江苏省常熟市石梅小学　　周丽娜

从幼儿园到小学，是求学生涯的第一个跨越，也是孩子成长过程的一个重大转折。怎么顺利进行幼小衔接呢？我们是这样做的。

新生夏令营，轻松入学我能行

"小朋友们好！""老师好！"还没开学，石梅园里就迎来了第一批学生，他们庄严地背着书包，稚嫩地跟老师问好。这是新一届一年级学生，他们将在学校进行半天的新生入学夏令营活动。

早早地迎接他们的是一年级全体老师。这半天里，班主任老师会给孩子们介绍我们的学校和班级，告诉他们一天要做哪些事，帮助他们认识新同学，找到新朋友。科任老师会带着他们学习物品的摆放，进行上课、下课的问好，组织课间活动。看午饭的老师要教会人家怎么合理地排队、洗手和用餐。午饭结束，班主任老师会带领小朋友们参加校园，找到离班级最近的厕所，知道医务室的位置，到操场转转消消食，到紫藤架下坐坐和新朋友聊聊天。有的班级还请来了刚毕业的哥哥姐姐，向小朋友讲述自己印象最深的校园趣事。

半天下来，大家虽然感觉有点累，但都非常开心。有的小朋友牵着妈妈直奔操场，说是要去双杠那边看看；有的和幼儿园的小伙伴约好，明天早点来报到；也有的小朋友更愿意在新老师身边待上一会儿……

半天夏令营适应性活动，孩子们对周围的环境和老师不再陌生，对小学生活有了更切实的了解，入学变得更加顺利自然。同时，校园里的事物引起了他们的兴趣，班级里的同学让他们牵挂，这些都对他们入学产生了一定的吸引力。

现场观摩，体验美好小学生活

其实，早在6月，大班的孩子们就在老师们的陪伴下走进了小学。

他们悄悄地站在操场后面，看全校师生做操。整齐划一的动作，让一个个小不点们跃跃欲试。升旗仪式时，他们肃立，唱国歌。哥哥姐姐们脖子上鲜艳的红领巾让他们心向往之。

来到一年级的课堂，他们静静地听老师们上课。原来，数学课这么有趣，英语课还有游戏，语文课上哥哥姐姐的朗读那么动听。教室里装满了知识，只有认真听讲，积极讨论，勇敢发言，才能学得本领。

大家一起牵着小手，在校园里走走，就像在公园里散步一般美好。

最后，全体大班孩子在小学老师的指导下，上了一节好玩的集体体育课。踏步，转身，伸伸手，弯弯腰，动作丝毫不比哥哥姐姐们逊色！

现场观摩，孩子们看到以前一起在幼儿园学习的小哥哥小姐姐变得不一样了。陌生而又熟悉的感觉，更增添了对小学生活的期待。

家长课堂，跟着孩子一同入学

面对未知的小学生活，孩子们有着美好的期待和紧张，更为忐忑的可能是家长了，他们会考虑太多的问题：我的孩子能很快适应小学的节奏吗？能处理好自己的日常吗？会和新老师、新同学相处吗？家长们生怕孩子输在起跑线上。

做好家校联系，开办家长课堂，则是顺利幼小衔接的保障。

在孩子们大班毕业前，幼儿园就会请小学一年级的班主任老师走进大班家长会，和家长朋友们交流低年级学习、生活的注意事项。8月中旬，家长学前班的学习就正式拉开帷幕。家长先于孩子入学，先于孩子做好物质上和心理上的准备，才能引导孩子平和而快乐地迎接小学生活。

顺利幼小衔接，家长的作用不可小觑。但同时，家长也不可急功近利，揠苗助长，导致最后事与愿违。家长要注意以下几点。

注重孩子心理准备

暑期，很多幼小衔接班应时而来，最多的是拼音班、算术班等单学科班级，也有一些机构开设半天甚至整天的学前班，班级设置仿照小学课程安排。家长们趋之若鹜。我想提醒家长，一味地教给孩子知识可能会引起孩子的厌倦，上课不再专心听讲，也会产生一开始很快适应，但一两个星期后就能力不足的情况。相比知识的储备，孩子心理上的准备更为重要，家长可以给予孩子入学期待，帮助孩子在日常活动中培养独立能力、责任意识、规则意识以及人际交往能力等。

给孩子持续的关注

刚刚开学一两个星期，孩子们对小学生活充满新鲜感，老师们也会多加关注孩子的表现，这时候，家长要注意孩子良好习惯的养成，例如：整理书包的方法、认真做作业的习惯等。但两个星期后，特别是国庆假期之后，孩子们势必会有所松懈。此时，家长们就要格外关注孩子每天的情绪状态，发现异常表现，及时联系老师，配合引导，多多鼓励孩子，帮孩子度过第二个磨合期。

要重视第一次考试

这里说的"重视"不是"看重分数"，而是指家长对孩子第一次考试结果的态度。家长要知道，孩子第一次考试有很多不确定因素，分数低也不是没学好，也不代表学不好，可能是他不会读题，不会看图，或者理解的和命题要求不是一个角度等。对于孩子的成绩，家长要以平常心对待，千万不能表现出强烈的悲喜，这会给孩子暗示，孩子今后可能会为了取悦家长而学习。

爸爸要参与孩子的小学生活

日本儿童脑部教育专家泽口俊之指出，7～12 岁的小学生，若能由父亲多陪伴游玩，不仅有助脑力发展，甚至可以解决青春期的亲子冲突。6 岁之前母亲与孩子亲密的接触非常重要，但到了小学生阶段，父亲的参与更有关键影响力。爸爸要有意识地多关心孩子，积极参与孩子的小学生活。

点评

石梅小学通过半天的新生入学夏令营活动，使孩子们对周围的环境和老师不再陌生，对小学生活有了切实的了解；通过现场观摩，孩子们对高年级哥哥姐姐们心向往之，更增添了对小学生活的期待。特别值得一提的是，该校十分重视家长的作用，在孩子们大班毕业前，小学一年级的班主任老师就走进大班家长会，和家长朋友们交流低年级学习、生活的注意事项。在孩子入学之前，先举办家长学前班的学习活动，让家长先于孩子做好物质上和心理上的准备。这一系列做法，保障和促进了孩子们平稳渡过幼小衔接期，顺利适应小学生活。

缘不知所起　而一往情深

江苏省苏州市相城区黄桥实验小学　尤　苑

〉
〉
〉〉
〉〉〉
〉〉〉
〉〉〉
〉〉
〉

　　我是一名普普通通的英语老师。任教以来，我用一颗赤诚之心在教育这片土地上默默耕耘着。除却本职工作外，我还资助了几个来自西部困难家庭的小孩，让他们也有机会实现自己的理想。我喜欢小孩，热爱教育，希望能为教育做些力所能及的事情。

缘起"天涯"

　　2010年年初，天涯论坛上一个有关西部助学的帖子引起了我的注意。出于教师职业的敏感，我毫不犹豫地打开，得知在青藏高原腹地有一个叫玉树的地方，在海拔3800多米的大山深处有所学校叫"尕丁小学"。学校是住宿制的，大部分的学生都来自周边的牧区，有的学生住得远，需要从西藏昌都翻过几座大山，徒步十几小时的山路才能到达学校。尕丁小学是一所完全小学，全校有400多个学生，却没有一个在编的正式老师，只能依赖十来个代课老师和寺院的几个喇嘛勉强维持基本的教学。学校没有一本课外书，没有一件像样的教具，连最基本的师资都没有保障，更别说现代化的教学设备了。看着这些，我的内心深处被触动了，从此心里埋下了一颗想去看看这些孩子们的种子。就在这一年，玉树发生了震惊世界的"4·14"大地震，这更牵动着我的心。与朋友商量后，我们一起募集了一些防寒衣物和学习用品。把所有东西都寄出之后的那晚，我久久不能入眠。"仅仅给玉树的孩子提供这些物资还远远不够，我要去玉树，我要走近这群孩子"，这个想法一直在我心底酝酿。我想到4~5月是藏区学生的虫草假，他们需要跟随父母一起上山挖虫草来维持全家一年的开支。而他们7~8月是不放暑假的，我正好可以在暑假去看看他们。心动不如行动，我立马订好了暑假飞往玉树的机票。

高原初遇

2010年7月，我第一次踏上了这一片让我魂牵梦萦的土地。这里的天是那么蓝，空气是那么干净，但在这海拔近4000米的高原，体质不好的我身体经受了严峻的考验，很快就出现了高原反应。头痛难耐，但我没有退缩，克服了重重困难，终于到了学校。虽然之前对学校的状况已有所了解，有了心理准备，但当我亲眼看到孩子们在艰难困苦的环境下，仍然抱有对生活的热情和对知识的渴望时，我还是被深深地震撼了。孩子们用一双双清纯的眼睛好奇地看着我，我试着告诉孩子们大山外的新奇世界，试着教孩子们读书、唱歌、试着去观察每个孩子是不是穿暖和了，试着去关心每个孩子背后的家庭。在这期间，我了解到该校有一对姐弟家庭比较特殊，没有父亲，平时就靠体弱多病的母亲做些零工补贴家用，但两个孩子在学校依然非常努力、非常刻苦。和老师商量后，我当即决定资助这对姐弟以帮助这个家庭。

从此，青藏高原的那群孩子成了我心中的牵挂，第二年，我走访了更多的家庭。第二年，我将更多的朋友带到了青海，把更多的爱分享给那些孩子……

偶遇"格桑花"

一次偶然的机会，我了解到一个叫"格桑花西部助学"的公益组织。"格桑花"发起人洪波曾说："青藏高原就像一个巨大的能量场，它具有不可思议的力量。人活一辈子总是要为别人做些事情，每个人的心中都有柔软和善良，都愿意把自己最美好的一面献给这个世界，只是我们有时缺乏机缘、缺少机会，那我们就共同来创造这个机缘和机会吧。"这番话深深地触动了我，我毫不犹豫地加入了这个公益组织，并陆续资助了几个孩子。每次孩子们的来信都让我激动不已。藏区孩子的中文语言表达不是那么好，但从他们认真的字迹和质朴的语言中，我看到了他们的心。我喜欢和孩子们这样交流。藏区的孩子特别腼腆，通过书信，我和孩子们的心更近了，我更真实地了解到孩子们的想法，更有效地去关注孩子们的成长，让孩子建立自信，获得更好的人生。

"花儿"绽放黄桥实小

2016 年 9 月，"格桑花"苏州拓展营如期开展，来自玉树的 40 多名孩子来到黄桥实验小学（以下简称"黄桥实小"），和黄桥实验小学的师生来了一次亲密接触。黄桥实小的孩子们热情地欢迎藏族师生的到来，带他们参观美丽的校园，体验学校科技实验室里各种新奇的设备，来自高原的精灵们则对这一切都满怀好奇。学校的老师更是精心准备了两节精彩的课呈现给来自高原的孩子们，教他们学会怎么与人沟通，鼓励他们要对自己充满信心。东西部孩子们共同上课，合作完成老师的任务，已然成了好朋友，他们相互留下书信地址，相约以后再见。

2017 年暑假，我和黄桥实小的另两位美术老师一起来到了让大家惦念着的那片高原，进行了为期 10 天的西部公益探访活动。初上高原的两位美术老师克服了高原反应，给孩子们带来了一节节有趣、生动的刮画课。藏区的孩子十分腼腆，但是对于外来的新鲜事物又特别感兴趣，从他们灿烂的笑脸和完成作品时专注的表情可以看出两位老师的课有多么受欢迎。

这里的孩子对于个人卫生和心理疏导知之甚少。我给孩子们精心准备了一堂"护花课"，告诉孩子们怎样养成良好的个人卫生习惯，如何看待青春期的身心变化以懂得自我保护和避免性侵犯。我还把"玖玖公益"手工队亲手缝制的月事包送到了孩子们的手上。

在为期 10 天的公益探访结束后，我没有和大部队一起回江苏，只身留在了玉树，继续走访那些偏远的学校。

爱满苏城

为了能让更多的西部孩子走出高原看世界，一场名为"行走的格桑花"公益徒步活动应运而生。这是号召社会上的爱心人士用徒步的方式一起参与到这一公益项目中，为西部的孩子筹集爱心资金，帮助他们走出高原看世界。但是这一活动烦冗复杂，我连续一个月，几乎每天都忙到深夜。后来，看着活动如火如荼地开展，我觉得所有劳累都是值得的，看着每一位参与人士露出的笑脸，我感到由衷的欣慰和满足。经过所有志愿者的共同努力，2016 年，参加公益徒步的人数近4000 人，筹款超过 50 万。金秋十月，因为"格桑花"，变得格外热闹，参与这一活动的人士热情高涨，爱的溪流从每个人的心田迸发，汇聚成汪洋。作为活动的一名志愿者，我也从中感受到温暖与力量。

这些活动让我的心灵变得充实，让我知道我们每一个人的存在价值。

点 评

"格桑"在藏语中是"幸福"的意思，所以格桑花也是"幸福花"，寄托着藏族人民期盼幸福吉祥的美好情感。看似柔弱的尤老师不仅是一朵永远开不败的幸福花，还是播撒幸福花种子的花仙子。她的珍贵不仅仅在于她对西部贫困孩子执着、无私、纯粹的爱，更在于她不懈地传递、汇聚着更多的幸福花，为更多藏区孩子的人生创造了更多的可能。尤老师说自己是快乐而满足的，孩子们的感觉呢？我想应该就像心里开满了格桑花一样幸福满满吧！

用心，让一切美好变得更有可能

江苏省苏州市沧浪新城第一实验小学　杨秉瑾

2015年3月，我想在学校成立杨秉瑾工作室（心理健康）的动力如此强劲，因为我们沧浪新城第一实验小学，始终把孩子的心理发展放在首位，我们的孩子和老师又总是如此纯良热情。

有时候会忽然想：究竟是什么支撑着我们日复一日、年复一年地行走在生命的四季里？我认为不仅是理想或信念，更是那些并不起眼的细微美好的生活之轻。我们要帮助孩子发现生活中细微又美好的点点滴滴。

我们工作室的全体成员经常戏称自己是学校里的"首席知心姐姐"，愿意竭尽所能地帮助孩子学会用正念应对生活中焦虑、无奈、愤怒等不良情绪，积极地面对生活学习中的各种经历。

从此，杨秉瑾工作室成了神奇的小屋。在那里，有孩子和家长期待的每周一期的"杨老师有话说"；在那里，每周五早晨的广播里，"知心姐姐"会解答孩子投到"悄悄话信箱"里的各种困惑；在那里，每周二下午，"知心姐姐"会和孩子有一场温暖、神秘的约会；在那里，还可以让有些需要哭泣的孩子躲一躲……

在这间神奇的小屋里，有着太多太多的故事……

杨老师有话说——微信公众号栏目

记得有一天的课间，我站在学校长廊里，一群孩子围上来和我聊天，他们叽叽喳喳，谈兴很浓。一个小姑娘突然皱起眉头，撒娇式地对我说："老师，我可烦啦。我妈生了个小弟弟，一直照顾他，都不太关心我了。以前过年，她都要带我出去玩的，今年有了弟弟，我哪儿都没去。"没想到，在场的孩子听了，竟然七嘴八舌说开了："弹钢琴这件事像块石头压着我，爸爸妈妈对我要求越来越高，好了还要更好，不停地批评我弹错了。我开始讨厌钢琴了，后悔当初选它。""我吧，每到双休日，时间就很紧张，武术等各种活动让我很少有可以自由安排的时间，我动作本来就慢，这下更紧张了。""马上要一二单元考试了，最近几天我都很紧张，担心考不好。"我没想到一年级的孩子也凑上来说："晚上我睡不着，害怕一个人。""作业太慢，妈妈总惹我哭。""弹钢琴时，妈妈一直对我凶"……

面对孩子们的小烦恼，我以怎样的方式让家长们知晓呢？于是，想到小时候放学最期待中央人民广播电台的"小喇叭"广播节目和电视中的"鞠萍姐姐讲故事"，这样的形式惠及了几代人。在这些栏目的陪伴下，我们知道了人应该善良，帮助他人；知道了人要有努力的目标；知道了人要孝敬父母……在一个个温暖的故事中，一句句柔和的叮咛声中，我们长大了。这样的声音是有生命力的，是单纯文字无法替代的。

就这样，"杨老师有话说"诞生了！我通过音频向家长传递了孩子们的小烦恼，并通过音频鼓励家长多听听孩子的声音："各位家长，你们有多长时间没有倾听孩子的心里话了？他们是那么想要倾诉，我们所要做的就是放下手中的工作，耐心倾听。正如《窗边的小豆豆》中的小林校长，要知道，孩子们是多么喜欢那位校长啊！这样和谐的关系，我们应视若珍宝，让我们好好珍惜和维持这份关系……"

节目播出后，家长们立刻以各种方式进行了回应，有留言的，有写信的，有委托班主任捎话的。多么珍贵的领悟，我连忙联系到这些家长，把他们想对孩子说的话做成音频。在制作音频的时候，我脑海里不停地呈现出孩子们听到爸妈的留言后的灿烂的笑脸。多么美好的事情呀！"原来我们的孩子有那么多委屈、烦恼，我想爸爸妈妈以后会用更多的宽容和体谅来爱我们的孩子。""作为家长，我们不应该仅关心他们飞得高不高，而应该多关注他们飞得累不累，让他们感受很多的爱，而不是更多的要求。""作为爸爸，我很少有耐心去听孩子的烦恼，听了孩子这么多小烦恼，我想我应该改变我的一些教育理念，在和孩子的相处中，要站在孩子的立场上，多考虑一些问题。"

楼道里的机器猫——每个楼层的"悄悄话信箱"

有问题就找"悄悄话信箱"，这已经成了孩子们的习惯。这个挂在楼道墙上的信箱，承载着孩子们太多的故事。做了这么多期"悄悄话信箱"，我每周都会收到数十封学生来信。在这些来信中，有的孩子会署上自己的名字，有的则隐去自己的信息；有的孩子喜用长信，有的则寥寥数语；有的孩子会用心挑选漂亮的信纸，有的则是直接从作业本中撕下一角。但无论何种形式、何种载体，我都会认认真真地阅读他们的心声，因为我知道这可以给孩子最大的安全感。

有一个孩子让我印象极为深刻。他是一个即将毕业的六年级男生，他的来信分别写在两张碎纸片上，上面倾诉着他在校六年的心路历程。6 年来，班级同学都瞧不起他，觉得他成绩不好还调皮捣蛋，他自己也承认这是他的不足。可现实中，他是多么希望有人能够看到他的优点啊，他的嗓音不错，唱歌很好听，可惜这些从来就没有人看到过。从来信中，我们能够看出他对墙上挂着的这个信箱的信任，他把心中的苦恼就这样倾诉了出来，无须顾忌老师的表情和同学的反应。

这个孩子来信的第二部分更加让我心里一震，他希望通过我们的栏目向一个被他曾经伤害过的同学道歉。他马上就要毕业了，他真诚地希望在毕业之前能够得到这个同学的谅解。我很佩服这个孩子的勇气，我相信，也正是因为"悄悄话信箱"的专业性和在孩子中的影响力，才让这个男孩选择以这样的方式为小学生活画上一个句号。

"悄悄话信箱"给了孩子依靠，给了孩子平台，帮助解决让他们焦头烂额的烦恼。当孩子遇到了在老师和家长那里无法得到解决的棘手问题时，他一定会想道：还好，楼道里的信箱会帮助我的。"悄悄话信箱"如同孩子们的机器猫，这个机器猫变出的不是神奇的道具，而是真切的情感。无论怎样，有了困难来找它，它一定有办法！

小屋里的约会——每周一次的"团队辅导课"

每周二下午的小约会，已成为孩子与我工作生活中的一部分。每次约会，那些孩子总意犹未尽。在这间温暖的小屋里，一次次的接触，一次次的活动，我知道了孩子的姓名、班级和性格，知道了他们学习中的困惑、家庭生活的不如意。彼此的信任让我们很自然地走进了彼此的内心。我常想：让我们的孩子在活动中自然成长，自然地释放秘密与情绪，展现真实的自我。

每一次约会后，我都会整理和他们在一起的感受，消化着和他们一起经历的那些体验。因为我知道，我不仅是他们的杨老师，我更是他们内心中的那个"大白"。每周二下午，我总是笑眯眯地在工作室等着他们。

有这么一次约会，我哭了。

那天，我们进行了一个闭着眼睛猜数字的游戏。为了公平，这个过程中大家都是闭着眼睛的，也包括我。我们都很努力地猜着，可是永远都只差了那么一点。唯独那个男孩，每次都一击即中。我们深深佩服的同时心中有了疑惑。孩子们是天真的、真实的，一个个都指着那个小男孩说："你偷看了""你作弊""你赖皮"……而他，站在那边一副满不在乎的样子。他们所有的那些攻击对他来说就像风一样。我却从他那淡定的外表中，看到了他那颗弱小的颤抖的心。

游戏结束，我先说了自己的感受："老师和大家一起闭上眼睛，其实是希望我们能在一个公平的环境下进行游戏。当我们闭上眼睛，就不会带着任何身份、任何评价。而老师之所以不要求你们把眼睛蒙起来，是因为我们之间需要信任。"

之后，大家也都说了自己真实的感受。轮到那个小孩子，他说："我想赢。我每次考试都得最后一名，大家都看不起我，我想要得第一。可是这次我得了第一，心里却一点儿也不开心。对不起大家了，因为我真的睁眼睛偷看了。可是我真的好想得一次第一名。我真的好想听到表扬和称赞。"他哭了。孩子们的眼睛也都湿了。"你真棒！""我想拥抱你一下，可以吗？""我想做你的朋友，可以吗？"看着眼前这些抱成一团的孩子，我的眼睛也湿了。

孩子们能在这里敞开心扉是我最大的心愿。孩子们能把内心最柔软的那部分交给我，是他们给我的信任和爱。我愿做他们心里的"大白"，在他们难过时给予温暖的拥抱，在他们受挫时给予陪伴，当他们情绪激愤时给予原则和底线。

我常想：爱是个进行中的动词，我们要一直努力，让孩子成为更柔软自在的人。在我们学校温暖、广阔的怀抱里，杨秉瑾工作室的知心姐姐们愿充分发挥团队力量，帮助孩子理解生命的意义，为孩子点亮心中明灯，让孩子乐享阳光童年。

点评

用心做教育，这颗"心"是爱心、责任心、耐心、恒心、平常心，是春风化雨浸润心田，是以教师的真心真情温暖陪伴和呼唤激发学生的美好心灵。用心做教育，意味着要蹲下来聆听，要换位思考，理解学生受伤的委屈，安抚学生的烦恼，包容学生的缺点和不足；要发现学生的闪光点，调动学生的勇气和力量，充满希望地期待学生成长。"心"的力量是内在的、巨大的，因为用心，所以一定不会只说不做夸夸其谈，一定会有所行动付诸实践，一定会坚持不懈不断探索和提升教书育人的有效之道。正如陶行知先生所说："教育是心心相印的活动，唯独从心里发出来的，才能打到心的深处。"离开了"心"，离开了真诚的情感，一切的教育都无从谈起。

"放牛班"的春天

江苏省泰州市兴化市实验小学　夏　培

我特别喜欢《放牛班的春天》这部电影，电影中的孩子们顽劣成性，难以管教。但随着马修老师的到来，孩子们的真善美被一点点地唤醒，片中他们用歌声表达自己的梦想，那天籁般的合唱直抵心扉，深深感动了我。

2015年9月，我接手四年级一个班，遇到了现实中的"放牛班"。这群孩子易怒、暴躁，一言不合就用拳头说话。初接班时，一天不出现流血事件就是奇迹。前半个学期，我每天都胆战心惊，看见学生进办公室就条件反射般地站起来，以为他们又闯了什么祸。我推掉所有出门学习的机会，几乎进了校园就寸步不离地全程监控学生。可64只"小猴子"哪能靠我一双眼睛就能盯得住？他们似乎天生有使不完的顽劣劲儿，总能给我时时送来"惊喜"。家长们也很难沟通，对学生的学习不管不问，可一旦孩子打架吃了亏，家里三姑六婆就都来了，一个比一个护短，大有掺和进来打群架的架势。从教13年来，我第一次有了一种深深的无力感。"放牛班"，还真是"放牛班"……

触　动

小田是班里一个非常特殊的孩子，因为他有些轻微智力障碍，最大的表现就是背诵特别慢。一个普通的下午，放学后，我留了小田背古诗。我已经批完两套作业了，可他那简简单单的四行古诗还是背得磕磕绊绊。小田的妈妈是一个矮矮胖胖的中年妇女，只会写自己的名字，几乎是文盲，所以每次我留小田，他妈妈都只能在一边静静地坐着。清校的音乐声已经响了，我叹了口气，看来今天是背不完了。书包收拾好后，这对母子却磨蹭着不出教室。我抬起头，正撞上田妈妈讪讪地笑容，她几近卑怯地指着讲台笔筒里的几支坏水笔，问我能不能让她带回去修一下给小田继续用。我下意识地点点头，他们母子俩好像买了新笔似的，开心得很。我的心一紧，鼻子有点泛酸。以后的几周，我有意地跟家长们交流家庭情况，发现班里竟有好几个这样特殊的家庭，这些家庭的父母用最朴实的语言表达了他们的心愿：只是想让孩子将来比他们多识几个字。

后来，每当我想厉声训斥那些成绩较差的学生时，眼前总会浮现出小田妈妈几近卑怯的笑容，他们由于先天或者家庭的原因，童年里已经有了比别人更多的苦楚，我为什么不能松一松、放一放，让他们多享受一点集体学习的快乐呢？

我的内心深处第一次被班里的孩子们触动了，我对自己说：我想让他们过上快乐的学习生活。

惊　喜

经过努力后，孩子们的急躁脾气得到了一定的稳定，但被动的"看管"并不能真正解决问题，归根结底，我必须寻找一样东西能代替打斗以吸引他们的注意力。这时，我想到了自己擅长的事——读书。

五年级上学期的习作6是看图写画，4幅简单的图画展现了一个故事：明媚的春光中，一只小猫舒适地伏在院中，忽然，一只雏燕不小心从房檐下的窝中掉了出来，小猫贪婪地盯着雏燕，情况紧急，小主人及时吓跑了小猫，救了雏燕。这节课我照例采取情景代入法，让学生们假设自己就是其中的某个角色，从自己的角度讲述故事。这样一来，虽说是同一个故事，但因为讲述者的角度不同，所思所想各异，故事读起来就会极富画面感，极有趣。课堂上我按照这样的思路讲解，并读了自己从小猫角度讲述的故事——《煮熟的鸭子飞走了》。按照他们平时的写作水平，说实话，我不抱什么希望，只希望他们中规中矩，将画面描写具体。可哪知，一口气改了两组后，我的眼睛亮了。

　　"我是小红家的大门，一扇很老很老的木头大门，我和小红的爷爷一般大。今年小红的爸爸为我新刷了油漆，让我看起来精神了很多，我可真开心。春天到了，我左边空地上的桃树开花了，粉红一片……忽然我听到什么东西掉下来的声音，紧接着它痛苦地'啾啾'叫了起来……伏在我脚边打瞌睡的小猫咪咪突然兴奋地窜了出去，发生了什么事？因为有视觉盲区，我看不到墙那边发生的事情，但直觉告诉我出事了。会不会是贪吃的咪咪看上了今年新孵出的一窝小燕？我痛苦地闭上眼，真恨不得自己能长出两条腿，长出一双手……太好了，小主人小红似乎听到了我的心声，她呵斥走了咪咪，带着小燕回来了，当小红穿过我时，我正看到小雏燕在她的口袋里朝我笑呢……"

　　孩子们的想象大大超出了我的预想，给我送来最开心的惊喜。他们有的把自己想象成一朵桃花，以《小桃花日记》为副标题，写成了日记体；有的把自己想象成小雏燕的兄弟姐妹，从燕子的眼睛看这件事；有的则变成一只温情的小猫，只是想跟小雏燕交朋友……他们以更多新奇的视角讲述故事，并自圆其说，让每个角色都熠熠生辉。

　　因为调皮，他们身上孩子的天性被保留，所以他们才会有这么缤纷的想象，这么生动的叙述。孩子是天生的诗人和画家，书本就是我与他们之间沟通的桥梁。因为阅读，"放牛班"似乎找到了自己走向远方的"阳光大道"。

感　动

　　五年级的"校长杯"足球比赛如期而至。我第一轮居然抽到与上一届的冠军班比赛。听到消息的我沮丧极了——运气怎么就这么差？比赛前，从选人到战术指导，我都从保守的角度进行，只希望不要输得太惨。无巧不成书，比赛那天还有学校雷锋故事比赛，我都没来得及为孩子们加油助威。下课铃一响，我急急忙忙奔向操场，心里想着如何安慰孩子们，没想到，孩子们老远就奔向我，挥动衣服："我们赢了，点球大赛，赢了！"我永远忘不了他们那生动活泼的脸，他们灿烂的笑容，他们胜利的喜悦……队员们在随后的日记中写道："谁说我们不行？老师，请相信我们，相信五年级四班，我们一定行！"

"放牛班"？"放牛班"，不怕，因为春天已经来了！

点评

　　无论孩子多么叛逆、任性，甚至看起来无可救药，其实教育者都有一把可以打开他们内心之门的钥匙，关键是教育者有没有这种愿望、有没有这种耐心来寻找这把钥匙。如今不少的教育者更多是把眼光投向教学内容、教学方法、教学设备、考试制度等的改革，这些当然是必要的，但是素质教育绝不仅仅是教育技术层面的事，它首先是一种充满情感的教育，是充分体现教育者爱心的活动。夏老师就像电影《放牛班的春天》中的马修老师，在无力改变大环境的情况下进行了力所能及的积极探索，用博大的胸怀包容所有的孩子，包容他们所有的过错并给他们改过的机会，对每一个孩子都深怀信心，给他们最基本的信任。孩子们的童年得到了爱的阳光的照耀，内心的冷漠被熔化了，心灵中种下了理想和智慧的种子，种下了人性与爱的种子，这种子会发芽、开花、结果。

真教育是心心相印

江苏省无锡市洛社中心小学　沈　江

　　假期习惯整理一下自己的书柜，这时我总会不自觉地翻开书柜上的一本褐色日记本，扉页上写着：课堂教学贵在真诚热心，言传身教实在诚情爱心，教书育人正在常情耐心。

——题记

　　在我从教的 27 年中，班主任经历仅有三年，但这三年却是我记忆最深刻的、最难忘的、最美好的三年。慢慢翻开日记，一个个故事就这样铺陈开来了……

50 大板

　　一早批着学生的练习，我发现小怡又忘写等号后面的得数了，这已是一周中的第三次了。"怎么办呢？"我抱着本子来到教室，看到讲台上有一块大垫板，灵机一动，故意板着脸说："小怡，你怎么老记不住竖式计算等号后面要写得数，上来，领 50 大板。"教室里顿时静了下来，惊恐的小眼神一个个望着我。来听课的徒弟当时也呆了，犹豫着想上来劝我不要体罚。小怡呢，皱着眉，小心翼翼地挪到黑板前站好，小手不安地握着衣角。我继续一本正经地说："小怡，你转过身去，我要打了。"这时全班的气氛有点凝固，仿佛针落地都能听到。我拿出了那块大的垫板，在上面写了个 50，悄悄给其他同学看了一下，再拿起这块垫板轻轻地在小怡的屁股上拍了一下，问"打满了吗？"小怡说："没有。""哈哈——"下面的同学七嘴八舌说："满了满了，小怡，你快看垫板。"小怡一头雾水地回头，看到我手里拿了一块大垫板，垫板上写了一个大大的50。呀！原来是这样的50大板。小怡笑了，然后彬彬有礼地朝我鞠了个躬，说："老师，谢谢你，我会记住的！"我握着她的小手说："老师相信你。"教室里顿时响起了热烈的掌声……

下课后，徒弟跑到我面前，问："师傅，你怎么想到这个办法的？"我说："安全是人的第一需要，对孩子尤其如此。面对学生的错误时，你如果是没有笑意乃至冰冷的脸，当众展示做错的作业或让学生拿了作业本罚站罚抄……这样不断重复、强调的恐惧感会使不少孩子失去心理安全，他会多么无助与恐慌，而这种记忆会存留长久。别小看一次握手、一声感谢，它会使成功者体会到快乐，也使'失败者'找回面子，这些都能使学生感受到爱与尊重。爱上老师，学生才会喜爱你所教的那门课。作为老师，我们要理解他们，尊重他们，给他们一个安全的空间。这样感同身受的彼此关照，孩子才能拥有厚实的安全感，才可能活泼地自由成长。"

爱吃虫的怪人

教育是一种成全。每个生命都渴望成长，教师应该发自心底地尊重每一个儿童，并努力为之创造条件。

记得有一次，体育老师上完体育活动课就朝我报怨："沈老师，你们班怎么有个爱吃虫子的怪人？""是吗，你没发现他有达尔文的影子？"我却笑眯眯地说。其实小陆的怪异，我刚接班时就发现了，从他父母处也了解了一下，发现这个孩子特别喜欢爬行动物，看见虫子就会不自觉地蹲下观察，有时还会把虫子捉到教室里。为此同学们都怕他，更怕他桌子里的小虫子。渐渐地，他没有了朋友，常独自一人欣赏自己的宝贝。为了打开他与同学之间的心结，我一有时间就陪他一起研究，有时还请他到办公室给我介绍一些昆虫知识。这个孩子介绍昆虫时，总是滔滔不绝，整个人就像一个发光体，那么生动。我尝试着问他："小陆，下次的班队课你来介绍你的昆虫世界，好吗？"面对这样的邀请，小陆的神情有点游移不定，我走过去摸摸他的脑袋说："放心，你不是同学眼中的怪物，也不是老师眼中的傻瓜，更不是家长眼中的麻烦，你是老师的骄傲！""好，老师我试试看。"小陆露出了自信的笑容。

在班级日志中我这样写道：拥有开阔自由的空间，生命个体的成长便能达到健康与健全。孩子的成长，最重要的是自由。老师要让他们有充足的时间去做他们想做的事情。同时，老师还需要还原自然的力量，给予孩子们充分的"自然空间"。苏霍姆林斯基告诉我们，仅给孩子们有计划的学习是错误的，孩子需要用整个心灵来感知周围的世界。所以老师要帮助孩子跟周围的世界联通，允许他们在泥土里打滚，在乡道上奔跑，在草丛里捉蟋蟀，在阳光下发呆。

孩子，让我走近你

某学期开学，校长找我谈话："沈老师，你是学科带头人，是骨干教师，八班的'阿斯伯格综合征'患者小轩准备调到你们班，相信你能与他为朋友。"

小轩当时的"恶迹"人尽皆知，所以我们班的家长都反对他调入。面对这样的压力，我失眠了好几天。我抓紧时间做家长们的思想工作，同时自我安慰："别紧张，就当他是普通孩子，作为班主任的我更不可以戴有色眼镜去看他，一切从零开始。"

我先从网上、书上查看"阿斯伯格综合征"相关的资料，了解这种病的外在表现是什么。我还再翻阅了一些关于这种学生的教育个案，从别人的教育中汲取方法。我又与小轩的前几任班主任交流并整理出他的个人资料，贴在办公桌上，最后写上：知己知彼，才能百战百胜。

小轩来的第一天，我亲自帮他整理课桌、书、文具盒、书包该怎么放，我都做了仔细的指导。我再带他走过每位学生的课桌旁以及教室后面的垃圾筒，让他切身感受到三年级五班是干净的，他也应该和大家一样，爱护教室的环境，不能把自己的座位弄成垃圾堆。我和他约法三章，如果他哪天看到老师的讲台是乱糟糟的，他有权批评老师。但如果他把垃圾乱扔，老师也有权批评他。小轩觉得我的话还算公平，点头同意了。当然在接下来的过程中，小轩还是会把书包乱扔，垃圾乱丢。但我从没批评过他，只是自己亲自弯弯腰，帮他捡一下，放一下，其实这些小轩都看在眼里。潜移默化间，小轩慢慢也懂得把垃圾放入垃圾桶中，放学前也会整理一下课桌。看到这些，我从不吝啬表扬，给他贴上一朵花，刻上一个进步章，在他的作本上写上一两句赞扬的话……慢慢地，小轩眼中退去了冷漠与憎恨，会主动找我说说话了。但小轩毕竟是个特殊的孩子，易怒，爱攻击人，不善于和同学交往。这期间可以说是天天有事发生，节节课让我担心，我每天回家都累得筋疲力尽，可我总对自己说："不要气馁，他会改变的。"就这样，我不厌其烦地引导他，让他感受到他不是孤独的，老师一直在关注着他，但他也不能为所欲为，不能随意破坏课堂纪律，欺负同学，因为他也是集体中的一分子，也要遵循集体的规则，要有行为的约束。

面对小轩，我也常会为他开"特别通行证"。比如，如果小轩学会了上课的内容，我就允许他看课外书，或少做些作业，甚至不做；如果哪天他表现好，我还会让他在自己的电脑上玩益智游戏；集体晨会时，让他站在国旗下讲话……他就在这"自由"与"约束"中有了一些规矩，懂得了如何与同学友好相处。

在评语中我这样写道："小轩，我们才接触短短的几个月，但你的大名我早已有所耳闻。你做的那些事也称得上洛小'第一'，但老师相信你不是'坏孩子'，绝不是，在老师眼里没有一个坏学生，你只是需要进步的地方多一些。你是个好孩子，因为你在努力战胜'自我'。"

教育是生命与生命的交往，心灵与心灵的对话，情感与情感的呼应，智慧与智慧的交流。对于课堂而言，生命是在爱的温暖下的"动态"过程，如果没有爱的驱动，没有"爱"自觉进入儿童内心，就没有"心心相印"。没有对生命的尊重，就没有爱的普照，教育之道就会缺乏孕育生命的温度。精神不能复制，思维不能克隆，智慧不能填充，只有在爱的温暖下，才会有精神的挺拔，心智的生长，生命的成长。

点 评

　　教育需要爱心，同时需要智慧。爱心常常会激发出生动的教育智慧来，智慧使爱心得以呈现和落实，如此篇文章中的沈老师。"50大板"的故事，充满戏剧化的张力，彰显老师的幽默风趣；陪学生看昆虫的老师既像妈妈又像朋友；面对"阿斯伯格综合征"患者小轩，老师像一个研究者，又像一位心理治疗师。并且，老教师对于刚进入教师队伍中的年轻老师发挥了传帮带的作用，年轻老师耳濡目染老教师的做法，深受感动和鼓舞，对教育阐发出自己积极的思考和美好的信念。爱心与智慧就这样接力传递了。

"小二子"变形记

江苏省句容市实验小学　赵海霞

　　随着二胎政策的开放，很多家庭都迎来了二宝。是沿用对大宝那样严格的教育方式，还是用略微宽松一点的方式来教育"小二子"，不仅是家庭面临的教育困惑，也是学校要面对的教育难题，因为一旦孩子身上烙上了"小二子"的印迹，就意味着随之而来的娇惯、放纵和任性。我们班就有这么一个"小二子"——阿子，因为好不容易才有了他，家长就格外呵护他，这导致孩子的很多行为存在问题。

阿　子

　　老远看到阿了，你一定会认为他是一个小学中高年级的学生：高高的个子，圆圆的脑袋，大大的眼睛。其实他就是二年级的学生。别看他长得这么强壮，却有一个与这大个头极其不相称的小毛病，用我们的方言说，就是个不折不扣的"小嘘辣子"，芝麻大的事在他眼里绝对是比西瓜还要大。

手指骨折了

　　阿子的眼睛有点看不清，医生建议先不要戴眼镜，自己保护眼睛。可是，高个子的他又是坐在最后一排，有时上课看到"挤眉弄眼"的他，我实在觉得不忍心。于是，在环顾了教室一周后，我决定把他安排坐在二三两组的过道间，这样他既看得清黑板了，又不会挡住后面同学的视线。他喜滋滋地搬起了课桌，旁边一个男生见他搬得吃力，上去搭把手，谁知放下来的时候，两个人力气不均，桌子一歪，"啊！"一声惨叫，把教室里的孩子们吓了一大跳。

只见阿子举着右手，一边往教室外面跑去，一边喊："老师，我夹到手了，我去医务室了！"我问那个男生怎么回事，他也一脸不解，说："我刚刚已经够小心了。"

不一会儿，阿子回来了，我问："医生怎么说？要紧吗？"还没等我问完话，他已经把手伸到了我的鼻尖，大声地说："老师，你看，我的食指都被夹青了。医生给我喷了点药，说如果有问题的话，要通知家长的！"我的心稍稍放下，提醒他："阿子，把食指弯弯看。"听了我的话，他弯了弯指头，活动自如，面色不变。我更放心了，让他坐到座位上去。他想了想，问我："老师，你为什么让我弯手指呀？"

我回答："手指能弯，说明手的骨头还好，没有骨折，不是大情况。"

谁知，不说还好，一说，把他的"谎"给勾出来了。刚下课，他一脸严肃地伸着指头小跑到我跟前，说："老师，老师，我的手指弯不起来了，你看！肯定是骨折了！"我看了看刚刚还能弯曲自如的食指现在僵在那儿，硬硬地直着，故意逗他："真奇怪，明明之前还能动，现在怎么动不了了？你是不是太用力了？"他眼睛转了转，认真地说："我不骗您，真的！我的手真的不能动了！"为安全起见，我赶紧打电话通知他妈妈来学校。

他妈妈一来，看了看，把他的小手摸了摸，他又"哎哟哎哟"地叫了起来，我以为阿子妈妈要心疼了，谁知她一边朝我挤眼睛，一边说："不疼，不疼哦！我家阿子最勇敢了，对吧，赵老师？"说着说着，阿子已经自动靠近妈妈的怀抱了，他的头已经够到妈妈的肩膀了。我笑了笑，没说话。

之后，阿子妈妈告诉我，他们夫妻俩生了一个女儿后，一直想再生一个儿子，好不容易才有了他，所以有点惯他。小时候，跌倒在地，他爸爸都是拍打地面，责怪地面不平。怪不得阿子这么经不起挫折。阿子妈妈说："老师，我们也发现这样下去不行，阿子得变得勇敢些。"于是，我和阿子妈妈商量了一些对策。

登山父子兵

周一晨会课上，我向班上的学生们宣布了一个好消息："我们班的登山活动正式启动。不过，登山队员们是精挑细选出来的，我们是要去一步一步征服高山的，必须是身体强壮、意志坚强的孩子。"说到这里，我顿了顿，眼睛盯住了阿子，他先跟我对视了一会儿，低下头，小拳头暗暗捏起。"从今天开始选人，周五定下来。"

刚说完，班里就像炸开了锅，好多孩子摩拳擦掌，恨不得明天就去登山呢！

这一周，班上孩子的表现都特别好，尤其是阿子。以前手指上长倒刺了，他都要往医务室跑几趟；现在摔了个跟头把手蹭破了，朝受伤的地方吹一吹，又去玩了。以前同学把他东西碰掉地上了，他非得把对方的某样东西扔地上才行；现在看到别人东西掉地上，赶紧就帮人家捡起来了。以前如果有谁不小心打到了他，他必须打回来方可罢休；现在有人故意逗他，他居然还笑眯眯的……

终于到了星期五，阿子的名字顺利地入选"登山小勇士名单"。只见他长舒一口气，说："我的梦想就是做个登山勇士！"

周六上午，登山小勇士们带着爸爸妈妈们出发了。

到了山脚下，孩子们像是脱了缰绳的野马，撒了欢地往山上跑。

一路上，阿子都蹦蹦跳跳，一会儿冲到最前面，一会儿摘摘路边的野柿子。他爸爸则神情紧张，眼神紧紧跟随着阿子的身影，一会儿表情严肃，一会儿严令禁止，左一个"慢点"，又一个"小心"。

再看看别的家长，用享受的眼神看着自己的孩子奔跑的样子，时不时与同行的家长分享孩子的成长故事。

渐渐地，大家都气喘吁吁、口干舌燥了，腿也跟灌了铅似的，大人更跟不上孩子了。阿子的爸爸也不由自主地放慢了脚步，与"爸爸妈妈"团聚到了一起，和他们聊开了，眼睛也不总是盯着阿子了。其他的爸爸妈妈们都互相夸奖别人的孩子有毅力，男生是男子汉，女生是"花木兰"。

因为阿子个子最高最壮，被夸赞的次数最多，阿子的爸爸竟然难为情了，说阿子平时可没这样有勇气，路走多了就要大人背呢。其他家长七嘴八舌地说：

"不能背，严是爱，松是害。"

"爱孩子不能惯孩子，惯孩子就是害孩子。"

"孩子的成长就好像登山，路要靠他自己去登攀，谁也代替不了。"

大家你一言，我一语，阿子的爸爸却一言不发了。

一个多小时的埋头前行，大家终于到达了山顶，喜悦溢于言表。登顶的孩子中就有阿子，他自豪地说："老师，爬山真爽！我还跌了好几个跟头呢！你看，我手上好几道被小树枝划破的口子呢！"我开玩笑地问："要紧吗？能弯起来吗？""当然能啊！"刚回答完，意识到我在逗他，他羞赧地笑了。

又是一个周一，阿子的妈妈又来到学校，带着点神秘的笑，说："赵老师，太感谢你了！你的"曲线救国"策略还真成！爬山回来后，阿子的爸爸跟我聊了好多，说别的家长是怎么理性对待孩子的，又觉得自己以前太惯孩子了，把孩子惯得都没有阳刚之气。这两天，他改变了，阿子也变了。"

我想了想，说："不能高兴得太早，你要费费心，观念的改变是很难的。阿子的爸爸主要是这回受的触动比较大，所以改变大，过两天说不定又要舍不得了。阿子也是，毕竟他觉得以前自己一'嘘'就能得到满足，他就不想努力克制自己了。"

我又和他妈妈谈了好久，约定随时互相通气。"射将先射马，擒贼先擒王"，把"小嘘辣子"他爸爸改变了，"小嘘辣子"也就成功地变成"小勇士"了！

结　论

"射将先射马，擒贼先擒王"，世上万物皆有其因果。"小二子"身上的种种问题也都能找到源头：父母的溺爱，让阿子缺乏正常的行为约束能力，在与同学交往时不讲理，在面对困难时退缩，在对待挫折时气馁，过分地依赖父母，什么都任意为之。

在经过和家长交谈、学生的榜样示范和家长之间的互相影响这几个步骤之后，家长的观念渐渐改变了，孩子的教育土壤就发生了变化，于是，孩子这棵幼小的树苗也就朝着正确的方向生长了！这样，"小二子"也就算是"变形"成功了！

点 评

因为家长的过分照顾、格外呵护，孩子自理自立的能力较差，比较娇气和任性，这种情况在中小学生中十分常见。这个案例中的老师的高明之处在于，她看到问题的根源是家长，通过家长的改变来促成学生的改变。这位老师更高明的地方是，她没有直接指出家长教育方式的不当（直接指出家长教育方式的不当往往容易招致家长抗拒和不接受），而是通过家长之间的互动，让别的家长在随意轻松的聊天中指出问题所在，使得问题孩子的家长心平气和地接受别人的意见建议，反思自己的教育方式并迅速改变。

作者：李哲语（一年级二班）　指导教师：任晶晶　学校：黑龙江省大兴安岭林业育才小学

老师与爸爸的约定

江苏省南京市雨花台区实验小学善水湾分校　凌　浩

　　每个学生都有其特有的个性，由于生活环境、心智成长程度和前期的学习积累不同，所以在学习阶段所产生的个体差异一直是教师们关注的问题。如何在教学过程中解决这一个体差异是教学理念的重要研究方向。在平时的体育教学中，老师们用心关注每一个孩子。时间久了，我们会发现每个孩子都有他独特的一面。老师们怎样去引导最具有独特个性的孩子，让最具有独特个性的孩子也能够在体育课中得到锻炼、身体和心理健康得到全面发展，从而使体育课堂的课堂价值进一步提升，这是一个值得深思的问题。

案例背景

　　在体育教学中，老师们有时会遇到这样的尴尬，个别学生因为体育成绩不好，不爱上体育课，而且常常被班里的同学嘲笑。当大多数孩子沉浸在体育课的欢声笑语中时，他却格格不入；当很多孩子在体育课中得到锻炼，身体和心理健康得到发展的时候，他却快乐不起来。老师们常常会关注到大多数学生身心健康的发展，但往往会忽视个别孩子的外在表现。在我们班上就有这样一个孩子，这个孩子叫瑞瑞，他让我意识到学生的个体差异应区别对待。

案例描述

瑞瑞不爱运动，尤其不喜欢 50 米跑。有时他甚至想趁机躲在教室里而不去操场上体育课。虽然每次我都会鼓励他要积极地和同学们一起参加体育课的练习，但他对体育课的兴趣并没有提高。为此我也想了很多方法，但都没有很好的效果。

某个周一的早晨，孩子爸爸找到我说："瑞瑞说自己不喜欢体育课，尤其 50 米跑，他也不是跑 50 米的料。"为此瑞瑞爸爸想到了一个让儿子爱上体育课的方法。瑞瑞爸爸说："希望在这次的 50 米跑测试中，您能把瑞瑞和班级跑得最慢的孩子排在一组，并且将最后的成绩减 3 秒。"听完之后，我很支持瑞瑞爸爸的做法，便在第二天的测试上把跑得慢的孩子和瑞瑞安排在一起。瑞瑞跑小组第二名，9 秒 89，实际成绩是 12 秒 89。那一天，瑞瑞听到自己的成绩后特别开心，围着我问："凌老师，我们下次什么时候再跑 50 米啊？"从那以后，瑞瑞上体育课非常积极，50 米跑也进步了很多。

案例反思

瑞瑞爸爸的建议让我感到在平时的教学中，我对学生身心状况的了解有欠缺，且对待"特质"学生的针对性策略不多。瑞瑞对体育课的态度有了很大转变，他不再排斥体育课，对自己的体育成绩也变得自信，对体育课的积极性也得到了提高。这也说明了一个理论观点，事物之间总存在差异性，学生也是这样。教育工作既要考虑学生的共同特点，同时也应重视学生个体间的差异性，学生个体间差异是学生发展过程中客观存在的一种普遍现象。教师在对学生进行思想教育时，要注意对象的差异，做到有的放矢、区别对待。怎样才能真正关注到每一位学生，让课堂教学更高效呢？我做了以下几点思考。

突出学生的主体地位，实施有个体差异的教学方式

每一位学生都有着鲜明的个性，有的学生乐意参与，表现欲强；有的学生却个性内敛，含蓄羞涩；有的学生缺乏自信，胆怯自卑。为了让不同个性的学生都能在体育课的学习过程中积极参与，使学生的身体和心理健康同时发展，我提倡作为体育老师的我们也应该经常与家长沟通，使老师和家长对孩子的了解更全面、细致。案例中的孩子不仅仅是因为得不到老师的关注而对体育课不感兴趣，在体育课中找不到自信：由于 50 米跑成绩太差，对体育这门课产生排斥。这次老师与爸爸的约定，不仅激发了瑞瑞的体育学习热情，而且让瑞瑞在体育 50 米跑上产生了一种自信心，让瑞瑞更加主动地参加体育课的活动。

了解"特质"学生，关注"有特殊需求"学生的学习差异

班级里大部分孩子对体育课的积极性都很高，案例中的孩子属于"特质"学生。由于自身的学习差异性，瑞瑞在体育课的学习中长期找不到自信，从而产生对体育课的排斥心理。这样不仅不利于孩子的身体健康，长此以往心理健康也会受到影响。对待"有特殊需求"的学生，体育老师应多加关注，了解细致，找到他们的触动点，并采用合情合理的教学方法引导他们。

家长与教师的沟通

我们都知道，教育环境对孩子的教育是至关重要的。家庭是孩子重要的生活场所，学校是孩子重要的学习场所。所以，学校和家庭在培养孩子健康成长的过程中产生了非常亲密的关系。若没有良好的家庭教育环境，学校教育往往事倍功半。学校教育同时对家庭教育具有指导作用。我与瑞瑞爸爸的约定，让瑞瑞对体育课产生了兴趣，但这个效果不是长久的，培养孩子长期的兴趣还需要老师多加关注以及与学生家长的及时沟通。

教学技巧与策略有的放矢

教师的职业道德约束我们应该做什么，不该做什么。案例中，我与瑞瑞爸爸

的约定看似触犯了一定的规则，老师帮着家长"作弊"。但从另一个角度来看，这种方法是合情合理的，因为瑞瑞是一个"特殊"的孩子，他对自己的50米跑极度缺乏自信，从而产生对体育课的排斥。这不仅会让他的体育成绩越来越差，而且对他身心发展都有不良影响。他需要的是通过自己的真实成绩来证明自己一次，通过这一触动点让他产生较高的积极性。所以，老师应就不同的学情区别对待不同的学生，做到教学技巧与策略的有的放矢。

点评

　　给孩子创造有利的时机，让孩子拥有成功的经历和体会，这是培育孩子自信心，激发孩子学习积极性的最有效的方法和手段。当瑞瑞得知自己跑出小组第二名的好成绩后，特别开心。从那以后，他从"不喜欢体育课"变成了"上体育课非常积极"；从认为自己"不是跑50米的料"到"50米跑也进步了很多"。

　　这篇文章还有一个值得注意的地方就是老师的"作弊"，体育老师听取了瑞瑞爸爸的建议，把在50米跑测试中最慢的孩子和瑞瑞排在一组，并且将最后的成绩减3秒。瑞瑞实际成绩是12秒89，但老师报告9秒89。作弊的做法当然不是我们提倡的，作为老师，对于学生的判断应当基于客观公正。但是这位体育老师的做法是多么具有爱心，是十分人性的做法。

卷你来"共同体"

江苏省海安县实验小学　茆小梅

那个你

给小韬画个像：皮白，肉嫩，长腿，斜着眼；嘴快，手勤，头晃，跷着腿……成绩，说得过去；但那般"特立独行"，实在说不过去。谁都不放在眼里，轻则言语讽刺，重则拳脚施展。太多人眼里的"奇葩"，避之不及。

这样的学生绝不可能轻易地进入"共同体"。怎样将他卷入，怎样在同伴合作中提高他的"交往力"，这是我面临的一个难题。

合作学习以生生互动为特征，它的独特之处在于，将学生学习的差异视为一种可资利用的教学资源，通过学生间的人际交往活动，发挥该种资源的作用以提高课堂教学效率。佐藤学教授认为，合作学习的根本在于"提高低学力"，这毋庸置疑。但合作学习中提高孩子的"交往力"反倒是首要问题。

一起坐

也许是新鲜，也许是给面子，也许是心情好……好了，不做无谓的猜测了。那一节语文课，小韬没有跷腿，没有斜眼，桌上摆着语文书。你不看我，但，我看得出来，你和我们的思绪是在一起的。"小韬，来谈谈你的想法。"我看见你突然表现出极端的不自然与不适应。你无法理解，我这个老师，为什么会"招惹"你。

"小韬，请你来谈谈吧。"你依旧不搭理我，头钻到桌子底下去了。所有学生的眼光都投向我们，与其说投向我们，不如说投向我。他们明了，你不会站起来；他们很好奇，我会怎么做。

请你再想想，让另一名学生回答，或许以后我不可能再请你回答问题了；再喊你，逼你站起来，也无济于事，你也不是那能逼着做事的人啊。好吧，我陪你坐下。我坐在你的旁边，你本就一个人坐。你目瞪口呆，我开玩笑："正好站累了，坐会儿。"我请你悄悄将答案告诉我，近一米七的你，男子汉的你，脸红了。你悄悄告诉我，我轻轻转述给孩子们听。

第二天，我喊你，你不理。我坐下，你讲，我转述。第三天，我喊你，我刚弯下腰，还没坐下，你忽地站起来。你讲，我站。"没得凳子坐了，好累啊。"你乐了，一大帮孩子都乐了。你终于向往我们共同的生活地带——语文课堂了。

一起走

15 个共同体初建成，你是"独立队"。你去向何方？我问，你不答；我再问，"我一个人就行"。那不行，你不能阻碍我们的"共同体"改革。"随你选，你选哪个小组我都同意。"你摇头。好吧，我没辙了。

我得想辙。你，没有朋友。即使曾经有人靠近过你，但都被你打跑了，哭哭啼啼。所以，你不会因为谁，而想要和他一个组。你内心通透：或许没有一个组想吸纳你，等着被你骂、被你打。所以，你一定想，你不必自讨没趣。你选一个组，别人不欢迎，在你的世界观里，这就是耻辱。

第二天，我问："哪个组愿意邀请小韬加入？"安静，3 分钟后，依旧安静。"我们愿意。"是雪儿。"你愿意加入雪儿组吗？"你不摇头也不点头，算答应了。我很想知道那时那刻你的所想，可无从知晓。无妨，你愿意往"共同体"这扇门里张望，已足够。

一起学

你"无所事事"。同伴们纷纷明确了自己在组内所扮演的角色：主持人、记录员、报告员、教练员、检查员和观察员。组长请你优先选，你拒绝选择，你说你只愿坐着听。

可在那样一个契机里，你成就了一道风景。

你所在的组里，有这样一名女生。她的语文成绩不好，可以说是班级里最差的。阅读短文几乎全是叉，作文也只能写300字左右。但她是个多善良的孩子，自从你和她一个组，她总是坐在你旁边，想和你交流。相信，你也感觉到了她的善意。这次，她依旧挨着你坐。

这节课的话题是"谈礼貌"，活动一是证明论点的3个小故事有何不同之处。她一头雾水，就向同组的伙伴反反复复地询问："什么是证明论点啊？""哪3个小故事啊？""它们到底有何不同之处啊？""是故事的字数不同吗？"

看到她急不可耐的样子，你的嘴角露出一丝不易察觉的微笑。你是一个内心善良的孩子，你甚至有某种江湖义气（有孩子在文章里写过你慷慨解囊的英雄行为）。终于，她转向你，询问道："这3个故事有什么不同呢？我还是不明白。"你轻声回应道："有时间上的不同，从古到今。有人物上的不同，有普通人，有伟人。"

"我没能完全明白，我来记一记，稍微等我一下。"她这样对你说着，在书上写下了："时间：从古到今。人物：普通人、伟人。""帮我看看，这样对吗？"你"嗯"地点了头。"小丽，这个问题我懂了。我讲给你听啊。"她开心地向你们的另一个同伴汇报。

这是一个奇迹。你和她一起演绎了"合作学习"的精髓。你就这样悄然进入了"共同体"。

你给自己明确了任务：观察员，信心满满的样子。你来"共同体"就是最美的风景。

点 评

1. 互惠学习

"合作学习"可以称为"互惠学习"。小韬和同学相互学习的情景，令人动容。这种弱弱相帮就是互惠学习。

女生之所以那么想请教问题，是因为她期待小韬能听到她的话，帮上她的忙，小韬在组里就有事可干；小韬之所以轻声回答她，是因为他看出女生的好意，想回谢她。或许，还不仅仅是这样。也可能是小韬看出女生的语文水平实在是太差了，真心希望自己能帮帮她。这种彼此之间好意互换的"互惠关系"，造就了这两个人的"合作学习"。

2. 互帮互学

在小韬和女生互惠学习创造奇迹的同时，另外两个同伴的作用也是很重要的。他们的默默支持，才促成了"合作学习"。初看起来，小韬和女生是一对学习体，另外两名学生是各自学习。其实，在关键时刻，两个人则扮演了支持小韬和女生的角色。她在询问的时候，他们两个人安安静静地倾听，为支持该女生的学习提供了帮助。"好棒啊，你竟会做笔记了。"他们俩如此赞扬女生，也激励了小韬。他们的这种安安静静、倾听欣赏的举止，为这个奇迹的出现，搭建了舞台。这是一次以支持小韬和女生为中心的互帮互学的活动。

小学班级管理新理念分享

湖南省湘西土家族苗族自治州凤凰县箭道坪小学　李小利

教育是民族振兴、社会进步的基石，教育是人类传承文明和知识、培养年轻一代的根本途径。现今教育的主要实施者是学校，学校的教育工作又由若干个小单位完成，班集体就是组成学校的单位，班集体管理的效果直接影响教学的效果，也决定了学校管理的效果，决定了学校办学的水平。班集体管理的重任压在班主任老师的肩上，一个班级建设得怎么样，由班主任的管理理念决定，所以班主任对班级的管理工作显得尤为重要。在全面推行素质教育的今天，班主任工作必须树立新的管理理念，为造就新时代的高素质人才而努力。

我结合工作实际，总结了以下几条班级管理新理念。

有爱的管理理念

我认为班主任首先要有一颗热爱教育事业的赤诚之心。爱是做好一切工作的前提，特别是对于小学班主任来说。

班主任的爱，其一就是要热爱教育事业，热爱班主任这份工作；要深知自己肩上的责任重大，工作要兢兢业业，对教育事业热爱赤诚。其二就是要热爱学生，爱生如子，不仅要关心学生的学习，还要关心学生的心理健康、生活状况等。

积极向上的理念

"积极的人像太阳，照到哪里哪里亮"，班级里我提倡学生都要拥有一种积极、乐观、向上的心态。在班级管理中，我对学生的一个最基本的要求是以积极、乐观的态度去做好每一件事情，哪怕是一件看起来不起眼的小事。同时做每一件事情都要和班集体联系起来，从而培养时时处处都能从集体出发的集体理念，使学生意识到我们每个人都是组成集体的重要元素，个人的一言一行会对集体产生一定的影响，从而培养他的团队意识和合作精神。

换位思考的理念

在如今信息发达的社会环境下，孩子受各种社会因素的影响，管理越来越难，出现的问题越来越多。在工作中，我常常换位思考，把自己放在学生的立场上考虑一些问题，设身处地地从学生的角度去看待、理解和处理事情，体会学生的所思所想，真正走进学生的真实心理世界。我及时与学生沟通，把握住分析和解决问题的黄金时间。

班上有个叫小波的男孩，他聪明、机灵，但爸妈忙于家庭宾馆的生意，没有时间管他，有好长一段时间他迷恋上了玩卡牌。一开始我想，毕竟都是孩子，哪有孩子小时候不玩玩具的呢？只要他不玩危险性的游戏，完成学习任务就好。我也就没太管这事，只是随时注意观察他的动向。后来我发现，他课间从来不在教室里休息，一下课人影都见不着，不知道跑到教学楼的哪个角落玩卡牌去了；甚至有时候，他连中饭都顾不上吃，一下课就埋在塑料卡牌里；更过分的是，他开始上课时不听课，在课桌上玩，一节课下来什么也没听进去，做练习时没有几道题会做。于是，我就"下令"没收他书包里所有的卡牌。他很伤心，怎么也不愿意交出卡牌，满脸的泪水，表情倔强地和我僵持着。面对此种情形我开始思考：怎么做才能让他心甘情愿地把东西交给我？我换位思考：小波同学那么迷恋玩这个，他手中成沓的牌卡正是他的战利品，而交出牌卡后老师一般是不会还给他的，那不是可惜了吗？想到这里，如果我是他，我肯定也不舍得就这样交出去。

于是我换了一种方式和他沟通。我亲和地跟他说："小波，你玩卡牌游戏是高手，但是据老师这段时间的观察，你玩得有点过分了，老师决定在这次期末考试之前帮你保管好你的卡牌，好让你静心学习，像玩牌卡那样认真学习，取得优秀的成绩。期末考试考完，我就立马把卡牌一张不少地还给你，好吗？老师保证不弄丢一张。"听到我这样说，他才勉强把东西给我。之后的一段日子里，他认真听讲，认真完成作业，期末考试数学拿到了98分，我也遵守诺言，把卡牌一张不少地还给了他。留给我印象最深的画面是放学时他背着一大包卡牌，一脸高兴地走向校门口。从那以后，他对数学科目的学习产生了极大的兴趣，成为班上数学学习积极性高的孩子，同时也进步成为数学优等生。

在处理这个事件时，我能站在小波同学的立场上，换位思考，为对方多考虑，把握住了分析问题、处理问题的黄金时间，从而理想地及时地解决了问题，并收获了孩子给予我的意外惊喜。

建立新型师生关系的理念

传统的师生关系是命令和服从的关系，老师总是高高在上，总是具有一定的权威，学生必须言听计从、唯命是从。在现今教育信息化进程迅速发展，网络、计算机、资源库等信息化的组成要素迅速浸透到了学校的教育中，使教学理念等都发生了很大的变化。

苏东坡有首《琴诗》："若言琴上有琴声，放在匣中何不鸣？若言声在指头上，何不于君指上听？"这首诗是说，弹琴，既要有琴，还要有弹琴的手指，两者巧妙地统一起来，才有优美动听的琴声。任何一件事都有几个因素相辅相成，没有琴不行，没有手也听不到琴声，师生关系也是如此。师生交往是教育过程中最重要、最基本的人际交往，师生之间的关系与交往状态如何，在一定程度上左右教与学的双边关系，影响教育教学质量。教学过程也是一样，只有建立一种新型的、健康的师生关系，师生融洽，密切配合，才能弹奏出优美的教育乐章。

新理念下的师生关系应是在交往中建立和谐的、民主的、平等的师生关系，让学生体验到平等、民主、尊重、信任、友善、理解、宽容、亲情与关爱，形成积极的、丰富的人生态度与情感体验。

记得我刚接任四年级一个班的数学老师时，班上有个女孩子叫秋秋，她的性格大大咧咧，学习态度非常不端正，做事情粗枝大叶，更严重的是她在班上带头违反纪律，甚至和老师作对，说她是同学中的"大姐大"也一点儿都不过分。有一次在我的数学课上，她态度不好，在我讲课的时候大声喧哗，故意捣乱，和老师唱反调。由于情节比较严重，我给了她一顿非常严厉的批评，说得她低头认错。这次批评让她知道，我这个新上任的数学老师也是有点办法的，树立了我在她面前的威信。不过，我担心单纯严厉的批评对她的作用不长久，过了一段时间后，我找到了我们俩单独谈话的机会。我和她聊了上次她违反纪律的事，说明我为什么要那样批评她，教给她如何纠正自己的错误，如何注意这方面的细节，并且提出，只要她坚持按照老师说的去做，端正学习态度，学习科学的学习方法，努力用心地去做每一件事情，就一定会有收获。在这次谈话的过程中，秋秋不仅受到了教育，也对我有了进一步的了解，和我建立了更进一步的师生关系。之后，我在严格要求她的同时，经常关心她的学习和生活，课上我们是师生关系，课下我们是朋友关系。在这种和谐的师生关系下，她的学习态度改进了很多，进入五年级后的她还被选为少先队大队委干部，她在大队部的工作中找到了更多的自信，感受到被人认可的喜悦，尝到成功的滋味。我相信她以后会取得更大进步。

班主任工作是一门课程，是一门艺术，它需要一颗热情而真挚的心，需要自身的专业素质，需要过硬的专业知识和管理技巧，需要与时俱进地学习，需要班主任老师具有新时代的管理理念……以上是我的管理理念，这些想法引领我这些年一路前行。回顾我的班主任之路，虽然我每天都在繁忙中平凡地度过，但走过的每一段路上，都留下了我踏实的、清晰的足迹，都折射出我奋斗的生命的价值，我感谢班主任经历，它让我成熟，让我在辛勤的耕耘中收获了人生的精彩。

点 评

　　传统的师生关系是"师道尊严""尊师重道"。而新时代的新型师生关系是民主和谐的师生关系，具体表现在：师生人格平等，教师理解学生，一视同仁地与学生交往，善于倾听不同的意见。尊师爱生，就是教师热爱学生，公平地对待每一个学生，关心爱护学生；同时学生尊敬教师，尊重教师的劳动和人格尊严，对教师有礼貌，愿意协助教师工作，虚心接受教师的指导。教学相长，则为师生双方在教学过程中相互交流、相互启发，达到共识、共享、共进。心理相容，即教师和学生在心理上是协调一致的，师生关系亲密，情感融洽、平等合作。本文分四个层次，前三个层次均为前提条件——爱、积极向上、换位思考，均指向第四个层次——构建和谐的、民主的、平等的、良好的新型师生关系。

作者：侯星宇（一年级 342 班）　指导教师：王国珍　学校：山西省晋中市榆次区寿安里小学

种子"变奏曲"

——我的班级管理范式

湖南省湘西土家族苗族自治州凤凰县箭道坪小学　侯利华

老班主任的新烦恼

从 1995 年参加工作起，我就一直当班主任。我很喜欢学生，完成教学任务后也常常和孩子们在一起，并且想出各种办法管理班级事务。看着孩子们一天天成长起来，我心里就特别开心。一晃很多年过去了，我的班主任工作经验越来越多，处理起问题来得心应手。我以为，班主任工作可以一直这样轻轻松松地开展下去，直到发生了一件意想不到的事。

那天早上，我来到教室，发现几个男同学并没有像往常一样认真地朗读课文，而是几个脑袋凑到一起，嬉笑不停，原来他们在玩纸牌。我觉得这是一件小事，叮嘱了几句就算了。没想到，这种现象愈演愈烈，竟蔓延了小半个班级。男同学经常聚在一起玩纸牌，有些女同学也加入了纸牌游戏，还有的一下课就躲到隐蔽处去玩纸牌，打了上课铃才满头大汗地跑回来。"不准玩纸牌！"我的话如同泡沫一般毫无力量，小组评比、同桌监督、没收纸牌等方法都没有多大效果，更让我担心的是学生的学习、卫生等方面都受到了影响，师生关系也变得紧张起来，这样下去可怎么得了？我陷入了苦闷之中……

反思和诊断

为什么会出现这种失控的情况？为什么我的经验都派不上用场？为什么我眼中乖巧的学生会丢掉荣誉？为什么……无数个问号在我脑中打转，以往班级管理的画面也不断地在脑海里打转，优秀班主任的经验之谈更是像海浪一样不停地翻腾、涌动着。

就在我焦灼万分的时候，理智提醒我心急解决不了问题。于是我静下心，做起了问题分析。我把所有问题都罗列出来，和自己辩论，再挑出最关键、最核心的问题。我发现：第一个问题"学生喜欢玩纸牌"，是因为我不够了解他们，学生有玩的需求，就算不玩纸牌，其他的东西也会引发这样的事件；第二个问题"学生不要荣誉"，其实并不是他们真的不要荣誉，只是短期的小目标并不能激发他们内心的动力，久而久之就会失去吸引力；第三个问题"学生难管教"，这种情况是最近出现的，以前并不是这样，说明学生出现了变化，我的管理方法却还是一成不变，旧的方法已经不适应现在的学生了。这三个重要问题中，最关键的是第三个。既然问题出在自己身上，那我就要下定决心改变。

我认真分析自己的班主任工作，找到以下几个亟待解决的问题：第一，工作碎片化，出现问题才去处理，经常是"东一榔头西一棒子"，看起来做了很多事，实际上却没有整体性；第二，管理出现断层，每个管理小目标之间没有任何联系，这导致学生对众多的目标感到茫然，无所适从；第三，主观意愿明显，经常性地从自己的角度出发，把想法强加在学生身上，不考虑他们的切实需求和感受。

管理策略新鲜出炉

小学生是一个个鲜活的生命个体，活泼可爱，具有独特的性格特点，"世界上没有两片完全相同的叶子"是对他们最好的描述。学校不是要把学生培养成一模一样的人，而是让他们在良好的教育下幸福地成长，长成自己最喜欢的模样，做最好的自己。小学生的成长记录应该是可见的、直观的，能够让他们清晰地看见自己一步步成长起来的轨迹，这样才能激发他们内在的动力。班级是学生在学校里的一个小家，是培育学生的沃土，班主任要形成自己的班级管理范式，系统化地管理班级，帮助学生健康成长。因此，结合本班学生情况和自身特点，我构想了新型班级管理范式——种子"变奏曲"，这是一种线性管理体系，虽然简单，却具有极大的张力，能够顾及学生丰富的个性。

种子"变奏曲"的教育主旨是：种下一个善念，收获一种良知；种下一种良知，收获一种道德；种下一种道德，收获一种习惯；种下一种习惯，收获一种性格；种下一种性格，收获一种人生。学生最初种下的是一个优点，而他将收获更多的优点。

我将从成长阶段、阶段目标、评价方式三个方面介绍种子"变奏曲"的管理体系。

成长阶段

种子"变奏曲"分为六个成长阶段，分别是：种子、幼芽、苗儿、蓓蕾、花朵、果实。每个成长阶段又可以分为两个小阶段，分别是：小种子、大种子；小芽儿、大芽儿；小苗儿、大苗儿；小蓓蕾、大蓓蕾；小花朵、大花朵；小果实、大果实。整个成长阶段连起来就是一颗种子从播种到开花结果的生长过程。每一颗种子代表着一个学生，学生的现实表现决定种子的生长速度。种子"变奏曲"的六个成长阶段可用于从一年级带到六年级的班级管理，也可以用新接手的任何一个年级的班级管理，灵活性很强。

阶段目标

每个成长阶段都有特定的阶段目标，由习惯、学业、特长三个方面的内容组成。习惯用"阳光"表示，学业用"雨露"表示，特长用"能量"表示。

我把《小学生行为规范》《小学生礼仪》等内容划分成不同等级，设定为阶段目标中的习惯标准，养成相对应的良好习惯就能得到阳光标志；认真完成规定的学业任务就能得到雨露标志；参加班级组建的小社团（班级内组建书法、美术、音乐、棋类、运动等各种活动小组，每周安排一到两次活动）并有一定提高就可以得到能量标志。三个标志都集齐了，就能进入下一个成长阶段。

评价方式

人手一本评价手册，采用"点亮一颗星"的形式，由学习伙伴来记录学生每天的表现。每个周五放学后，班级进行一周小结，由小组长负责，获得五颗金星的换一个太阳标志，获得五颗银星的换一个雨露标志，获得一或二颗红星的换一个能量标志。每个月由班干部统计一次，集齐标志的学生可以获得加速成长的能量标志（推荐为学校评选的优秀学生）。每个学期由老师宣布成长结果。

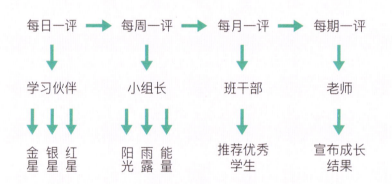

效果与思考

种子"变奏曲"班级管理方法实施后，学生有了很大的转变。

学生非常期待种子的成长，在学习中暂时落后的人也开始努力起来，他们一次又一次地赶上同学们，让自己的种子和别人的一样茁壮成长。那些爱玩纸牌的学生参加自己喜欢的小社团后，学会了许多本领，在活动中表现突出。班级的黑板报由美术社团的学生完成，教室的墙壁由书法社团的学生装扮一新，教室的宣传栏由手工社团的学生一手打造，运动社团在校运会上取得骄人的成绩。我们班每个月都被评为学校"最佳文明班级""静文化优秀班级"。

时代在飞速地发展，学生也在不断地变化，作为信息时代的公民，他们身上还有许多的时代特点在不断地凸显出来。我的班级管理必须不断地调整、升级、进阶，才能跟上时代的脚步。

点评

长期以来，人们把教师比作人类灵魂的工程师。其实教师不应该做学生灵魂的设计者，而应该做学生灵魂的铸造者、净化者。教师要成为学生心智的激励唤醒者而不是灵魂的预设者，要成为学生的精神教练。

"种子→幼芽→苗儿→蓓蕾→花朵→果实"，种子"变奏曲"中学生们呈现出生机盎然的成长，工作由碎片化走向序列化、系统化、规范化，由班主任老师个人主观意愿走向尊重学生个性。

教师不仅仅是指导者，而且是学生学习的促进者；从"牵着学生走"变成"推着学生走"；用鞭策、激励、赏识等手段促进学生主动发展；从由外部约束式的"给学生压力"到变成了调动学生内在积极性的"给学生动力"。

建平台，促家校融合

广东省中山市三乡镇光后中心小学　龙朝晖

在新形势下，如何让家校合作工作定位更高、操作更易、成效更好？广大教育工作者都在努力寻找新途径。根据社会发展的需求和家长素质及其家庭教育的现状，在以往依托家长委员会开展家校工作的基础上，我们进行了研究、论证，高起点规划与建设了"学校家长发展中心"，以中心为平台，努力促进亲子共进，以期家校教育能更高质量地发展。下面我从背景缘起、理念与思考、具体做法、价值评估几个方面给大家汇报。

背景缘起分析

长期以来家校合作理念陈旧、家校合作形式单一、效率低下

以往我们家校合作的方式都是以学校、年级、班级三级家长委员会的形式建立。大部分的家长委员会的功能是参与和支持学校教育。班级家长委员会更多的是协助班级和班主任处理一些家长工作的事务。这种方式，让学校与家庭的主宾关系很明显，学校和老师是"主人"，家长是"宾客"。所以，家长们在百忙之中抽时间来学校开家长会，都要得到学校负责人和班主任们的衷心感谢。这种角色定位，让家长们始终觉得在教育孩子的问题上，学校是主体地位，家庭是从属地位，从而家校合作成了两张皮。"5+2等于0"的教育现象就是在这种合作背景下产生的。所以，普遍来说，与学校教育相对比，家庭教育的前瞻性、规范性、实

效性，还有非常大的进步空间。家庭教育成了未来儿童核心素养落地生根的一个重要领域。

不重视家庭，家庭教育乏力，家风建设缺位现象比较普遍

由于历史原因，以往的家风建设被看作是封建文化，很少得到家庭的重视，比如，传统家训的传承就是其中一例。家风建设几乎为零。

现代家庭，父母年轻，家庭负担大。多数家庭为生计奔波，家庭教育多数限于作业督促与辅导。有的家庭有相对的"闲人"，但又缺乏家庭教育的能力，也叫"爱"无能。

因此，把家庭经营成全体家人的精神家园，很多家庭离这个目标遥远。在家教方面，部分家长花钱送孩子去补习社，让孩子在补习社长大的现象很普遍。许多家庭不注重家风建设，由于社会信仰与正确价值观缺失导致良好的家风形成没有蔚然成风。

家长发展纳入学校关于人的发展的整体体系，是社会的需求与时代的选择

不论时代发生多大的变化，不论生活格局发生多大的变化，我们都要重视家庭建设。家风好，就能家道兴盛、和顺美满，家风差难免殃及子孙。因此，把学生、教师、家长发展全纳入教育体系，是教育改革的新路径，也是教育效益倍增的不二法门，这是社会的需求与时代的选择！

理念与思考上的突破

提高教育质量，是全面建成小康社会的重要基础和关键指标

国家"十三五"规划指出，我们国家到2020年，将全面建成小康社会，这是我党的第一个100年目标，不能落下一个地区、一个民族、一个家庭，一个不能少，一个不能丢，小康路上一个都不能掉队。提高教育质量，让每个国民在家

门口享受优质教育，是全面建成小康社会的重要基础和关键标志。而家庭教育水平提升、家长家庭教育素养发展，又是优质教育的重要组成部分，而且起了很关键的作用。

"无陪伴，不教育"，亲子陪伴成长是法律对公民的一个基本要求

我国《教育法》《未成年保护法》以及国务院关于家庭教育的相关政策，都要求家庭承担起未成年子女成长的监护义务以及孩子的教育责任。在未成年人义务教育阶段，家长走进孩子心灵，陪伴孩子成长，是法律对公民的基本要求。在社会经济发展迟缓、物资贫乏的年代，很多家庭为生计而奔波，忽略了子女的陪伴与优质成长。在全面建成小康社会的今天，家长们把子女的陪伴和教育作为家庭精神生活的一个重要和关键部分，应该成为水到渠成、自然发生的事情。

家校教育融合发展，是家校合作的新模式

家校合作两张皮，互不相融，或者融合程度很低，是教育质量难提升、儿童核心素养不能落地的一个重要原因。如果家校教育融合发展，形成合力，儿童核心素养的发展就会减少壁垒和障碍，消除对立与损耗，从而建设一个家校一体化打造的广阔天地。

具体做法与实施方案

宗旨：两个"基于"统领，三个"服务"保障

建设光后中心小学家长发展中心，是基于儿童全面发展，基于教育质量提升的需要，旨在在全体家长中引领注重家庭、注重家教、注重家风的社会风尚。家长发展中心的宗旨是：服务家庭教育生活的建设，服务家长素养的提升，服务孩子健康成长。

做法：铸就七大发展平台，勾画亲子共进蓝图

光后中心小学家长发展中心从以下七个方面组织活动。

专家大课堂。根据家庭教育的需要，分层次，分项目设置课程。大部分课程由本校教师开发，校外专家课程是课程的弥补与丰富。

青春小教室。这是专门针对青春期儿童教育的家长课程。根据青春期性别、个性表现归类，由心理学专家、青春期教育专家开设课程，通过案例教学辅导家长。同时，学校也开设青春期亲子课程，采取情境教育的方式，让亲子互动，在体验中增进亲子感情，融洽亲子关系。

智慧父母讲坛。专门为有优秀家庭教育经验的家长开设论坛，以家长影响家长，家庭带动家庭的方式，全面提升家庭教育水平。

亲子共进社团。家长发展中心根据亲子学习的兴趣和特点建设若干个社团：亲子主题游学社，亲子才艺共习社（舞蹈、书法、声乐），亲子名著共读社，亲子科学共研社，亲子诗文诵读社，亲子英语交流社等，亲子语言艺术社，亲子法律学习社，亲子环境保护社等。每个亲子社团设领队1对，副领队若干对，成员自主报名，学校根据报名人数统筹协调和安排。

义工家长联盟。学校已经有安保义工、环境保护义工、悦读义工。每一类义工都有一个联盟组织。义工家长联盟，是提升家长道德境界，树立优秀家长榜样，传递社会正能量的一个有效平台。

家庭素养展示大擂台。每年举行一次"家庭素养擂台赛"，在全体家长中遴选、推出、展示家庭和谐、亲子进步、家庭素养提升的典型。

学友互助好学友联盟。学友互助，走出校门，走进社区。我们鼓励同一社区的同学，相互帮助，做好学友、好邻居。根据孩子的优势特长，采用结对子的方式，相互学习。

实施步骤：分层次选择参与，逐步落实，追求实效

家长如何参与发展中心的项目呢？公共课程全员参与，个性课程部分参与，亲子共进课程选择参与。好家长、好学友项目择优参与。理念引领、榜样示范、逐项落实，逐年完成。最终达到每一个孩子都有幸福、快乐的陪伴，每个家庭都有幸福完整的亲子生活的目标。

建设家长发展中心的价值评估

我们认为学校成立家长发展中心，是当今时代应运而生的产物。它有以下三大价值。

第一，家校合作理念上的突破，家长走进校园、走进教育，把教育当作追求幸福生活的重要内容，改变了"教育是学校的事情，家长只负责孩子的生活"的历史。

第二，家长发展行为上的创新，学校从单纯教学的场所，变为了引领社会风尚、提升家长境界的坚实堡垒。家长的再学习有了一个可行、有效的平台。七个方面的举措，打破了家庭与学校之间的"屏障"，孩子和家长一起浸润在幸福的教育生活之中。跟以往家校合作方式相比，家长发展中心建设，形式上以活动为主，情感上以亲情为纽带，方法上以"优秀"为动力，融家校教育于无形。

第三，家校融合发展、亲子共进的局面逐步形成。教育质量效益倍增的目标有望实现。

点评

"家庭"这两个字在中国人心目中是至高无上的，这是中华民族几千年来的精神传承和文化沉积。家庭塑造人的力量，远大于人们的想象。一个人的品行、心理、社会适应等方面的状况深受家庭教育的影响。来到学校，加入集体生活的学生，虽骤然间扩大了发展空间，但所学变成所知、所能，仍需家庭、学校联手创造条件促进其迁移、实践，真正获得成长。总之，为了学生的身心健康，学校教育与家庭教育必须互为依托、深度融合。本文作者所在学校精心策划筹建了"学校家长发展中心"，并以中心为平台，开展了大量工作，有延续有创新，值得借鉴。

第一，研究以往依托家长委员会开展家校工作的状况及效果，寻找进步空间，谋求家校合作理念上突破、行为上创新、亲子共进局面的逐步形成。

第二，确定两个"基于"统领、三个"服务"保障的宗旨，丰富活动形式。从七个方面组织的活动，带动家长参与的积极性，并致力于满足家庭教育的个性化需求。

让我们一起感受家的温暖

新疆维吾尔自治区新疆生产建设兵团农四师六十三团中学　陈　玲

教师的责任就是教书育人，不仅要教授学生知识，更重要的是要教会学生如何做人。新生入校，让他们感受到家的温暖以更好地学习是我们的责任。

从教多年，我带过形形色色的班级，但有个班级让我印象深刻，这个班级里人数不多，但生源类型较多，留守儿童、单亲家庭儿童等有特殊需求的学生占比较大。为使每个孩子都能健康快乐地成长，作为班主任的我做了些尝试。

培养留守儿童的健康心理

学校是留守儿童的第二个家，老师就是为他们全权负责的"父母"。班上有一个叫小明的留守男生，一年级下学期时父母外出打工将他带在身边，一学期后，他回来上二年级，与爷爷奶奶一起生活，父母则留在了打工处。由于缺少关爱，小明行为习惯较差，学习成绩也不容乐观。我了解到他的情况后，主动去他家里家访，并给他买了一些学习用品；了解他生活中存在的实际困难，与他爷爷奶奶及时沟通；每周让孩子跟爸爸妈妈视频聊天一次，增进彼此间的感情；发现他的歌唱得不错，及时提出表扬；有时也发现他有说脏话的行为，引导他思考如果妈妈知道他的这一行为会怎么想，帮助他意识到虽然妈妈不在身边，可还有像妈妈一样的老师时时关心着他；当然平时为他进行学科辅导是家常便饭。渐渐地，他的性格变得活泼开朗了，学习成绩也有了提高。

　　班级中还有一个女生叫小青，她妈妈平时在外地打工，她和爸爸、奶奶一起生活。在家访的过程中，看到老师带着礼物牺牲周末时间来看自己，她流下了幸福的眼泪，并表示今后一定要好好学习。一天，我发现她不太高兴，仔细一看，发现她没梳头发，我就热情地帮她把头发梳好，给她些安慰，看到她不再嘟着小嘴、开心的样子，仿佛是自己家的孩子又回到身边，感到十分美好与欣慰。

帮助单亲孩子养成良好行为习惯

　　这个班中单亲家庭孩子偏多，还有再婚家庭的孩子。小孙是我们班比较孤僻的一个孩子，有时还会自言自语。在开学初，他各方面的表现还算是安分守己，可是时间一长，问题就暴露出来了：作业拖沓，甚至有时都不写作业。但是，根据平时作业情况以及上课表现，我发现小孙还是有优点的。面对这样的学生，我决定用爱引导他。我了解到小孙不做作业的原因是缺少了父母的关爱，如果连他敬爱的老师也不关心他，我想他会越来越差。为了让小孙发现身边除了父母的关爱，还有老师和同学的关爱，我在班级里开展了关于学生之间团结互助的主题班会，让他通过这次活动体会到同学之间的友爱。在学习上，我让学习委员帮助小孙，告诉小孙有什么不懂的可以问同学或者直接来问老师，希望他能够提高做题的正确率以及做题的速度。而在生活上我也处处关心小孙，让他得到些许的温暖。慢慢地，小孙变得开朗活泼起来，作业也能按时上交。

　　来自单亲家庭的学生渴望被尊重、被关爱，他们渴望和正常孩子一样能健康快乐地成长，我也努力地做好他们的工作。

帮助外来务工子女树立远大的目标

　　我所带班级中有5名外来务工人员子女，三男两女，这几个学生反应都比较快，就是贪玩，玩着玩着就忘了时间、忘了作业，常常不能自觉地进行课前预习和课后复习。这几个学生生活习惯较差，常常不洗脸、不梳头就来上课。遇到这样的情况，我会亲切地询问他们是否吃早饭了，还帮他们梳头，拉近师生间的情感距离；询问到底是什么制约了他们学习习惯的养成，孩子们告诉我主要是因为没有家长的督促。家长根本没时间管孩子，而孩子需要有人督促。了解情况后，我和家长沟通，要求他们每天都陪伴孩子预习、复习，检查作业的完成情况。久而久之，孩子们进步很大，一次次取得好成绩，他们笑得很开心，我也很欣慰。

帮助少数民族学生一起进步

在少数民族学生的学习上，我从说普通话入手，以身作则，起到示范带头作用。我与他们用普通话谈话交流，使他们明白学习普通话的重要性，鼓励他们从小说普通话，热爱祖国，热爱中国共产党，鼓励他们从小树立学好祖国语言文字的信心。但说起来容易做起来难，刚刚入学的少数民族孩子不能像汉族孩子那样正确朗读、正确书写，他们写不了自己的名字，上台介绍自己的时候也只是站在讲台上笑笑，好一点的能说出自己的姓名和年龄。怎么办呢？我只能俯下身来，每天陪伴他们，手把手地教他们写自己的姓名。12名少数民族学生中有9名学生学习比较困难，我就天天陪着他们，从基本的笔画开始，教他们认真书写。经过近两个月的时间，他们终于能正确书写自己的姓名了，小脸上也露出了开心的笑容。我还组织了同伴互助活动。对于少数民族孩子的学习，教师要放慢脚步，要相信他们。通过努力，他们会感受到进步的快乐。

另外，我鼓励少数民族学生积极参加各项活动，让他们感受到班集体这个家的温暖。为使每个学生都能感受到家的温暖，我要求各项活动都必须全员参与，秋季运动会、拔河比赛、"民族一家亲"讲故事比赛、诵读《三字经》、课本剧表演等，班级里每一个同学都参与到每一个活动之中，都获得了快乐。我还关心每个孩子的家庭生活。我深入这些少数民族孩子的家庭，了解他们的家庭成员及文化程度、家庭收入以及家庭的实际困难，同时对他们进行了讲普通话、用普通话的宣传教育工作。我在家访中带着礼物和祝福，送去了关爱，送去了温暖。

爱，亘古不变；爱，刻骨铭心；爱，温暖人心。很多成绩暂时落后的学生背后都有一个不为人知的故事，这就需要我们用心去关爱他们，去和他们沟通。从细节入手，时刻把学生放在心上，就能形成一个健康向上、团结奋进、良性循环的班集体。没有人愿意成为学习不好的学生，班级应该永远是一个充满爱的集体，让每一个学生都能体验到家的温暖。让我们一起来关爱我们的学生吧！

点 评

每个孩子都与众不同，都是一个独特的生命个体。在具体的班级管理中，班主任不一定时时事事都能照顾到每一个孩子，但是至少应该考虑每个孩子的基本情况。陈老师把班上的孩子划分为留守儿童、单亲家庭儿童、外来务工人员子女、少数民族学生四大类，而这四类之间其实又有交叉。老师对每一类孩子的教育侧重点有所不同。根据不同类别学生的特点，相信老师会在观察和探究中不断积累经验，不断加强针对性的辅导。而对不同类型学生的帮助中又有共同之处，那就是教师之爱，尊重学生的个性，塑造学生的人格。

一个人的名字很重要

黑龙江省哈尔滨市泰山小学 王 磊

　　当前实施的素质教育所强调的个性教育，旨在实现每名学生的发展与成功。我在工作中体会到，班里有多少名学生，班主任就要有多少把开启心灵的钥匙。

　　在我带的班级中，有一个叫小D的男生。他家境富裕，人长得高高壮壮的，有着北方人特有的豪迈。但他的父母整天忙于自己的生意，忽视了对他的教育与照顾。

　　一天，班里的大队委员来我办公室报案了："王老师，我交午餐费的300块钱不见了。"平时镇静的大队委有点慌乱和委屈。

　　我站起身，抱了抱孩子，给了他一个镇定的眼神，并很肯定地说："不要担心，我相信钱在我们班就丢不了。"

　　我向大队委员仔细了解了情况后，初步判断外面的人进来拿钱的可能性几乎没有，那么钱一定是自己班的学生拿的。我的心沉了一下，但马上提醒自己要保持冷静，尽快想办法"破案"。我意识到，对这样的行为如不及时阻止和矫正，一旦使某名学生养成了习惯，甚至产生了获取利益的侥幸心理后，很可能就会影响和毁掉学生的一生。我决心抓住这一次看似偶然的事件，使这名学生接受教训，使全班学生受到教育。同时，我也反复地提醒自己，不能把丢钱的事情轻易下结论为"偷"，从教师的嘴里，不能明确地说出这个"偷"字。因为，10岁左右的学生，天真而幼稚，他们的很多认识处在"朦胧"之中，可能意识不到拿同学钱的严重性，一个"偷"字往往会给学生带来莫大的伤害。这个年龄段学生的品德正处在形成期，动荡性较大，可塑性较强。作为教师，我更不想因此在学生的心里留下阴影。一个找钱的计划在我的心里慢慢形成。

课间时，我来到班里，略带痛惜又不失镇定地说："大队委员的钱找不着了，现在他很着急，王老师也很着急。大家能不能帮忙找找看，是不是丢在你们那儿了？"学生们都开始翻课桌、书包，这时，我开始暗暗观察每一名学生的表情。我的眼神扫过小D，他有些手忙脚乱，匆忙中瞥了我一眼又迅速低下了头。学生们检查完自己的书包，没有任何结果。

于是，我又一次不动声色地说："王老师相信这钱肯定不是被咱们班同学拿走了，在我们班绝不会有这样的事情发生。这钱也可能是掉到教室外面的什么地方了，大家再仔细找一遍，然后我们到教室周围去找。"我说得很慢、声音柔和却语调低沉。听我这样说，班里几个胆小的学生感觉到了一些压力，脸蛋开始微微发红，担心会出什么纰漏，仿佛那些钱会飞到自己的书包里。一场"拉锯战"开始了，班里的空气有些凝重和紧张。在大家找的时候，我又开始留意哪几名学生比较有可能。凭经验我估计暂时不会有什么结果，但从学生们害怕、紧张、坦然以及无所谓的各种神色中，我大致锁定了范围。

第三个回合开始了，我决定再给可能拿钱的学生一点压力。待学生们坐定后，我走上讲台大声说："大家再仔细找找，找不着钱，我们就不放学，咱们班不允许这样的事情发生，如果发生了就一定要弄个明白。"我的话有些严厉，眼光也变得犀利起来。

我停顿了一下继续说："现在可以自愿站出几名同学，到柜子以及书架等小地方再找找，如果哪名同学找到了，我们给他鼓励。"在给压力的同时，我也给犯错误的孩子留下了思考和改正的机会，这样才有利于事情的解决。这时，班里几个深得同学们信任的学生纷纷举手报名，小D也举手了。我有意多点了几名同学，其中包括小D，吩咐他们四处去找。

这一次，果然不出所料，一会儿的工夫钱就被找到了，是小D找到的。小D把钱交到我的手中，他的神色并没有多大变化，基本是平静的。我遵守事先的许诺，对同学们说："孩子们，小D这回可是立了大功了，帮我们班找回了不见的钱，大家给他掌声鼓励一下。""哗"的一下，学生们的掌声响了起来。掌声中，我看到小D脸上显出似乎是幸福的笑容。

我心里升起一种苦涩的感觉。我断定，钱是小 D 拿走的，但这个孩子竟有如此本事，表现得如此镇静，说明让他认识和改正错误是有一定难度的。但他乐于面对同学们的掌声，又说明他心中明白什么事是错的、什么事是对的，并渴望得到同学们的肯定，还说明他具有改正错误的基础和条件。钱是找到了，但教育并没有结束，我要找到教育孩子的切入点。

放学后，我悄悄把小 D 叫到一边，意味深长地说："小 D，你知道吗？小偷、罪犯之所以犯错，最后走向监狱，就是因为第一次的时候没有得到制止和矫正，有了第一次，就有了第二次、第三次。"说这些话的时候，我有意不去看他，为的是保护他敏感的心灵和尊严。他低头不语，沉默了一会儿，我柔声说："小 D，你怎么看今天咱们班丢钱的事情？"我用我的眼神告诉小 D，王老师知道一切真相。孩子毕竟是孩子，刚开始还强撑着。这会儿，他撑不住了，眼泪一下子涌了出来："王老师，是我拿的，我错了，您不要告诉家长，好吗？"

小 D 能认识到自己的错误，我松了一口气，心里变得踏实起来。为了安抚他，我轻轻把他搂到怀里："王老师也是你的家长啊！我就是拿你当自己的孩子看待的啊！儿子啊，我不想在公共场合让你承认，因为一个人的名声很重要，但是王老师希望你自己能够改正错误！"我发自肺腑地对他说。此时，我感到我的心和他的心贴得好近好近！

送走他后，我决定第二天以此为主题开一个班会。我认为，要让学生一生走好，就必须触动他们的心灵，给他们一个深刻的教训。所以，我想利用班会给小 D 一个强化，让他能记一辈子，保证今后再不出现这样的行为，同时，还可以借助这件事教育其他学生。

课间，我走上讲台，柔声问道："孩子们，你们想不想知道昨天是谁拿了钱啊？"我的声音很轻，眼睛却是明察秋毫。学生们叽叽喳喳地讨论起来，有些学生心地非常善良，说钱已经找到了，是谁拿的不重要了；有的学生认为要给拿钱的人一个深刻的教训就必须把他的名字说出来，这时候，我看到小 D 在颤抖，我能感受到他当时那种复杂的心理——害怕、担心，不知道老师会不会信守承诺。

"火候"差不多了，小 D 在这个过程中已经"备受煎熬"了。于是，我意味深长地对大家说："同学们，我决定不告诉大家这个同学的名字，因为名字对一个人来说太重要了，人的名声对一个人来说太珍贵了！我们大家要珍惜别人的名声，也要珍惜自己的名声啊！"孩子们沉默下来，我知道他们在思考，在成长。

后来，我收到小D写给我的一封信，信中说："王老师，这些日子我心里很难受，吃饭也不香。每次看见大队委员，我都想跟他说他的钱是我偷的，可都不敢。我想借这次班会跟同学们说声对不起，我真的错了。以前我也偷过同学的东西，可从来没有想过要改。这次我是真的想改。那天，班上有的同学说想知道偷钱的人是谁，当时我害怕极了，发誓再也不拿人家东西了。是您保护了我，突然我感觉到我的名字是很珍贵的。"

"我感觉到我的名字是很珍贵的"，当读完这句话的时候，我被深深地打动了。这句话说明，小D不仅有了改正错误的决心，而且懂得珍惜自己的名声了，开始追求和建立个人的好名声了。从那以后，班上就再也没有出现过丢钱的事情。我也开始花更多的精力来抓小D的学习，鼓励他好学上进，后来他很顺利地考上了一所优秀中学。

毕业后的一天，小D来看我，带了一盒巧克力，却不是给我的，而是给我新班级的学生的。他告诉学生们要听我的话，不要让我操心，说我是世界上最好的老师，希望他们懂得珍惜。看着他的举动，我觉得一股暖流温润着我的心。

点 评

在现实生活中，有些教师习惯把违反纪律的学生当着教师或学生的面狠狠地批评，让被批评的学生面红耳赤、羞愧难当。教师的主观愿望也许是好的，是想让学生受到一点惩罚后，接受教训，下次不再违反纪律。但是这种做法很容易挫伤学生的自尊心，使学生产生逆反心理，可能导致学生故意犯错，破罐子破摔，或者有意使教师生气难堪。此文中的教师认为，一个人的名字很重要，或者说，一个人的名声很重要，一个人的形象很重要。每一名学生都希望自己拥有良好的个人形象，都希望自己得到别人的肯定而不希望被人轻视甚至鄙视。教师对丢钱事件的巧妙处理，保护了学生的自尊心，赢得了学生的感激，促使学生改变自己，更加努力学习，追求上进。这个案例让我们看到了，相比批评和惩罚，宽容的力量是更大的。

作者：宋雨阳（一年级 342 班）　　指导教师：王国珍　　学校：山西省晋中市榆次区寿安里小学

让"好学生"的心中阳光更灿烂

黑龙江省佳木斯市第十一小学　吴　菲

有很多家长认为，学习成绩好的学生就是好学生，好学生就是什么都好，从而忽视了"好学生"在其他方面可能出现的问题，助长了他们一些不良意识。

不助长"唯优"意识，渗透抗挫折意识

"好学生"从小就是在赞扬声中长大的，他们听惯了别人的表扬，在学习或工作中遇到一些挫折或困难时，也往往容易抱怨、放弃，缺乏与困难做斗争的顽强意志。我在班级管理中根据小学生善于观察和模仿身边的或书上的人物行为、故事情节的特点，鼓励孩子利用课外时间阅读《钢铁是怎样炼成的》等书籍，并在课堂上让孩子们说一说自己的收获，论一论主人公保尔的这种与困难顽强抗争的精神在现代社会中的实用性。这让孩子懂得逆境成才的道理，让孩子知道每个成功的人，都是在与困难挫折的抗争较量中，经过顽强拼搏，最终走向成功的。我还与家长联系，为这些"好孩子"有意识地安排一些有可能令他们产生挫折感的事去做，让他们自己想办法解决，通过多次反复的练习，培养他们顽强的精神。当然，我也会适时地给予他们一些鼓励性提示。

不助长"唯分"意识，指导学生全面发展

"好孩子"中还有这样一部分人，他们只重视个人分数高低，不注重全面素质的培养，不参与学校和社会任何的实践活动，标准的"书呆子"型学生。我想，孩子的这种现象与家长对"人才"概念的理解有密切的关系。长此以往，孩子就形成了"只要学习好，其他都不重要，也不会重要"的心理。为此，我利用《小学生评价手册》、沟通卡、家长会、课后谈话等各种形式向有这种想法的家长传达这样一个理念，只有综合素质全面发展的创新型人才，才能适应现代社会中发展的需要每月都在班级中举行"亮出我风采"的个人展示活动，为每个孩子提供锻炼的机会。"好学生"有一定的心灵触动后，就会积极参与，实现全面发展。我还利用报纸、杂志等渠道给孩子创造更多的展示自我的机会，培养学生全面发展的素质。

不助长"唯我"意识，培养合作能力

"好学生"在班级中是公认的好孩子，上课时他们非常活跃，发言大胆而积极，然而就是这样一群"小太阳"式的学生，身上却潜藏着许多隐性的坏习惯：做事自私自利，斤斤计较，只想着自己，心中没有他人；对赞美之词习以为常，认为自己"完美无缺"，听不进任何批评；稍不如意，就会以为大家和他过不去，消极对抗，闹情绪，时间久了同学们都不喜欢和他们做朋友，这样的孩子自己也拒绝和同学合作完成一件事。面对这样的好孩子所犯的错误，如果教师大声呵斥，教育结果往往是适得其反；如果不闻不问，听之任之，又会助长他们以自我为中心的意识，也不利于他们的健康成长。思前想后我采取了"先冷却，后加温"的方式，首先，先利用每天的放学前10分钟让每个孩子说一说当天发现了同学的哪些优点，让他们在生活中相互发现对方的长处，欣赏对方的优点，从内心深处真正地愿意接受别人。只有学会赏识别人，合作才有了真正的动力和基础。其次，我给学生尽量创造更多合作的机会，鼓励"好孩子"积极参与活动，

让他们明白合作不是一个人的事情，让他们体验合作的快乐和成功，激发他们还想合作的愿望。最后，我还在班级会、校本课上通过讲故事的方式，让这些"好学生"思考故事中"唯我"的主人公的性格弊端，分析他们错在哪里，组织学生开展关于"批评"的讨论，让学生们围绕"听到批评，我想到了……""怎样承认错误"等话题展开讨论，教育他们正确对待、积极听取别人的批评。经过这样几个环节的教育，"好学生"们发生了实质性的改变。

好学生也有坏习惯，也需要进行适当的教育。只有这样，他们才能拥有健康的人格，快乐的人生。

点 评

人们一般认为，学生如果学习成绩不够好，就容易有心理压力。但事实上成绩好的学生也有心理压力，而且可能压力更大。一些"好学生"过分在意考试成绩和名次；期望值过高；爱面子，要求自己十全十美；耐受力差，难以接受成绩下降的事实；不能科学评价自我；思维方式片面狭隘。

案例中的老师不助长"唯优""唯分"和"唯我"意识，引导"好学生"树立抗挫折意识，指导学生全面发展，帮助学生培养合作能力，也可以说是引导"好学生"克服对自我的过分关注，形成健康的竞争心理。

当然，案例中也讲到了，人们通常认为学习成绩好就是好学生，但是所谓"好学生"是不能只用考试成绩这唯一的标准来衡量的。中小学阶段只是人生的准备期，不应将不断变化成长中的学生分为三六九等。在现代开放的信息社会，孩子对未来的发展应有多方面的准备，只有这样，他们才能成为社会所需要的有用人才。

不要牵一只流泪的蜗牛去散步

黑龙江省抚远第三小学　郭泽敏

前段时间读到张文亮写的一首小诗——《牵一只蜗牛去散步》。我被这首小诗深深打动，来来回回读了好多遍。这首诗是这样的：

> 上帝给我一个任务，
> 叫我牵一只蜗牛去散步。
> 我不能走太快，
> 蜗牛已经尽力爬，
> 为何每次总是那么一点点？
> 我催它，我唬它，我责备它，
> 蜗牛用抱歉的眼光看着我，
> 仿佛说："人家已经尽力了嘛！"
> 我拉它，我扯它，甚至想踢它，
> 蜗牛受了伤，它流着汗，喘着气，往前爬……
> 真奇怪，为什么上帝叫我牵一只蜗牛去散步？
> "上帝啊！为什么？"
> 天上一片安静。
> "唉！也许上帝抓蜗牛去了！"
> 好吧！松手了！
> 反正上帝不管了，我还管什么？

让蜗牛往前爬，我在后面生闷气。

咦？我闻到花香，原来这边还有个花园。

我感到微风，原来夜里的微风这么温柔。

慢着！我听到鸟叫，我听到虫鸣。

我看到满天的星斗多亮丽！

咦？我以前怎么没有这般细腻的体会？

我忽然想起来了，

莫非是我错了？

是上帝叫一只蜗牛牵我去散步。

　　细细品来，这首诗不仅是写给父母的，也是写给为人师者的我们的。作为班主任的我每天不就是在牵着一只只小蜗牛散步吗？记得他们刚入一年级时，为了能让他们更快地适应小学生活，更快地成为一名遵守校规校纪的小学生，我制订了好多班规约束着他们。为了让他们成为成绩优异的孩子，我像老黄牛一样在前面使劲拉扯着他们，我也曾催"它"、唬"它"、责备"它"。如今想来，有多少老师和我一样为了孩子们能迅速成长，而忽略了他们在奔跑的路上流下的泪水。自从读了这首小诗，我感到深深地心疼和自责。我难过，我反思，我从此以后再也不要牵着一只流泪的蜗牛去散步！于是在这以后的学习生活和教育教学管理中，我尝试着放慢脚步，凡事先从孩子们的角度出发去想问题，处理问题，慢下脚步来去理解他们，尊重他们。我收到了意想不到的良好效果。

学习要求松一松

　　由于九年义务教育，孩子们上一年级是不需要考试的，但他们在幼儿园里掌握多少的知识，程度是大不相同的。有的孩子刚入学就能借助拼音达到无障碍阅读，有的孩子100以内加减法口算对答如流，甚至有的孩子乘法口诀都会背了。可是也有的孩子声母、韵母都还认不全，10以内加减法都还得扒拉手指头。这样大的差距自然使有的孩子跑得快，有的孩子跑不动。跑得快的孩子轻松快乐，跑得慢的孩子疲惫沮丧，而我也感到郁闷至极，总在心里埋怨孩子们在幼儿园里好几年，为什么不多学点知识？埋怨家长，孩子的早期教育是怎么做的？自然我是从自己的角度出发埋怨"跑得慢"的孩子给我增加了教学难度，影响了我领他们"奔跑"的速度。直到在我愁眉不展的某一天读到了《牵着蜗牛去散步》这首小诗时，我才明白我应该放开"小蜗牛"的手，让他们按自己喜欢的速度自由爬行，我不要再拿他们进行比较。于是我把孩子们掌握知识的速度分成四类：快、中、慢、特慢，每天的教学内容也分成四类，让孩子按自己的程度自由选择要掌握的量。后来孩子们学入门了就越学越快了，例如，一年级教科版语文每课生字都十二三个，特慢的孩子也由每天掌握三个生字到每天掌握五六个生字了。再比如上语文课读课文时，李同学吞吞吐吐读不下来一段话，我就等等他，等他把一句话读通顺后，就立即表扬他有进步了，增强他的自信心。琦琦同学写字总是很慢，还歪歪扭扭不占格写。我并没有催促、批评她，而是借班级写字展的机会，挑了她写得最好的一页字贴在了学习园地板上，让她体会到成就感。再如田某同学乘法口诀总是背不下来，我也没有吼他，而是让他每天自己选择背几句，然后我提问，只要这几句背熟了就算完成任务，就给贴一面小红旗。这样的实例还有许多。我发现放开手后，孩子们一天天地进步让我变得愉悦，也让他们很快乐，学习起来反而更轻松了。谁说掌握知识需要堂堂清、日日清、周周清、月月清？掌握什么知识，多少知识，都要看孩子个人的能力。量力而行才符合孩子智力、心理的发展规律，才不至于牵着一只只流泪的蜗牛去散步。

思想进步缓一缓

培养品学兼优的学生一直是我们教育工作者的使命，也是教育的宗旨。对孩子们的思想教育和行为习惯的培养，我是这样做的。先前我用条条框框的班规去约束他们，触犯了班规就扣分、批评、罚值日等。我希望他们能快点适应小学的生活，快点变得乖乖的、听话懂事、积极上进。其实这些都是我的一厢情愿。像我的班上，杨同学、周同学这两个孩子上课注意力非常不集中，特别好动，还爱动手伤人、斤斤计较爱告状，没人愿意跟她俩同桌。这样的孩子若只抓住她们的缺点去扣分，那恐怕连扣分都不够扣。于是我变惩罚为奖励。有一天，慕同学和郭同学打架了，我把他们叫到办公室了解原因，跟他们讲明白道理。看到他们自我检讨后，我让他们互相道歉、握手言和，并且在班级的评比栏里每人给加了一分，表扬他们知错就改，能互相道歉，能依然成为好朋友。小孩子有时候是分不清轻重、是非，特别爱跟班主任告状的。有的孩子被无意绊倒了也没哭，没找老师告状，而是接受了别人的道歉。这样的孩子我也会让他拿着笔，自己给自己加分，表扬他的宽容大度。还有的孩子拾金不昧、帮助同学、懂礼貌、穿戴整齐，还有升国旗时国歌唱得响亮、队礼行得标准等，我都会给他们加分。然后一月一累计，从 12 个小组中评选出月冠军小组给予奖励。期中和期末各评一次纪律小明星、道德风尚小明星、读书小明星、体育小明星、文艺小明星、书法小明星、诵读小明星。等他们升到二年级时，我很惊喜这些方法已见成效。我班的这些明星熠熠生辉，把他们的光芒照亮了每一个孩子的心田，让榜样的力量带领着他们的前进。他们变得安静了，爱阅读了，上下楼知道像小猫咪一样脚步轻又柔了，而不需要我每天批评着、责备着、硬生生拉扯着他们要进步了。我也可以慢慢地不用牵着一只只流泪的蜗牛去散步了。

评价标准改一改

我们的孩子现在总是被老师、家长催促着、责备着、拉扯着去迎接一次次考试，跑着各种补课班、特长班，这又是谁的错？有些家长说，虽然现在九年义务教育小升初不考试，不要成绩，我们小学阶段可以做一只快乐的小蜗牛，但是考高中考大学还是要考试要成绩的，谁不想让自己家孩子考个好大学呀？小学基础打不牢，到初中、高中不还是有些学生得流泪吗？我想家长们的想法也是有道理的。如果考试的评价标准不改变，就还会有许多的"小蜗牛"会被牵着去流着泪散步。

孩子的心是玻璃做的，脆弱易碎，需要我们尊重、支持、赞赏，耐心地精心呵护；孩子的心是水晶做的，晶莹纯洁，带给我们欢乐、启迪、希望，丰富了我们的生命。我要不骄不躁，把阳光捧入教室，把星辉揉成荧光棒，把世间最温暖的爱，最温柔的情都献给我可爱的孩子们，让每一只蜗牛的生命都有正确地打开方式。我不要牵着一只只流泪的蜗牛去散步，我要享受快乐的蜗牛牵着我去散步。

点 评

成长路上的孩子正如蜗牛，我们催他、吼他、拉他、扯他，甚至踢他，但这都是没有用的，只会让自己享受不到陪伴孩子成长的乐趣。教师自己生气的同时，孩子也会像蜗牛一样流汗、流泪、受伤。孩子是活生生的人，需要耐心和爱心，需要倾诉和倾听，需要安慰和帮助，需要肯定和激励。教师要尊重孩子的成长规律，要观察孩子的个体和群体成长的水平和阶段，倾听孩子心底的声音，允许孩子有犯错误的权利，分享孩子在成长过程中的快乐，分担孩子的担心、忧虑、不安和烦恼，减少和降低焦虑，采取科学的方法耐心引领、陪伴孩子成长。

走进学生心灵，建立互信和谐的师生关系

甘肃省庆阳市环县第五中学　王绍明

铁打的营盘，流水的兵。学生换了一茬又一茬，而老师依然是那些老师。三年师生，中间有过无数的故事，一些故事不用纸笔记录，却像凿字于石壁般印刻在师生心中。初中三年，每一茬学生从一棵棵小苗成长起来，意气风发地走出初中校门，老师们总是依依不舍。最令老师们欣慰的，莫过于看到自己培养的学生个个都健康向上，积极进取。

用三年汗水和心血浇灌起来的这些小苗，他们还会遇到无数困难和挑战，他们能一个个战胜吗？他们能在之后的学习生活中处理好各种事务，以帮助自己更好地成长吗？他们能……我总会陷入这样的沉思。因为在我心里，他们依然不够成熟，依然处在变化巨大的阶段。他们依然是我牵挂的可爱的小树苗。

初中三年里，孩子们出现过各种各样的问题，老师们也用过各种各样的办法来应对。老师是学生们的引路人，班主任更是承担着这一重任。面对一个个稚气未脱的孩子，老师们丝毫不敢懈怠工作，生怕他们长歪了。人生路上不可避免会栽跟头，可有些跟头栽不起。为了避免学生们栽跟头，老师们的工作是细了又细，精了又精，实了再实。可即便这样，还是出一些问题，因为做到细、精、实不难，难的是走进一个个不同的学生的心灵。老师只有走进学生的心灵，才能和学生建立互信和谐的关系，才能发现问题，才能更好地塑造学生。

抄袭作业的惩罚

　　学生抄袭作业，老师发现后的常见的处理措施总是警告、写检讨、重新做作业之类，而且一旦抄袭成习惯，学生们也会练出"功夫"，他们会抄得天衣无缝，令老师们难以发现。抄作业的学生最开始都是因为学习不扎实，或者贪玩。学习不扎实导致做作业太费劲，甚至不会做，做起来耗时太长。贪玩导致时间不够用，于是他们选择了"抄袭"这个省时间、省脑细胞的做法。抄袭作业是一种不在乎学习、没有责任感的体现，也是对自己不负责任、办事缺乏目标的体现。长时间抄作业，最终会导致学生产生依赖，缺自信没主见。为了不让学生抄作业，我们用过分层布置法、帮扶对子指导法、开设作业自习等更为先进的方法，但还是没有根除。

　　作业本身的目的是为了检测学生学习效果，老师及时掌握学情，学生及时复习学习内容，培养学生独立完成任务的品格。离开了这四个目的，做作业就毫无意义可言。最终，利用周记，我在这一方面找到了杜绝学生抄袭作业的方法。

　　首先我是从学生的周记开始着手杜绝抄袭的，用的是奖励惩罚相结合的方法。奖励不是物质奖励，而是精神奖励。惩罚则是简单地不予批阅。学生的周记我要求写实，只要写实，什么都可以写，写自己的所见所闻所想更好。一开始，有一部分学生还是会抄袭，对抄袭的作文我置之不理。而对原创的作文，我认真批阅，批语有时候甚至比学生写的作文还长。批语里我可以给学生讲道理，也可以和学生开玩笑；可以讲自己和学生相似的故事，也可以写我个人的看法；可以谈理想，还可以发牢骚。总之，批阅周记成了我和学生交流的重要途径，学生和我像笔友一样在周记里交流。

　　刚开始时，一部分学生看到我的批语后觉得有意思，便和别的同学分享。慢慢地，学生们开始十分在乎我给他们写的评语了，因为评语内容实在丰富，很合他们的胃口。每周星期五周记下发后，学生们都会迫不及待地打开周记看看我写了些什么，甚至有人还去抢别人的周记看。在周记里，我没有了疾言厉色，少了批评，多了生动和有趣，成了学生们的倾诉对象。这比和学生当面谈心好多了。形成这种风气后，抄袭作文的现象没有了，谁都不想花时间去抄袭一篇老师置之不理的东西，都想着自己写点儿东西，看看老师会对他说些什么。就这样，学生抄袭作文的状况彻底扭转了。

达到这个目的后，我又要求学生间不许传阅我的批语，告诉他们这是我和同学的私信。结果如我所料，有些同学没有写什么秘密，依然会把周记拿给别人看，而一部分学生由于在周记里写了私密事，开始把自己的周记藏起来，只作为和老师交流的专属工具。当周记变成我和学生的专属交流工具后，我的学生们便在周记里开始和我交心了，几乎到了无所不谈的程度。学生们的心灵之门被我打开了，我有了大把走进学生心灵深处的机会。表面上我是他们的老师，而实际上已经成了他们的闺蜜了。

胳膊上的划痕

小许就是一个性格内向的孩子，但他和同学关系相处得还可以，学习不算好也不算坏。八年级时他的话开始变得更少，上课经常发呆，最后竟然变得具有攻击性，时常和同学发生口角，甚至动手打架。慢慢地我意识到了这个小伙子的变化，企图通过他的周记找到些许蛛丝马迹。无奈小许的周记里总喜欢写一些小时候的事情，特别喜欢回忆，晒的满满的都是幸福。从其他同学那里打听到的消息，也都是一些猜测性的东西，比如有可能是"被情所困"等。剩下就只能找他单独谈心了。但当着我的面儿，他只是一个劲儿地说自己明白自己这个做得不对，那个做得不好，完全一副明事理、懂规矩的样子。问他为什么会变化如此之大，他也是摇头说自己也搞不明白，不知道怎么回事儿，就是不能很好地把控自己的脾气和行为。

直到一天批阅周记时，有个同学在周记里提到自己对恋爱的看法，并批判了一些同学很荒唐的做法，其中一条吓我一跳。他提到一些同学因为谈恋爱，拿利器在自己的胳膊等部位刻自己喜欢的同学的名字。还有些同学因为喜欢某同学而不得，陷入单相思，恨自己不争气，在胳膊或者腿上用利器划开皮肤，形成一道道带血的划痕。我的天啊，这些孩子还都不到16岁，怎么就傻傻地有了自残行为啊！意识到问题的严重性后，我在当天晚自习时对全班学生做了检查，挨个挽起袖子检查，最终查出来有 3 个同学有这样的行为，其中就包括小许。

我当即把他们 3 个领到楼道僻静处做工作，问他们为什么会干出如此幼稚又危险的事情。小许自始至终没有说话，另外两个则很坦然地说出了他们的理由。如我所料，一个是因为成绩不好，遭同学小瞧后发泄情绪。另一个女生则是"失恋"后表达不满，刻划血痕给对方看，想让对方"回心转意"。在我进行心理疏导和劝说后，这两个同学都表示以后不会出现类似的事情。看他们恍然大悟的样子和轻松的表情，我知道他们俩的心理包袱抛掉了。临走时这两个同学都回头看了一眼小许又看了看我，好像他们是在暗示我：小许可没有他们那么简单，老师你不一定有办法找到他的问题，这个小子"没救"了。

楼道里一阵风吹过，小许瘦小的裤管微微动了一下，两只胳膊笔直的贴在身体两侧，越发显得瘦小。他低着头，一言不发，稍长的头发被风吹下来都快遮住了眼睛。我抚摸了一下小许的头，感到一阵湿热。很明显，小许此时正心潮澎湃，热血激荡。我意识到这小子不是不想说，而是内心凌乱，不知从何说起。很多"不如意"的事情让他不能平静下来。看来着急是没用了。于是我告诉小许："不如意事常八九，但没有什么坎儿是迈不过去的。或许你一觉醒来，突然发现什么问题都不是问题了，时间会让一切褪色。不管今天如何狂风暴雨，你都要做好准备来迎接明天的太阳。过去的事情就让他过去，我们不能背着这些没用的包袱前行，这只能害了我们。"说完这些，我拍了拍小许的肩膀，安慰他不要胡思乱想，晚上睡个好觉后，等到心情好的时候再来谈。小许低着头走了，走的时候双臂依然贴在身体两侧，显得极不自然。

第二天上课时，我发现小许的眼睛里布满了血丝，可能熬夜了。不过一整节课他都没有打瞌睡。下课后小许打报告走进办公室来，手里拿着他的周记，告诉我他来交周记。我很诧异，他的周记昨天才批阅完，要交也是下一周，怎么这么早来交下周的周记？虽然这么想，但我还是二话没说将他的周记接到手里。

随后在我翻阅他的周记的时候，我的头上开始冒汗了。他写的这篇周记一改往日对美好的描写，开篇第一句就是："爸爸妈妈，我不知道老鼠药什么味道，可我准备好了一包让你们先尝一尝，等你们尝完了我也会跟着你们到阴间去。这样我们三个大概还会像以前一样幸福……"我像读恐怖小说一样读着小许的周记，连身上的汗毛都竖了起来，头上冷汗不断往外冒。看完后我脑子一片凌乱，竟然不知道小许都说了些什么，于是又拿起来读了第二遍。原来小许是感到自己在家里被忽视和孤立甚至排挤，严重缺乏归属感，缺乏父母的爱。之前他在周记里使劲炫耀幸福，都是因为他现在严重缺乏幸福的心理反应。文中小许提到，弟弟拿走了抽屉里的钱，父母亲揍的是小许而不是弟弟；吃饭的时候父母给弟弟多夹好吃的而不管他；小许想要一双运动鞋，父母没管，却给弟弟买了一件新衣服；上周父母又开车带弟弟出去玩，却留他一个人在家做作业……他感觉到自己在家里就像个外人一样，像是寄居在别人家里。除了这些，小许还提到他的几个朋友慢慢都开始疏远了他，班上的同学有的在背地里说他什么，最过分的是原来和他很要好的一个女生最近不仅疏远他，而且还给他白眼。

找到了问题，我马上拿起笔在后面给小许"回信"。我告诉他，他父母亲经常打电话给我，询问他的在校情况，打算花钱给他补习功课，他的父母依然深爱着他。只不过是因为他长大了，父母爱他的方式变了。至于同学和朋友，他们都是因为他变得情绪无常，为了避免矛盾而做出的正常反应，一旦他转变过来，一切都会恢复以前的样子。在评语的最后一段里，我给小许出了几条主意，让他按照我说的去做，看看会有什么结果。

写完评语，我立刻拿着周记去了教室，悄悄地把周记塞到了小许手里。接下来就剩密切观察和找到老鼠药了。中午放学时，我把小许领到办公室，办公室里只剩我和小许两个人。见到小许不紧张，我想他肯定看我写的评语了，而且评语起到作用了。我开门见山地问小许："你小子真准备老鼠药了？这么危险的东西你把它藏在哪里了？"小许脸微微一红，说他真准备了，藏在院墙的砖缝里，打算下次遭到父母"不公"的待遇之后用，但是现在不打算用了。他认为自己太敏感太极端了，对别人的判断都是错误的。听到他说这些，我长舒一口气，继续开导了一会儿，嘱咐他下午把耗子药拿到学校来交给我，并开玩笑说老师想尝尝。小许不好意思地笑了笑，离开了学校。等到下午，小许果真带回来一包"三步倒"，从窄窄的裤兜里不好意思地掏出来交给了我。

此后一个月，我一直关注着小许，我发现他慢慢转变过来了，他和同学们的相处又如从前了，周记里的他也开始反思自己的错误了。我这才彻底地放心。谢天谢地，是周记帮了我一个大忙。

不能丢的法宝

虽然我带英语课，但班主任工作促使我必须放眼孩子的全面发展。我不能光顾着我所带的这一门科目。孩子们的写作需要提高，周记就是很好的平台。利用周记，我从侧面开始关注学生们的中文学习。自从重视周记开始，我便发现了周记的神奇之处。学生抄袭作业，先通过周记转变；学生的心理辅导，周记交流方式十分有效；班级管理的漏洞，学生会在周记里反映；内向不说话的孩子，老师可以通过周记和他们做笔友；一些学生间的小秘密，通过周记一览无余；不宜公开解决的问题，周记可以提供私密空间。可以说周记已经成了我班主任工作的一个重要组成部分，离开了周记，我已经很难找到这样一种"法宝"式的教育方式。

转眼我已经从教十几年，这十几年里我的授课方式经历了数次转变，教学单位也变过数次，学生也换了多少茬，唯独没有变的是批阅周记。有了这个法宝，我的工作如鱼得水。利用周记，我走进了多少孩子的心灵，交到了多少笔友，帮助多少孩子树立了正确的世界观和价值观，让他们少走了多少弯路。我靠着周记和学生们发展互信和谐的关系，努力地做好他们的引路人。

如果说教学工作非常枯燥，那你就批阅批阅周记。周记里别有洞天，它会让你乐此不疲。2017年，我又轮转到七年级。在学校没有要求班主任批阅周记的情况下，我依然给学生们布置周记。无论多么忙，我都要想办法在周五的时候批阅完学生的周记。有老师看到我批阅周记觉得很奇怪，问我为什么这么忙，还要给自己找事情做。这时我会停下来喝一口茶，把我和周记的故事讲给他们听，最后还要加一句："我爱批周记。"

除了得到同事们的赞许外，我从中收获到的快乐和幸福更多。而最令我感到自豪的是，听完我讲的故事，周围已经有好几个班主任给自己添加了批阅周记这项任务。没有领导要求，没有工作组的专门检查，不算任何工作量，但是我的同事们自觉自愿、不辞辛劳地开始了这项工作。我谨以此浅见拿来和奋斗在教学一线的同人做个探讨和分享，希望大家可以提出一些宝贵的建议，老师之间的交流往往能将一朵小花变成漫山遍野的花丛。

点评

　　唯有走进学生，理解学生，老师才能发自内心的读懂学生行为背后的需求。另一方面，向孩子传递信息的方式也非常重要，除了语言，王老师也给我们提供了另一种有效的策略——书写。

　　为了鼓励孩子自己完成作业，老师可以给孩子写非常个性化的评语，让孩子感受到被关注和被尊重。为了更深入地了解学生的心理变化，周记成为不可或缺的桥梁，小许同学的改变就是来源于老师从周记中看到了他内心的渴望和愤怒。

　　所以，书写是班主任工作中的一种有效策略，值得推荐。

作者：侯明玥、梁宵睿（三年级三班）　指导教师：王庆云　学校：黑龙江省大兴安岭林业育才小学

花落无声　师爱有痕

黑龙江省海林市第二小学　濮赫男

　　爱永远是教育的营养剂，更是有特殊需求学生的催化剂。苏联教育家赞可夫说过，当教师必不可少的，甚至几乎是最主要的品质，就是热爱儿童。爱是教育的灵魂。热爱学生是教师所特有的一种职业情感。我们每个人都希望得到别人的关爱，对于学生来说，教师的关爱是，是他们理想的火花，是他们成才的阶梯。

　　每当听到《每当我走过老师的窗前》这首歌，我就会想起自己的恩师，他对我的爱使我萌发了强烈的愿望，那就是：我也要做一名人民教师，用心去爱每一名学生。

　　参加教育工作26年来，我关爱过许多学生，其中有一个小女孩的故事让我深深地体会到爱学生是一种超越了亲人和朋友的人间真爱！

　　2014年8月，我接了新的一届一年级。孩子们天真的笑容，善良的心灵，让我在短时间内进入了新班主任的工作状态。这群孩子们真是能歌善舞，人才济济，我常常提醒自己，一定要让他们各擅其长。这时，一个美丽的小女孩涵涵脱颖而出，她舞跳得好，歌唱得好。不仅自立性强，还能帮助老师管理班级。看到这些，我不禁心头一喜，这又是一个人才，于是平时的学习生活里，我便对她多了一些关注，不仅在能力上对她多加锻炼，学习上也更加严格要求她，看着她一天天地进步，我开心极了！可是，天有不测风云，2015年9月，这个孩子出现了腿痛的现象，家长领着孩子多次检查后被确诊为急性淋巴细胞性白血病。当时听到这个消息，我脑海里闪现的就是那个美丽、善良的小女孩，可是现在……我的眼泪不由自主地流下来，我急忙把消息告诉了学校的领导，了解到孩子家庭经济贫困后，校领导们及时把情况报到爱心办公室，并联系共建单位，积极帮助解决问题。听到消息的老师和各班家长们也纷纷带头慷慨解囊，用红包、汇款的形式去帮助她。我也发动家人、好友们为涵涵捐款，组织班级的同学们用自制贺卡、录制视频的方式来关心她。一份份爱心纷纷涌向涵涵。涵涵哭了，她的父母哭了，是大家的帮助给了涵涵生的希望！

涵涵生病的两年里，作为班主任的我真想帮助她解除病痛，可是却无能为力，但是我能通过家访、电话、微信的方式关注她，电话中我了解到她因病痛意志消沉，常常站在病房的窗前大喊："我就是一只被困在笼子里的小鸟！"知道这种情况后我及时和她通了电话，向她讲了霍金等名人的故事，鼓励她要坚强。同时，我让班级的学生通过书信的形式和她交流。看到视频中班级同学们异口同声地喊："涵涵，我们想你了！"听到为她捐过款的老奶奶亲切地说："涵涵快好起来吧！"一声声真诚的呼唤，她深受鼓励。一句句感人的话语，使涵涵重新振作起来。她告诉我，她要成为一只飞在高空中的雄鹰。从她父母发的微信中我知道她一直坚持在病房中学习，从没放弃自己的学业，我就急忙跑到书店为她购买了一些书籍，当我把书送到她手中时，她激动地哭了，大声告诉我，"老师，我会努力的！"同学们七嘴八舌地说："你回来上学时，我和你同桌吧，我会帮助你的。""你回来后，不会的题我教你。""我把我最喜欢的文具盒送给你。"看到这些，我欣慰地笑了，在教育涵涵与病魔做斗争的过程中，班级的学生们可帮了大忙，一句句稚嫩的话语，一声声真诚的招呼，道出了他们纯真的同学情，道出了他们美好的心灵。他们在帮助涵涵过程中长大了。每当涵涵来到学校，我都会带她去见曾经帮助过她的领导和老师，校领导和老师们都会亲切地询问她的病情，鼓励她早日返校。涵涵为了感谢大家，为大家演唱了歌曲《今天我没有哭》，老师们都流下了激动的泪水。这一幕幕感人的场景，使她知道学校的领导、老师、同学们，没有忘记她，时刻在想念着她这个坚强的小女孩。这一丝丝的温暖让涵涵获得了生存的勇气，获得了与病魔做斗争的力量，她希望自己早日康复，重返校园。

有时我也会有身体不适的时候，可是一走上讲台，我就一如既往地精神抖擞。家里人常开玩笑说，我是课堂上的勇士，家里的烈士。"捧着一颗心来，不带半根草去。"是的，工作时和孩子们在一起，我时刻充满青春活力。清晨，一声声充满童稚的问候，带给我一天的快乐和生机；傍晚，一声声"老师再见"，给我留下明天的希望之光。

生活在纯真的孩子们中间，我感受到了真爱无价，教育孩子的同时也教育了自己。我坚信：如果我种下的是自己的一颗爱心，收获的一定是一轮火红的太阳。愿我的心血能浇灌出一朵朵希望之花，让这些美丽的花朵，健康快乐地盛开在祖国肥沃的土地上。

涵涵，老师等你回来！

点 评

生命是世界上最珍贵和最重要的。面对孩子的生命，只要存在一线希望，家长和学校老师都要尽力争取。面对学生的病痛和家庭困难，师生们慷慨解囊，伸出援助之手，汇成爱心的暖流，托起生命的希望。不知道涵涵现在怎样了，让我们共同祝愿涵涵能够早日战胜病魔，恢复健康，重回课堂。

同时，班主任老师还可以借用涵涵的情况，在班里开展重视健康、珍爱生命以及团结互助、奉献爱心的主题教育。

小学班主任工作中的心理健康教育

黑龙江省同江市第二小学　武　巍

又是一节语文课，我让学生用"天真"的两个不同意思各说一句话。其中一个意思是："心地单纯、真率"，学生说的句子很多，各不相同，且都把这个意思表达得很到位，但是句子的主人公却出奇地相同，不是小朋友就是小动物。想一想也是如此，孩子活泼、天真可爱，无论是做事情，还是想问题，都是发自内心的，不掺加任何成分。有时心里怎么想就会不假思索地问出来，这让我想起了一个月前发生在我校六年级的一件事。

周三，刚好是我值班的日子。晚自习后，同学们都陆续地回了宿舍，班级里只剩我和一个女生了。她走到我身边悄悄地说："老师，晚饭后，您来我们寝室，我们有事和您说。"答应她后，我也没把这件事放在心上，心想一会儿玩起来她也就忘了。吃完晚饭后，她再一次找到我说，"老师别忘了上我们寝室去，我们都在等您呢。"我刚走进她们寝室，她马上就把门给锁上了。大家你看看我，我看看你就是没人说话。沉默了一会，班长既气愤又害羞地说："前几天生理课，老师说男女生到了十三四岁就进入青春期了，我们的身体会发生一些变化，女生胸部会发育，还会来月经……下课后，小刚拿起书走到一位女生的座位旁，一边念一边往女生身上看，还问身后的男生什么是月经。男生说不知道后，他又问旁边女生是否来月经了。"班长的话刚说完，其他女生也都你一句我一句地说了起来。还有个女生说："在课下玩游戏时，他把我的衣服拽了下来。"听完学生的讲述，我气冲冲地走到男生宿舍，也没有问小刚原因，就开始拨打小刚家的电话。其他男生似乎都明白了什么，偷偷说小刚这回可闯祸了。小刚在一旁低着头，没有说话。手机里传来的"嘟嘟"声让我平静了下来，心想作为一名班主任，我不能把问题推给家长。静下心后，我说："我给小刚的家长打电话，是想表扬他学习进步，他的作文又有了提高。"同学们都很意外地看着我。小刚猛地抬起了头，惊讶地看着我，我对他说："明天中午休息时间，拿着作文本上办公室，老师再给你辅导辅导"。

第二天中午，小刚如约来到了我的办公室。他坐下后我对他说："老师找你的原因，你一定知道了，你能给老师说说吗？"小刚点了点头说："我问男生什么是月经，他们说不知道，我想既然这与女生有关，我就去问女生了，我想不懂的问题一定要弄懂。而拽衣服不是我有意地，是游戏时不小心。老师，对不起。"说完，他马上就低下了头。是呀，平时我不也总是在对孩子们说不懂就要问，不要把问题留在书本中吗？他不是就这么做的吗？何错之有呢？他只是在方法方式上有些不妥而已。

事后我找到了教生理课的老师，一起探讨后又给学生们上了一节心理辅导课。通过辅导课，我让学生们重新认识了这个问题，让他们觉得这是人生必要的过程，是身体发育的正常现象，让学生们像学习其他学科的知识一样，学习。这个专题的神秘感没了，学生们也就把它当成一门正常的知识来接受。课后我又找来那几名女生，把这件事的原委告诉了她们，孩子们的心结打开了，关系又融洽了。他们又开开心心地在一起做游戏了。看到同学们又重新获得了快乐，作为班主任的我很欣慰。

孩子们的心是脆弱的，如同玻璃；孩子们的心是纯洁美丽的，如同水晶。孩子们的心是天真的，班主任要保护他们这颗天真纯净的心，只有老师从心里信任、尊重、理解、激励、宽容和提醒他们，他们才能健康地成长。

通过这件事，我感受到了班主任作为班级的组织者和指挥者所赋予的特殊使命。因为班主任与学生们接触的时间最长，频率最高，所以也更了解每个学生的性格、能力、交友关系、家庭状况，了解他们存在的问题，因此对学生心理健康所产生的影响也就最大。我认为班主任可以从以下几方面入手，加强对班级学生的心理健康教育。

在班级开展团体心理健康辅导课

根据班级学生的实际情况和需求，有目的地开展不同形式、不同主题的心理健康教育活动。如针对学生学习习惯不好，上课时注意力不集中，注意品质不好，经常有学生在下面搞小动作，不会听讲，课后作业完成不好，家长普遍反映孩子在家作业时间较长的等问题，开展了"学习要专注"心理健康团体辅导课。

在学科教学活动中渗透心理健康教育

课堂教育中蕴藏着巨大的心理健康教育因素，学科教师可以根据各自学科教学内容的特点，适时、适度地把心理健康教育渗透在学科教学中，开发学生智力和情感，激发学习动力，使学生们保持良好的心理状态，帮助学生健康成长和发展。如在学习课文《梅兰芳学艺》一文时，可引导学生深刻体验梅兰芳经过勤学苦练，终于成为世界闻名的京剧大师的艰辛，说明要弥补先天的不足只有勤学苦练，促使学生养成积极进取、坚韧不拔的精神。

开展心理个别辅导

班主任针对本班学生的实际情况，进行一对一的个别辅导，其中包括特殊家庭的长期辅导和个别现象的一次或几次辅导。对长期的辅导对象建立心理档案，定时对其进行心理疏导。特别是离异家庭的孩子，班主任要在不断的辅导中帮助他们建立健全的人生观和世界观，能正确看待父母离异现象，并能正确处理与父母的关系，要相信虽然父母不在一起与你生活了，但对你的爱一点也不会少，只会越来越多。

利用班主任工作优势，用科学而有效的方法把握学生的心理，因势利导地促进各种类型学生的健康成长，让班主任不仅仅是人类文化的传递者，也是学生心理的塑造者，是学生心理健康的维护者。

点 评

　　许多学生行为表现中的种种异常，如：好动、多话、厌学、打架等，并不是单纯的品行问题，而往往是由心理问题引起的。因此，将心理健康教育引入班级管理，将班主任工作与心理健康教育相结合，显得尤为重要。

　　学生健康快乐成长的影响因素是多方面的，心理健康教育是一个有机的整体。因此，班主任心理健康教育需要从多个角度和层面上加以关注和重视：第一，班主任要保持自我良好的心态，给学生以良好的榜样示范。第二，班主任应加强学习，具备一定的心理健康教育知识。第三，班主任要动员家庭和社会，形成和发挥合力，共同促进和保障学生的心理健康。

不忘初心　一路前行

四川省阿坝州汶川县威州民族师范学校附属小学　潘辉静

　　时间真的就如白驹过隙，一眨眼的工夫，我已经在教坛耕耘了近30年！在这近30年的时光里，我已记不清迎来送走了多少孩子，更不知有多少孩子的记忆里还有我——这个曾经在他们生命历程里出现过的平凡的老师。但无论时光如何变迁，在与孩子们朝夕相处中感受到的纯真的爱让我记忆犹新，这也一直激励着我不忘初心，一路前行！

　　还记得那时我刚刚毕业，刚刚走上三尺讲台，我所带的是一个一年级新班。当我拿到学生名单时就懵了，名单中有十几个藏族孩子的名字，有些字我都还不认识。所以开学的前一天我专门在家里练习用普通话念孩子的名字。

　　终于开学了。当我在教室里大声点名时，教室里却是嘈杂一片：追跑打闹的、窃窃私语的、低声哭泣的……几乎就没有人理睬我，我喊住了这个，那个又开始捣乱了；哄住了那个，这个又开始哭了……束手无策的我只好红着眼眶呆呆地站在教室一角无奈地看着这些"花骨朵们"。那一刻我的心里是懊恼的：干嘛要选择当"娃娃头"呢？似乎是玩累了，孩子们终于注意到我这个老师，看我红着眼眶不说话，他们顿时安静下来。

　　一个小女孩走上前来轻轻拉住我的衣角，什么话也不说，就那么仰着头看着我，不知怎么地，我的眼泪一下子滴落下来，孩子们似乎有些慌了，眼神变得怯怯的，有的还深深地低下了头。看着孩子们懂事的样子，我快速平复了心情，再次大声说："继续点名！"孩子们的善良让我获得了勇气，我开始了自己的教育之旅。大概开学一周以后，我知道了那个拉我衣角的小女孩儿名叫小雪，她只有

5岁。因为爸爸妈妈工作很忙，白天没什么时间照顾她，所以就把她送到学校来由老师照管，父母对她的学习是没有要求的，能听多少是多少，能做多少就做多少，所以在课堂上这孩子几乎就没在听讲——一会儿躺下了，一会儿钻到桌子底下，一会儿又跑到别的孩子桌边去了……我还得时不时地找找她，担心万一她溜到教室外面去了会遇到危险。就这样的一个孩子却十分聪明，她好像会一心二用——别看她眼睛不看黑板，但是当你点名要她回答问题时，她的眼睛只要瞄一瞄黑板上的板书，再看看课本，总能准确无误地说出正确答案。对于这样的孩子，我无疑是喜欢的。课余我会拉着她的小手逛逛校园，有时候给她带一个小苹果。小雪呢，从没说过喜欢我，就那么懵懵懂懂地跟着我们一起学习，一起游戏。

一次，小雪感冒了，小脸因不停咳嗽而变得通红，说话也没了精神，整天蔫蔫的。我除了给孩子准备好吃药的水，还得随时关注孩子是否发烧，给她喝白开水。这种情况一直持续了快一个星期。一天，孩子拉着我的手小声说："我叫你一声妈妈，你答应我好吗？"当时的我大吃一惊，怎么回事儿？后来问了孩子才知道，小雪的妈妈已经出差半个多月了，她实在想妈妈，就想把整天照顾她的我当成自己的妈妈！得知真相的那一刻，我心里是满满的感动，因为孩子完全敞开了自己的心扉，把信任和爱给了我。不久，小雪因为爸爸妈妈调动工作跟着父母到外地念书去了，我和孩子们也在短时间内习惯了没有她的日子，毕竟她和其他孩子不一样，她就是来学校"打酱油"的。

一晃眼，大半学期的学习过去了，就在我们已经快要忘记这个小不点儿的时候，我收到一封信，看着信封上那稚嫩的笔迹，我怎么也想不起是谁会给我写信。当我撕开信封展开信纸，看到的第一句话是"亲 ài 的 pān 老师，你还记 de 我吗？我是小雪。"这句话一下子就击中了我，我情不自禁地流泪了，为一个只有5岁的孩子还记得我这个如此平凡的老师而流泪！那一刻我是庆幸的：幸好我当了老师，我才感受到别的职业无法体味到的纯真和爱！不要以为孩子年幼就什么都不懂，其实老师的一言一行、一举一动她都看在眼里记在心里，孩子的心既善良又脆弱，我该如何好好保护她呢？老师对孩子的情感熏陶和教育会在孩子心里扎根发芽、长叶开花。"老师是人类灵魂的工程师"，说的就是这个意思吧。

　　在之后的教学生涯里，我时不时地会想起这个可爱的孩子，在对待每一批孩子时，我都是那么小心翼翼，因为我知道他们的心灵很脆弱，一句过火的话、一个过于犀利的眼神都可能令他们伤心难过，胆怯不前；而一个鼓励的眼神、一句温暖的话语却能激发他们的潜能。好好呵护他们，让他们健康茁壮地成长，是我们老师们肩上承载的义无反顾的责任！爱是如酥的细雨，慢慢浸润着孩子们的心灵，触动他们的灵魂，促进他们好的言行的形成。记得那次我带着毕业班的同学们去春游，因为玩儿得太尽兴，不知不觉中，我们在山岭中越走越远，渐渐地就和其他班的孩子走散了，待到我们察觉时，已是黄昏。班级中的好几个女生吓得快哭了，我心里也害怕，毕竟就我一个女老师带着这几十个孩子，万一出事儿了怎么办？但当务之急是冷静下来带孩子们平安返回！我不断地告诉自己：冷静！冷静！对了，先打电话联系熟悉这儿地理环境的家长或者同事！终于联系上了一位当地的家长，他告诉了我们返回的路线，接下来就是好好带着孩子们沿路线返回了。在返回路途中，我班的班长小俐同学因在前面带路被刺划伤了手臂，体育委员小玉因为拉她而扭伤了脚。同学们看着班长直冒血珠的手臂吓呆了，我赶紧撕下一截衣角缠住孩子的手臂并搀扶着她继续前行，其他两名女同学看见了也扶起副班长紧跟在我身后。也许是班长的勇气鼓舞了孩子们，也许是那几位孩子的行为感动了大家，也许是老师的沉着冷静给了孩子们信心。同学们再也没有谁抱怨，也没有人再哭泣，大家默默地相互照应着终于平安回家了！班级同学在此后的学习、活动中都表现出了前所未有的活力和冲劲，也许这就是"患难见真情"吧。在这场"患难"中，师生互相照顾、互相鼓励、互相信任，孩子们的意志也得到了锻炼。那一刻我是满足的，我拥有了如此多的"忘年交"！爱如细雨温暖了彼此的心灵！

　　随着孩子们生活条件的改善，物质条件越来越好，可某些本该具备的品质却越来越缺失，比如诚信，感恩，责任。我非常赞赏陶行知先生说的"滴自己的汗，吃自己的饭，自己的事情自己干"。在我看来，孩子们除了要好好学习书本知识，还得接受生活教育。所以，在我接手的每一个一年级新生班级中，开展的第一个活动一定是"小书包自己背"。我希望这个小小的行动可以让孩子们明白，自己的事情一定要自己完成！接着我们继续开展了"小袜子自己洗""小桌子自己擦"等系列活动。家长们也从最初的不理解到后来大力支持，因为他们在这些活动中感受到了孩子们的变化：变得自立了，变得有礼貌了，变得勤快了，变得体贴了……随着孩子们年龄的增长，我们开展了更多关于责任、感恩的活动："每周一学""每周一练"成了书本学习以外的"必修课"（学买菜、学做饭、学叠衣、学整理、拍皮球、打篮球、跳长绳、练跑步……）。每每看到孩子们系上小围裙，在爸爸妈妈的指导下有模有样地学习这些生活技能，再在爸爸妈妈的督促下积极进行锻炼的视频时我都会感到无比地欣慰：父母与子女之间的关系更融洽了，孩子也感受到了父母为家庭付出的艰辛，更意识到了作为家庭成员之一也应该有所付出。一个爱家人、爱家庭、有担当的孩子必将成长为一个心中有爱的人，也必将成为利于他人的人。

作为一名老师，对孩子"视如己出"，对家长"感同身受"会获得家长更多的认同和孩子们的尊重！"静下心来教书，潜下心来育人"，成了我一直以来的座右铭。虽然每一届孩子与我们同行只有短短的 6 年时光，可他们的人生还会有更多的 6 年。我希望自己不仅仅是做一个知识文化的传播者，更希望自己能成为孩子们人生的引领者。作为一位有着近 30 年教龄的老教师，我一定要做到"不忘初心，一路前行！"

点评

作家张洁在散文《我的四季》中这样写道："在这个世界上，每个人都有一块必得由他自己耕种的土地。"对于教师来说，这块"必得由自己耕种的土地"便是深深扎根在教师心里的"教育梦"。

"起始于辛劳，收归于平淡"。教师所从事的职业从来都不会惊天动地，只能够润物无声。日复一日、年复一年地为别人的孩子辛苦操劳，谁又能说这不是一种伟大呢？

流年有声，岁月无痕。每一位刚参加工作的年轻激情的教师都会随着年岁的日增、家庭的琐事、生活的重创而渐渐消磨，但梦想的力量就在于，当你历尽了生活的破碎与绝望后，它还能够让你重新抬起头来，仰望头顶上那片灿烂的星空！不忘初心，才能善作善成；不忘初心，才能久久为功；不忘初心，才能砥砺前行！

作者：王艺璇（三年级六班）　指导教师：段　薇　学校：云南省昆明市金康园小学

爱心育人，追求教育艺术的最高境界

贵州省黔南布依族苗族自治州独山县第二小学　岑祝英

在学校工作中，班主任是和学生接触最多的人。在班主任的工作中，我经常会遇到一些偶发事件，这些偶发事件的处理考验了老师在建班育人中有效处理事件和解决问题的能力。

因为爱而选择相信

人与人之间的相处，信任很重要。从做六年级二班班主任以来，我一直相信我的学生，我不想质疑这些乳臭未干的孩子们。但这也导致了某些学生屡次以身体不适为由逃避自己不喜欢的跑操。

小菲同学在我眼中一直是个好学生，也是父母眼中的乖乖女。她上课认真听讲，积极回答老师的问题，认真完成老师布置的各科作业，是同学的楷模。可有一段时间，她老以这样那样的借口请假而不做操。我也不太在意，小菲第一次请假准假以后，这孩子慢慢地开始陆续以头疼、肚子痛、生理期等借口跟我请假不上操了。我还是不太在意，我认为，现在的孩子娇气。直到有一天，我发现她刚跟我请假说肚子疼，不去上操了，但一转眼就笑容满面，活蹦乱跳。我觉得要管一管了，但我不动声色，继续带其他孩子做操，中途才悄悄地回到教室看这孩子在干什么——她在教室里蹦蹦跳跳，见到我，知道谎言被揭穿了，低下了头。

我开门见山，直接问她为什么肚子不疼了。她说知道我相信她，她觉得偶尔逃避做操不会被发现。不想上操的时候偶尔欺骗一次老师不会被发现，没想到我的相信让孩子有了可乘之机，而且一旦有孩子得逞，就有人仿效，那样带来的后果就严重了。幸亏我发现及时，通过天安门站岗的军人等各种不同的事例让孩子们明白，无论是国家、学校还是家庭，没有规矩就不成方圆。孩子们认识到错误，知道经过紧张的学习，适当的运动，对他们的身体健康有好处。通过那次教育，孩子们再也不以生病为借口不上操了。

学生违反了学校纪律，当然要接受批评教育，批评的目的是使学生纠正错误行为，使其上进。但是无论采用何种方式，教师对学生都应该拥有一种爱心，有了爱心，教师就会选择恰当的方式，而学生感到的是老师对他的关心和爱护，而不仅仅是指责。这样，学生就易于接受，易于改正错误行为。由于惯性，虽然批评教育一两次不一定就能把其彻底改变，但是，只要出于爱护学生的动机，学生一定会不断改进，不断进步的。小菲同学后来虽然也还有些说谎现象，但已越来越少了，学习也比过去勤奋多了。

严师多用"你真棒"

我们班一个平时很不起眼的学生——小卢，因为成绩不是很好，调皮懒散，没少挨我的批评，但有一节课上，小卢突然表现积极、发言很出色，于是我用"你真棒"表扬了他，我看见了他眼睛里闪过一种从未有过的光芒。表现出色值得称赞那是天经地义，我也没有在意，可接下来发生的事情，使我触动很大。从那以后，小卢在我的课堂里改变了许多，变得越来越愿意回答问题了，作业也认真了许多，学习成绩上来不少。我还纳闷是什么使小卢改变这么大，我正愁找不到小卢改变的原因，又发生了一件我意想不到的事。国庆假期来了。一般的节假日，学生都会给他们喜欢的老师发信息表示祝福，以表示敬意。在我的信息里，我意外地发现了小卢的祝福信息。我怀着好奇的心情看完小卢的信息，心情久久不能平静。小卢的信息是这样的："岑老师，国庆节快乐。怀着害怕而又激动的心情，我给您发了这条信息，希望您幸福。一直以来，我因为像我这样顽皮的学生也可以得到您和的称赞表扬而感到幸福。我以后一定努力学习，争取做个好学生。您的学生——小卢。"

我才发现，这么多年以来，我犯了一个很严重的错误。我的鼓励太过吝啬，我错误地把它当成是对学生严格的一种方式。经过这件事，我想了很多。我明白了：原来老师适时鼓励、称赞、肯定，对学生来说是多么的重要。中等生、学习成绩落后的学生更是需要老师的支持和鼓励。适当的鼓励、及时的支持会给学生很大的信心和莫大的鼓舞，可以帮助学生树立远大的理想和人生目标，甚至可能影响他们的一生，也可以给我们的教学带来意想不到的效果。因此，作为教师，我们不但需传授知识，更重要的是要塑造学生人格。因此，我们应该用父亲般的严厉、母亲般的慈爱来对待我们的学生，这样也会更快地提高我们的教学效果。

点燃学生自信的希望之火

班里有个孩子，刚入学的时候很少和同伴交流，学习兴趣不高，课堂上不认真听讲，也不举手回答问题，作业有时都完不成。通过了解和观察，我知道这孩子因为从小父母关系不和，家庭气氛压抑，他形成了内向的个性，这是他的心理压力所致。一次，我专门设计了一道题，要求学生自告奋勇到台上来解答，大家都很踊跃地举手。当我叫到他的名字时，他满脸通红，眼睛看着我，从那惊讶、胆怯的复杂表情中，我还看到了一份渴望，班里其他的同学也同样感到意外。他磨磨蹭蹭地不肯上前，还不停地对我说："老师，我不会……"我看着他说："没关系，你一定会做！昨天的作业题比今天的还难，但你做得很好啊！来吧，相信你一定会做！"其实这道题是在昨天的作业题型的基础上稍加改动而来的，当他说不会时，我就刻意提了一下昨天的作业。他在我的鼓励下，满脸通红，缓缓起身，看了看周围的同伴，慢慢地走到台上，思考了不一会儿，就正确地完成了该练习题。我轻轻地拍了拍手，同学们也报以热烈的掌声，我看到他带着满足和喜悦回到自己的座位，眼睛明亮，头也抬得很高。从那以后，课堂上的他开始抬起头，偶尔还能举起手，碰到问题时也会问老师或同学，他试着解决问题了。当我再叫他回答问题时，他不再脸红，不再畏缩。从他的变化中我再一次感受到，其实，孩子们都很单纯，他们渴望得到老师的关心，更需要老师用欣赏的态度去赞赏和肯定他们，用积极的心理意向鼓励他们。老师为孩子提供表现的机会，他们就会充满自信。让他们的自信像种子一样感受到春天，让那动人的生命力量在融融的春光里"破土而出"。

每个人都有表现自己的欲望，谁都渴望得到他人的认可和肯定。班主任在这方面要做有心人，相信学生，鼓励他们参与各种活动，多给学生提供锻炼和尝试的机会，不但要让能力强的学生尽情展示才能，更要让一些信心不足的孩子也能主动参与其中，享受成功的快乐，获取足够的自信心。

总之，我们每一位班主任应该以高度的责任感积极投身到教育教学实践中，加强学习，更新教育观念，坚持"以学生发展为本"的发展观、学生观、教育观，始终做到爱心育人，学习、掌握科学育人方法，不断提高班级管理技能，追求更高的教育艺术境界。只要我们勤于思考，勇于实践，不断反思，在丰富的教育实践活动中锻炼自我，发展自我，我们就一定能为学生的进步和成长做出我们的贡献。

点 评

以学生为本，就是以学生为中心，多为学生考虑，站在学生的立场和角度思考问题，理解学生的思想和行为，尊重学生的人格，充分相信学生的价值和实力。这些观点每位老师基本上都知道，但在教育实践中真正做到却不是那么容易的，特别是在学生表现不佳或者犯错误的时候。那么为什么文中的岑老师能够做到呢？是因为岑老师在内心里做了一个正向建构。岑老师认为学生表现不佳或者犯错误的背后，实际上蕴含着他们正向的成长的需求。比如，学生为什么撒谎呢？是因为学生内心深处知道自己的做法是不合适的；成绩不是很好、调皮懒散的学生其实是十分希望得到老师的认可和肯定的；内向沉闷的学生也渴望有自己的展示和表达。

作者：李佳凝（三年级二班）　指导教师：李　季　学校：北京市大兴区亦庄镇第一中心小学

不变的爱与成长

——用多元化评语一路陪伴

陕西省西安市西安新知小学 李 鹏

以前，我总以为评语就是老师写给家长看的孩子一学期的表现。

记得小时候，每当放假时拿通知书回家。父亲除了要看我的成绩，总要将老师写的评语，当着我的面大声读一遍，他将老师对我的表扬读得很响亮。至今小学老师给我的评语我都清楚地记得。评语中：一年级的孙老师满是关心，二三年级的龚老师就像聊天，三四年级辛老师成语连珠，四五六年级的侯老师评语满是激励。

回忆自己的成长，我觉得评语不是写给家长的。当了老师后，我认为评语不只是对孩子的一种评价，它更应是一种难得的教育资源。于是，我一直在"评语"这块儿沃土上，将只言片语化成雨露和孩子们一起成长。

刚接新班的"故事激励"评语

那一年我接了新班。我清楚，认真写一遍评语相当于把每一位学生又分析了一遍，相当于把自己一学期的工作又总结了一遍。在整整 20 年里，我努力提升自己的文字功底。因为学生仿照老师的评语是可以写"自我评价"的，所以是一次绝好的练习语言表达的机会。于是就有了如下以"成长故事"为内容的"仿句激励式"评语。

超超：容易激动那是你思维敏锐，放声哭泣那是你为同学担心，奇思妙想那是你勇于创新。因为调皮，所以你创意不断；因为友好，所以你才和老师直言面对；因为独立，所以有时才会"我行我素"。因为这一切，才有了你的故事：博览群书上讲堂，水浒英雄美名扬。王进母子何去向，何时再来续下场。粉丝追着心欢畅，一起学习同成长。回家时刻父母忙，独立自主树坚强！

小韩：人虽瘦小胆量不小，吃饭虽少知识不少，管事虽少点子不少。由一位普通的管理员到文艺委员，又一跃成为班委常委。你的成功不是奇迹，是一种必然。因为自信，你为自己赢得了机会；因为爱心，你得到了同学的鼓励；因为谦虚与认真，你才有了充分的准备。任何事的成功都是如此。大胆干吧孩子，别忘了你的背后还有老师、家长和这么多同学。

泽泽：实用而精美的粉笔盒将载入班级的史册，夸张有趣的牛仔帽和同学们的笑声成为我们永远的记忆。豪放的你，给我们带来了无数欢笑；聪明的你，上课回答问题掌声不断；负责任的你，一如既往管理着老师传递知识的武器——粉笔。望你能持之以恒、更加自信，稳步前进超越过去。

…………

令我意想不到的是，寒假里每一位同学都完成了自己的五篇"成长故事"。第二学期初的家长会上，家长们说这是来自"批评"的启迪。

忙碌中的"师生合作填词"评语

又是临近期末，事务繁忙。一日与学生复习《新新宋词》（我们学校四年级一学年学生要诵读60篇宋词），正练习填词。一位学生将自己一学期的成长填了一首词，内容真切而韵味十足。于是我让学生每人都是试着将自己的成长选一词牌填入，作为练笔。整整一周时间，学生的"自我成长填词"成功了。于是就有了这一学期的师生合作的"填词评语"。我根据每一位学生的情况在词前加了小序。

幽默豪爽的小昭：

为人豪爽内心细腻，刻苦努力幽默风趣。填《声声慢》虚心请教，成长点滴真切回忆。

忙忙碌碌，欢欢喜喜，起起落落起起。交流数学时候，发言积极。手持圆规钢笔，奥数也不是难题。做错事，最伤心，若跌倒再爬起。满屋书籍包围，常做题，数学有谁能敌。诵读声音响亮，表演真像。打饭更是认真，献爱心，点点滴滴。这一年，怎一个乐字了得！

积极努力的阿黎：

温文尔雅，礼仪之星。积极努力，自信倍增。《水调歌头》，发自内心。

明日想游玩，知识先学好。有时方法不当，偶尔显迷茫。常想笔墨挥舞，又恐写得不好，现今正努力。朗读声音响，是何等自豪！转眼间，字练好，进步快。服务同学，时刻高兴心里暖。人有酸甜苦辣，花有盛开败落，事往好处想。但愿考高分，假期作业少。

不懈努力的冰冰：

关心集体，充满爱心。听讲专心，交流积极。好学善思，才气初露。一首《如梦令》，耐人寻味。

不懈努力，常有惊喜。乐于交流，开始自信。昨日偶有退步。至今一直奋斗。试问李老师，却道我已进步。是否？是否？应是飞速进步。

…………

在学生和家长们看来，这已不再是评语，而是作品。是孩子一学期国文诵读的成果，是老师爱心的结晶。所以，评语可以结合学校文化建设，在学校文化的土壤中老师和学生定会共同成长。

文化传承中的"嵌名诗"评语

一次与学生谈论名字时，我尝试用一首诗将名字嵌入其中。我随口对这位同学说："今年给你的评语就这样写，行吗？"这位学生乐得合不拢嘴。其他同学抗议："这样不行，我们也要。不然老师也太偏心了。"想到可以结合五年级语文综合实践活动"遨游汉字王国"，我瞬间觉得这是一件好事情。经过整整一个月时间，我翻阅了《说文解字》《汉字源流字典》《中国姓名文化》等书籍。充分挖掘孩子姓名中的正能量和传统文化内涵，最后前四句"嵌名"，后六句为成长评价。

> 子瑶：
> 子曰诗云传古今，睿源汩汩润尔心。
> 切磋琢磨常努力，瑶环瑜珥满经纶。
> 谦恭诚挚有佳朋，比学赶帮志乾坤。
> 不计得失众人举，助理团中一领军。
> 博览群书思路新，诗词歌赋做美文，
> 争分夺秒饥若渴，攀登路上梦成真。
> 嘉诚：
> 龙马精神奔又腾，九霄云外跃天宫。
> 嘉言懿行尽善美，诚至金开千里行。
> 乐于助人相和睦，性格豪放会冷静。
> 锲而不舍不放松，学习努力树新风。
> 挫折之时也动情，奋力拼搏不服输。
> 睿源美景莫错过，惜时进取功自成。
> 涵冰：
> 书山无涯勤涵泳，春雨润花细无声。
> 熟读深思似鱼游，一片冰心玉壶中。
> 真诚友善敦和睦，书香门第知谦恭。

听讲认真字工整，不懂就问有进步。

尽职尽责乐服务，军训实践自始终。

学习方法莫它求，名字当中藏涵泳。

　　学生利用班级 QQ 群积极交流着自己的评语，连自我评价和家长评价也出现了"古诗体"。家长都说要把孩子的评语永久保存。学生有的将评语重新打印贴在书桌上，有的抄在课本第一页，有的读给亲戚朋友们听。有的家长还请求老师在孩子毕业时在手写一遍，作为纪念。此时我觉得我们给孩子的不只是一种幸福，更是一种文化的自信与传承。

祝福中的"繁星春水"评语

　　以下是送给毕业班的孩子们的评语。当时我和孩子们正在一起读冰心先生的《繁星春水》。

　　小成：

零陆苑的银杏树

一直伴着我

黄了又绿，绿了有黄

它承载着青春的活力

和秋的收获

无论何时都是那么执着

小黄：

一片纸

转眼间成了飞机

载着快乐，载着梦想，迎风起飞

一本书

转眼间成了故事

说着快乐，说着思想，随心所欲

小部：

是花草就会开花结果

有时候我们怎么也等不到

花还是花，草还是草

不经意间你已长高

原来是要长得枝繁叶茂

我们得耐心关照

伴随着在毕业生家长会上的一段话，我完成了这一程对孩子们的陪伴，和自己的成长。

亲爱的学生和家长朋友们：

新知小学2015届孩子们临近毕业，带着对教育的一点体会和对孩子们的一点理解，写下几行小诗。以此献给我的49位学生和49个家庭，权当是一份礼物、一份祝福和最后的评语……

评语，是一种成长；评语是一种传承；评语，是一种创新。它是多元化的，没有固定的形式，没有固定的内容。它唯有一样不变——那就是爱与成长。

点评

写评语是班主任工作的一项重要内容，是班主任对学生思想、品德、学习、劳动、文体活动等方面的总体评价。它不仅能帮助学生正确了解自己的长处和短处，发扬优点，改正缺点，而且能帮助家长了解子女的情况，以便更有效地配合学校对学生进行教育。因此，把评语写好至关重要。李鹏老师采用"故事激励""师生合作填词""嵌名诗""繁星春水"等多种方式给学生写评语，评语中有老师对学生的肯定和激励，有老师给学生提出的建议和希望，还有老师送去的祝福，等等。总之，班主任老师在写评语时，应考虑到孩子们的心理特点及接受能力，以一种爱的态度，采用亲切的语言，以情感为主，鼓励为主，导向为主，教育为主，使评语这种教育手段发挥其特殊作用。

作者：姜泽豪（四年级二班）　指导老师：尹　昕　学校：乌鲁木齐市第十二师头屯河农场学校

连接家校，助力成长

——不一样的成长记录本

四川省内江市资中县水南镇中心学校　陈　瑶

"你们班集中了小学一年级到初中学生的身高样本。"曾有位老师看见我班孩子在操场集合，身高悬殊，参差不齐的状况笑着对我说。的确如此，我班站在第一排的孩子，他们的身高与一年级的孩子差不多；而站在最后一排的孩子身高已高过我，他们说是初中生还真有人信。

我这班孩子一共87个，男生45人，女生42人，其中留守儿童14人，残疾1人，孤儿1人。这些孩子年龄都在10岁左右，相差最多不过一岁。可是，光从外表来看差异就足以令人惊讶了，他们内在的性格、能力、兴趣，存在的差异就更大了。这就是我的四年级一班。

我们那小小的教室刚好容纳下了87个座位。教室虽然陈旧而狭小，但是经过了精心的布置。置身其间，绿叶繁茂，令人感觉是孩子们的和谐家园，更是健康成长的乐园。

与孩子们在一起，每日忙忙碌碌，不知不觉，一个学期就过去了一半多。一个星期天的早上，我打开手机，见微信上又是几个家长的留言。87个孩子身后有不止87位家长，他们是最关心孩子成长的人，我决定写一封回信给家长们。

> 亲爱的各位家长：
>
> 大家好！
>
> 我时常接到一些家长打来的电话，发来的微信、短信，有想了解孩

子的情况的，有碰到孩子成长问题想得到帮助的，有给我工作提意见和建议的。每当我接到这样的电话和短信、微信时，家长对孩子成长的关注，对孩子的那份爱与责任，以及对我工作的信任让我备感欣慰，同时也备感我身上的重任与压力。

为了让家长们更好地了解孩子，了解孩子所在的班集体，以促进孩子更好地成长，这里，我就根据家长们的来电来信的一些信息，归纳出家长们关心的问题来谈一谈。有时家长们看起来一个很小的问题，到了我这里就是个大问题。有时，家长认为的大问题，到我这里又成了小问题。看来，我们真的需要充分的沟通。如果你读完此文后，有什么疑问、意见、建议都可以发短信给我，或通过微信私信我（还是要原谅我不能及时回复）。

……

座　位

总有家长要求给孩子调个座位……

87个性格各异、独一无二的孩子每天都要聚在这间小小的教室里，一起坐上五六个小时，面对那么两三个老师，进行相同的课堂学习。如何在课堂上自主管理？如何与同学、老师交流？如何做到专心地听讲？如何让学习变得有效？

这是孩子们需要努力的，也是我需要思量的。活泼好动的要跟安静沉稳的同学坐在一起；管不住自己的要放在讲台前面；相差悬殊的身高也是考虑的重要因素，个子高的坐在前面，既挡着后边的同学，如果坐姿不正确还有损骨骼发育；男生女生还要穿插开……

87个座位排起来真是大学问，还要听取各科老师建议随时调整。所以家长朋友一定放心，座位每周轮换，学校老师都会把孩子们的健康成长看成重中之重。

大班额教育

87名学生的大班额，对我来说真是挑战。我尽我所能，想方设法给每个孩子创设合适的成长空间与平台，让他们切切实实获得自信，激发他们学习、成长的主动性和积极性。比如：

本期开学，学校安排我班两三个孩子上台表演个节目，而我把它变成全班上；每次教研活动有老师借我班去上公开课——只需40人左右（标准班人数），而我尽量说服上课老师，把孩子们都带去。

我班担任升旗仪式的任务，要主持人、旗手、演讲者、指挥等合适人选，我特意请音乐老师——谢老师给我们班的孩子上了一堂指挥课，我看到孩子们好奇、惊讶、快乐的表情和挥舞的双臂知道了他们感受到了音乐、指挥的魅力，懂得了正确指挥的知识与方法。我相信，好的艺术教育会启迪智慧、陶冶性情。

举例来说，班上罗某某、伍某某上学以来，语文、数学学习方面，成绩一直不够理想。自从罗某某参加了少年合唱队，被选为主唱，伍某某的指挥得到了师生认可，这两个孩子的改变是巨大的，他们变得开朗、自信、乐观，成绩也随之提高。一次班上十来个孩子手忙脚乱打扫科学实验室时，罗某某三言两语竟给大家做出了合理分工；还有一次，大家上完音乐课，纷纷离开教室，而她自觉留下把一些同学用过的桌板归位。班上像她俩这样变化进步的孩子还有很多。

孩子点点滴滴的进步都不容易，需要老师、同学、家长的肯定与鼓励。教书教久了，越来越发现，有时只用分数去衡量学生，对有的学生来说是一件很"残酷"的事情。愿家长和我都把教育的视野放得宽一些，不要只盯着分数，有时候分数上不去，是我们的视野放得还不够宽。

……

我写着写着，看着笔下这封要上万字的信才写了几个孩子的变化，突然感到：87个孩子他们都在成长变化着，我不管是通过家长会，还是电话、微信、短信甚至用掉我的休息日我都不可能罗列所有孩子成长的点点滴滴。但是，我的确很想满足家长们对孩子在校情况了解的渴望，想把每个孩子在校成长的点滴都一一告诉家长。因为这有利于家长帮助孩子发现自己的闪光点，能让孩子得到进步后的肯定以及挫折后的指点鼓励，从而激发出他更加自觉主动学习、成长的动力。

我思来想去，让每个孩子自己把自己在校成长的点滴告诉家长，何尝不是个好办法？我想到了《成长记录本》，家长想了解孩子在校的情况，只需要让孩子拿出《成长记录本》，让孩子说一说就行了。

想法变为现实总得行动，我向家长和孩子们说出了自己的想法。星期一的早上，孩子们拿出了和家长们一起买的自己喜欢的笔记本。我对他们说："孩子们，你们长大了很多，能独立完成很多事情了。这个学期我们参加那么多活动，担任那么多的任务，你们都完成得那么好，而且每个孩子都在不断地进步，表现那么优秀，但是老师没有太多的时间来表扬你们，来为你们每个人的进步喝彩，更不能把每个孩子的进步都告诉家长。从今天开始，老师想请你们每个人记录下自己在学校成长的点点滴滴，让家长看到你的进步，更让自己看到自己的进步，相信自己，肯定自己，发现自己，不断地努力，让我们的班级，让我们自己，变得越来越优秀。就让这本《成长记录本》陪伴着我们快乐地成长。记录下的点点滴滴，有成功，也可能有挫折，但都不要紧，因为他们最终都会成为我们成长的力量。"

我请孩子们在笔记本的第一页写上了他们常常诵读的几个句子——

"天行健，君子以自强不息。"

"有志者事竟成。"

"勿以恶小而为之，勿以善小而不为。"

"业精于勤而荒于嬉，行成于思而毁于随。"

告诉他们，如果还有自己喜欢的句子，可以抄录在后面。

我又让孩子们把第二页当作"愿望清单"，写下自己大大小小的愿望。

第三页则是记录自己每天在学校的表现。我根据每日学校的课程安排把它们归成了几大项：安全纪律、课堂表现、清洁卫生、课间锻炼、文明礼仪、学习成绩等。

我和孩子们为每一项设定了基础分，并制定了加减分规则。可以把自己每天感觉做得最好的事情用一两句话写下来。最后商定用适量的积分来换愿望清单上的小礼物。

试行一周。班级的变化是显而易见的。教室地面一整天都洁净如新——以前从来没有过，总有些垃圾；课堂上专心学习的孩子更多了，课堂纪律明显好很多；课间孩子们自由组合跳绳或打乒乓球；大课间孩子们做操动作漂亮了许多；孩子们在楼道或教室里追逐打闹的现象几乎没了……

星期五学校召开班主任会，由于我事先没预计到会议时间会延长那么久，开完会，我急匆匆跑到教室，可是已经下课，孩子们告诉我，值周班长安排大家自习，大家可认真了，教室里非常安静。

回想一周来，每天下午放学前是孩子们最兴奋的时候，他们与我一起盘点一天的收获，快乐满满、信心满满。回家后，他们还会把这一天的收获告诉家长，获得更多的成长力量。

孩子们手中那一本本厚薄不一、或大或小、颜色图案各异的《成长记录本》连接着学校与家庭。那是一本充满爱的本子，孩子们用它感受到爱，他们也一定会在使用它的过程中懂得深爱自己，深爱家人，深爱这个世界。

点评

大班额、家长的不同期待和需求，乃至座位的安排，都是老师可能面临的挑战。如何解决这些具体的问题呢？程老师为我们提供了一种有效的途径——《成长记录本》。每个孩子都可以自主记录在学校的表现和生活，这样有效地缓解了老师无法关注所有孩子表现的难题，同时，《成长记录本》也发挥了联结家庭和学校的作用，家长可以及时地了解孩子的各种表现。从孩子们的变化也可以看出，当老师相信孩子，并且采用有效的方法后，孩子们是可以在各个方面获得成长的。

无批评日

黑龙江省黑河市黑河小学　张晓平

　　我在教育岗位上已经摸爬滚打了几十年了，对于学生的教育我也做过很多尝试。当然对批评学生这样的教育我更是用心良苦。确实，在教育学生中，在批评与不批评之间让我们老师选择，似乎是在痛苦中挣扎。每一位老师都不愿意去刻意地批评学生，伤害他们。任何一个老师都想天天表扬学生，做学生心目中的好老师，任何一个老师都想把学生教育好，让他们成才，成人。

　　我们老师会常常犯一些不自觉的不认为是错误的错误，课堂上正讲得头头是道，突然嘴里会说出："小健把东西收起来！"即使你觉得自己讲得多精彩，也不愿意用精彩换取学生在课堂上玩东西的行为。

　　你正讲得精彩着呢！突然看见两个学生在说话，不管其他学生怎样的入情入境，我们都会随口就说："谁让你俩说话啦？"表情还挺吓人。即使98%的学生如你所愿，你也容忍不了两个学生在课堂上随便说话不听讲。这已经成了我们老师的一个习惯。

　　我们做老师的有这样的随心所欲，有这样的习惯总觉得是负责任的，是合情合理的，因为我们是老师，不是学生，我们从来都认为随意批评学生这点小事算不了什么，从没想过学生在感受什么，在承受什么，他们想要发自肺腑地呼唤什么。

　　就是因为这些，我们从没为学生考虑过，班级的情况有些糟糕，课堂上搞小动作的学生增多，随便说话的学生成倍地增长，这都让老师筋疲力尽——吃不好，睡不好——做老师真难，想点什么办法呢？

让我们做几个实验。

铃声一响，老师走进教室，发现有的学生在地下乱窜，还没坐到自己的座位上。有的学生坐得规规矩矩等待老师上课，因为老师先发现的是表现不好的学生，所以，就会严厉地批评说："铃声都响了，你们几个怎么还没坐好！"等学生全部坐好能上课了，看一下表，把耗时记录下来，学生的进入学习状态时间记录下来。

又是铃声一响，老师走进教室，发现有的学生坐得规规矩矩等待老师上课，有的学生在地下乱窜，还没坐到自己的座位上。因为老师先发现的是表现好的学生，所以，就表扬说："铃声一响，你们几个就坐好等老师上课了，老师谢谢你们。"等学生全部坐好能上课了，看一下表，把耗时记录下来，学生进入学习状态的时间记录下来。

对比两次实验我们会发现表扬好的学生比批评不好的学生的耗时少，学生进入学习状态快，学生的快乐值高。从而得出课堂效率就高的结论。

用同样的办法我们接着做实验：在值日生工作中表扬好的值日生比批评不好的干得又快又干净。在放学站队时表扬好的队伍比批评不好的站得又快又好，做眼操时表扬好的学生比批评不好的做得更认真。

反思我们批评学生的恶果，再通过实践研究得出的表扬的力量，我们教师亟待改变的就是批评学生的随心所欲和不好的教育习惯。最好的办法就是为自己设立"无批评日"。

开始的时候，我们会用管制自己的办法刻意地让自己不批评学生，但是，该批评却忍着不去批评这并不是一个好办法，我进行了更深入的思考、更深层次的研究。我借鉴的第一个教育事例是中国教育网发表的无批评教育案例：小足球迷王波在马路上踢球险些出车祸，面对惊魂未定的王波和出租车司机，班主任一边安慰王波，一边向好心的司机道歉、致谢，没有流露出一丝的不满。放学了，王波接到了班主任送他的一幅漫画：左边是一个小学生在马路中间捡球，一辆汽车正在强行刹车；右边是足球场上，一群小学生在踢球，一个小学生正飞脚射门；下面配着一首打油诗：捡球突穿马路，车停行人止步；一旦发生事故，亲人牵肠挂肚；不如球场练兵，一展大将风度。从此，王波再没到马路上踢球。我被这个教育故事深深震撼了，原来有些批评教育是可以这么的高雅、艺术。

现在，无批评日已让我养成了不随便批评学生的习惯。一直以来每次考试我都公布考试前 10 名同学的成绩。但我们班现在百分之百都能得优。每次活动我都表扬校服穿的整齐的学生，现在每次活动学生都能按要求从鞋、袜子，到服装、头花都穿戴一致。

没有批评的教育是不完整的教育，但是没动脑筋的批评是最可怕的。无批评日就像一剂良药，能治病，能救人。

点 评

从这位从教几十年的老教师生动的情景描述中，我深深地感受到了关于"批评与不批评"的纠结。她在实验中发现了聚焦好行为、发现积极行为要好于盲目的批评和指责，然而她并没有满足于不批评的技术，而是积极地去寻找和体验不批评的艺术！"资深的经验"并没有牢牢地框住这位老教师，责任心和开放责任的态度让她走出自己的舒适区以不断探索新的方法，完善自己的职业生涯！这并不容易，和理解学生相比，命令学生要容易得多；和选择新的挑战相比，固守经验要容易得多。所以，每一位愿意主动放弃"捷径"而走近孩子的教育者都是值得尊敬的。

心霾拨散是晴空

——对一位自残女孩的辅导案例

湖北省荆州市监利县弘源学校　蔡辉雄

案例背景

一位班主任急匆匆地来到我的心理工作室，说她班上有一位有自残行为的女孩，请求我帮忙辅导。事不宜迟，辅导时间预约在当天放学以后。

师生陆续离校后，班主任准时领着一个胳膊上包有纱布绷带的女孩来到我的工作室。小女孩扫视了一眼咨询室，就低着头，站在班主任身旁，刘海遮住了大半个眼睛，脚无意识地随意擦着地上的一块脏迹。

女孩叫小丽，15岁，学习成绩较好。女孩的父母在她三年级的时候离婚，她跟着爸爸。

据班主任介绍，以前这个孩子与一位关系最要好的同学闹意见后，用刀划过手臂；上个月与妈妈在电话里发生冲突，也用刀划过手臂；今天中午一个人在寝室用刀划手臂，被同学撞见，赶紧抢过刀，然后报告班主任。

案例描述

听了班主任的介绍，我初步了解到这个女孩面对重大生活事件的行为模式，即她在遇到重大生活事件时释放负性能量的行为模式是攻击自己、伤害自己。今天中午的自残，一定是遇到了自己无法解决的矛盾或困惑。

基本情况了解后，我请班主任先回避，我的辅导正式开始。

我递给她一杯热水，示意她坐下。

她先开口了："老师，没什么，我划着玩的，你别管我，不耽搁你的时间了！"我知道这个孩子在拒绝我的帮助，她的心理防御机制很重；同时折射出这个孩子可能没有安全感。如果不建立亲和的咨访关系，不减弱她的防御心理，咨询就很难有进展。

我立即接上话茬："划着玩的？看到你把自己的胳膊划成这样，真是心疼！"

可能是很久没有听人说过疼爱她的话了，女孩看了我一眼，然后低下了头。

我接着说："我也有一个女儿，比你大5岁。我女儿上初中的时候，有一天骑自行车摔到地上，胳膊上划了好长几道口子，在送到医院包扎时，我的心比女儿的伤口还要痛……"

"您真好，您女儿真幸福！"她的眼睛红了。

"看到你今天的情况，不知怎么了，我就想起了我的女儿。我也乐意像对待我的女儿一样来帮助你。"

"谢谢老师！"她的态度明显好了很多。

"告诉老师，划自己的时候，是什么感觉？"

小丽摇了摇头说一点儿都不疼。我的心为之一震，胳膊上伤痕累累，居然说不痛！我凭着咨询师的职业洞察力，敏感地捕捉到这样一个信息：这个女孩内心一定很痛苦。当一个自残的人感觉不到身体痛的时候，必然是因为内心的痛比身体的痛还要严重。

"不管遇到什么困惑，老师都愿意陪你一同走过！"

她擦了擦眼泪，说："老师，其实也没什么，就是觉得自己长得不好看，因此一直很苦恼，有时觉得活着真没意思。其实我知道我的想法不对，但我真的很在意呀！怎么都高兴不起来。"说完就出声地哭起来。

这个孩子的心理困惑终于露出了端倪，体相烦恼是导致她不快乐甚至自残的直接原因。体相烦恼就是觉得自己长得不好看，自己的容貌、身材不符合期待而深深的自卑、烦恼。不管怎样，她愿意向我表白真实的内心世界，说明她已经初步对我有了一些信任感。

我递了一张纸巾给她，说："老师很理解你作为一个女孩面临的烦恼，也很感谢你对老师的信任！老师愿意为你提供心理学帮助，和你共同走出困惑。"

她点了点头。

我问："爸爸知道你今天的事吗？"

她抢过话："老师，您千万别跟我爸爸说，我跟班主任也交代了的。"

我疑惑地望着她。

"老师，您不知道，我爸爸是天下最伟大的爸爸，为了我，多次放弃建立新家的机会。特别是他最近身体不太好……"说着呜呜地哭出声来。

根据我的咨询经验，对于有自残行为的受助者，必须先进行心理危机干预。我是从寻找社会支持系统入手的，看来，这一招已经奏效。只是这个社会支持系统还很单薄，只局限于她爸爸一个人，系统不强大，应该帮助她扩大社会支持系统。

"嗯，你怕爸爸伤心，是吗？其实，除了你的爸爸，还有很多人在关心你，包括你的亲人、朋友、班主任、同学在内，他们痛苦着你的痛苦，幸福着你的幸福。你很阳光地站起来了，就为一群人撑起了幸福和希望的蓝天；你倒下了，在你爸爸等关心你的人眼里，天就塌陷下来了。为了自己，也为了亲朋，你应该努力！"

小丽使劲地点了点头。

第一次辅导结束了，我们约好本周六讨论体相烦恼的问题。

星期六一大早，她就坐在我工作室门口等我。

按照辅导计划，第一件事是让她找出所有对自己长相不满的地方。她尴尬地笑了笑，罗列如下：太胖，左额头上有一块一元硬币大小的疤痕，是小时候不慎摔伤留下的。

接着我们讨论体相烦恼对她的生活造成了哪些负面影响。通过讨论她自己得出这样的结论：第一，体相烦恼使自己产生了强烈的自卑感，从而影响了自己的人际关系；第二，体相烦恼分散了她的注意力，影响学业成绩；第三，体相烦恼导致她自我评价水平很低，导致自残的行为和自杀的想法，生活满意度降低，影响幸福感。

我明确告诉她，体相烦恼基本上是错误认知造成的。心理学认为，不是事件本身导致烦恼，而是人们对事件的看法或者态度导致了烦恼。我举了一个例子：有人在路上遇见同学后说了一句话"你这人真好"。针对这么简单的一句话，不同的人就会有不同的反应，A 同学可能会想：他在夸奖我，因此，会产生"高兴"的情绪；B 同学可能会这样想：我没这么好哇，他是不是在讽刺我？于是很生气，产生"愤怒"的情绪；C 同学可能这样想：我没为他做什么呀，他可能是在讨好我，想利用我，我最瞧不起这样的人！于是提高警觉，产生"厌烦"的情绪。

"你看，面对同样一句话，为什么产生的情绪体验却不一样？"我问她。

"是人的认知造成的。"她的悟性很高。

"所以，这个世界上发生了什么并不重要，重要的是你对这件事的看法。"

小丽陷入了深思，过了一会儿对我说："老师，你的意思是换个角度看问题，可能会柳暗花明又一村。当我们无法改变现实的时候，就改变看法，是吗？"

我笑着点头。我借鉴钟志农、刘鹏志、周波等名师辅导学生走出体相烦恼的经验，把辅导重心放在认知重构上。

接下来的环节是用"虽然……但是……"造句。我给她举了一个例子：虽然你长得比较胖，但是不是那种病态的胖，让人看了很舒服。

她很满意我的造句，也接着也造了一个句："虽然我长得胖，但透射出一种青春的活力。"

"虽然我脸上有块疤痕，但是……"，她欲言又止，一直没下文。看来她还是对脸上的这块疤痕不能释怀。

我对她说："其实这块疤痕并没有对你的外貌造成什么不好的影响，即使你不故意用头发遮盖它，别人也不会很在意。之所以你会非常在意它，是因为你总是拿着一个放大镜在观察它，于是发现越看越难看，其实问题远远没有你想象的那么严重。"

我接着说："老师试着造一个句：虽然你脸上有块疤痕，但是很幸运，因为它长在了发际处，而不是显眼处。"她眨了眨眼，想了一会儿，笑了起来，看来对我的造句很认同。

接下来她拿起笔连续造了几个句子："虽然我额头上有块疤痕，但是很幸运，因为它只有硬币大小，而不是像碗口那么大；虽然我额头上有块疤痕，但是很幸运，因为它只是一块，而不是长满了脸；虽然我脸上有块疤痕，但是很幸运，因为它并不影响我的美丽。"

"很好！老师再送给你一句话：接纳不能够改变的，改变能够改变的。你已经接纳了自己不能改变的体相，那你想过哪些方面是可以通过我们的努力而可以改变的呢？"

"嗯，比如说不暴饮暴食，注意营养平衡，每天坚持锻炼1小时……"

我微笑着望着她点头："那我们今天的讨论到此为止。下周六还邀请你到工作室来，讨论一下释放负性能量时的行为模式，好吗？"

她又一次使劲地点了点头："真的很感谢您！"

案例反思

承接这项辅导任务后，我的心里很清楚：减弱小丽的防御心理，走进她的心灵是突破口；危机干预是当务之急；化解体相烦恼是解决问题的关键。

第一，爱是最好的心理辅导技术。在这个案例中，小丽开始的态度分明是拒人于千里之外，因为她有很强的心理防御机制。我成功地运用同感、自我开放等技术后，咨访关系发生了微妙的改变，这也是决定性的突破口。

第二，高扬生命的主旋律。生命是第一位的，心理辅导老师更要敬畏生命、珍爱生命、呵护生命。受助者无论是什么原因需要帮助，当发现他们漠视生命、轻视生命的时候，当务之急就是心理危机干预。在本次咨询中，我抓住了一个很好的支撑点，就是寻找社会支持系统。

第三，放飞孩子的心灵。在这个案例中，我主要采用了认知疗法，通过改变认知来改变小丽的负面情绪，从而学会换一种眼光、换一个角度看问题。人的心理活动就像是一条河流，如果在河流的某一段被污染或者出现了杂质，河水就会变得不清澈，流动就会受阻，心理冲突就产生了，所以需要我们教师去疏导。我觉得我们心理辅导教师应该像治理黄河、长江一样，不拦、不堵，只疏、只导，因势利导。

点 评

本文是一则心理辅导案例。针对有严重心理问题的学生，心理辅导老师采用了接纳、共情、具体化、自我开放、寻找社会支持系统、认知调节等心理辅导策略和技术。鉴于这名学生的情况，心理辅导老师应当和学生的父母以及班主任老师沟通，引导他们改进教育理念和教育方式，从而优化学生的周围环境的氛围，给学生正向支持。并且对这名学生的辅导是一个长程的帮助，辅导要持续一段时间，应当经过评估（包括学生自我感受、周围人反映以及心理量表测评）后有明显改变的效果，才可以结束辅导。

每日几句轻寒暄 胜似百酒解千难

湖北省荆州市沙市中学 刘 超

理论基础

本文的理论依据是教师期望效应。教师期望效应是指教师的期望能为学生的发展指明方向，能激活学生的潜能，从而使学生取得教师所期望的进步和发展。教师在与学生的每日交流中正面地传达教师对学生的期待，让学生心灵感知。久而久之，便会对学生的身心成长产生积极作用。

教师期望效应又叫"皮格马利翁效应"，或者是"罗森塔尔效应"。具体来说，就是你期望什么，就会得到什么。皮格马利翁是古希腊神话中塞浦路斯国王，他用象牙精心雕刻了一座他心目中的女神雕像。他每天都虔诚地祈求爱神阿佛罗狄忒赋予雕像生命，让她成为自己的妻子。爱神为他的真诚所感动，这座雕像真的变成了活人，成了皮格马利翁的爱人并生活在了一起。后来，人们就把这种由期望产生实际效果的现象叫作"皮格马利翁效应"。

案例描述

班主任，是班级事务的管理者和班级建设的引路人。要想更多的知晓班级状况，了解学生的心理，走进学生的心灵，就要走近学生，多跟学生交流沟通。因此，我每天都会抓住时机，跟学生谈话，关心他们的学习生活状况，帮助他们答疑解惑。我也会在课堂教学中相机行事，结合教学内容给学生一些充满正能量的话语，对学生进行鼓励。

案例一

从第一排到最后一排

"老师，我能申请坐最后一排吗？"说话的是我们班的学习委员。

"为什么想要坐最后一排？"我感到很诧异。一般情况下，学生都会要求老师把座位往前调，往中间调，而这位成绩优异且十分乖巧的小女生却主动提出了这样的要求。

"第一排离电子屏太近，我眼睛不好，受不了。"

"那你跟同学商量一下，往后换一下？"

"不，我就要坐最后一排！"我话还没有说完，她坚定地甩出了几个字，径直跑出了办公室。

这是我第一次看她如此坚定固执，还这么没礼貌。

"你回来！"我紧跟出去，叫住了她。

她好像感觉到了我的愤怒，停下了脚步，态度也随即柔软了下来。

"老师，我真的是眼睛不好，看电子屏久了就很疼，您就让我坐最后一排吧。我保证好好学习，决不掉队！请您相信我好吗？"她微笑着，温柔地央求着。

马上就要上课了，我抵不住女生的撒娇，便应下了。

"好吧，不过千万不要躲后面贪玩，影响学习。"

一个星期过去了。她如愿以偿地坐到了最后一排，再也没有来找过我，哪怕是汇报班级的学习状况。我微微感到不对，于是课前课后对这位奇怪的女生多了几分关注。

她变了，变得少言寡语，变得喜欢低着头，学习的时候埋着头，走路的时候低着头，甚至在走廊上碰到我时，也只是低着头，浅浅地露出微笑。

我找了几位跟她关系比较要好的同学了解情况，大家也觉得她变了。

自从上次调考成绩出来之后，她就变了，变得不爱讲话，变得浑浑噩噩，没了方向。

第二天数学课，复习"向量"一章。我故意把她叫到了屏幕前，演示并讲解一道题目。她完成得很出色，赢得了热烈的掌声。

"人生何尝不是向量呢？理想指明了人生的方向，行动决定了人生的长度，刘老师衷心地希望大家排除杂念，在最美的年龄里，为最纯的理想而行动！"说完，我的目光投向了她，我们默契地相视而笑。

"刘老师，我还是想回到我原来的位置。"下课后，她主动找到了我。

"调整好了？"我会心一笑。

"嗯嗯。下次考试，我的目标是 650 分。"

…………

案例分析

在本案例中，教师因学生不寻常的请求，细心观察，于细微之处发现高三学生因考试压力而情绪发生变化的问题，巧妙地在数学课堂里通过向量的知识给学生注入理想观，鼓励学生树立目标，明确奋斗方向并为之努力，使学生豁然开朗，走出心理暗区，重拾学习的信心。

案例二

他俩爱上了同一个人

我在班上组建了一个篮球队，要求热爱篮球的同学都加入。周末和学习之余我会组织他们进行各种比赛，以愉悦身心，调剂紧张的高三学习。H 和 S 是队里关系最要好的哥们儿。他俩都酷爱篮球，配合默契，平日里也是无话不说，关系好得不得了。

可是最近，篮球场上很少看到两人同时出现，班级里也甚少听到他们的谈话。

我把 H 和 S 叫到了办公室。

"马上就要高考了，我发现好多同学都有些紧张压抑，平时爱讲话的同学也都不作声了，班级氛围严肃而沉寂。我决定在这个周末举行一次班级小组赛，这个活动你俩抽空合计合计，尽快安排好小组分工和比赛章程。"

"不！"两人几乎是异口同声。

"不愧是好哥们，决策高度一致！"我调侃道。

"老师，我一个人就行。"作为队长的 H 首先发话。

"最近时间宝贵，学习任务重，你俩合作效率更高，也不会影响你们的学习。"

勉强地接下了任务，两人一前一后离开了办公室。

我以拿作业为由，把 S 叫了回来。

"为师感觉今天气氛不对，你俩咋啦？"

"没什么啊，挺好的。"

"那就好，这次篮球比赛也许是同学们在一起的最后一次合作，我希望你们精诚合作，把它组织好。"

"可是，估计这次要让您失望了……"

原来，最近他们闹僵了。因为他们同时喜欢上了一个女生。H 在知晓后抢先向女生告白，并且在遭到拒绝后还将 S 也喜欢她的事一口托出。

异性同学交往过密是中学生经常出现的一种现象，可是，在繁重的学习压力下，我该如何帮助这两个因为喜欢上同一位女孩而心生嫌隙的好兄弟走出阴霾呢？

当天下午，我以筹备篮球赛为由，找到了 H。

"记得上高中的时候，我喜欢上了我们班上一位特别漂亮的女生，但是我那时内向，一直都没敢跟她表白。"

"老师也喜欢过同学？"

"嗯？话里有话？也？难道你……"

被我抓住话柄，他的脸涨得通红。在我这位原则性很强的班主任面前，他发现自己说漏了嘴，显得手足无措。

"没事，说说嘛，是哪位幸运的女生得到了我们班篮球王子的青睐，说不定老师还可以给你把把关呢。"我变换了语气，用朋友的方式跟他以心换心。

我跟他说这是一种正常的心理需求，每个人都有喜欢的权利。不过马上就要高考了，学习才是当前的重中之重，我劝诫他要用理智去抑制自己感情上的冲动，把爱的萌芽深深地埋在心底，因为爱情之花的开放是离不开社会的实践和时间的考验的。我还告诉他要珍惜同学之间兄弟般的情谊，在学习上互相帮助，互相鼓励；在生活中更要为彼此保守秘密，要珍惜这难能可贵的青春时光。

后来，两人冰释前嫌，在他俩的合作下，这次篮球小组赛举办得相当成功。

案例分析

这是一则典型的因异性同学交往过密而引发同学关系不和的教育案例。两位有着共同兴趣爱好的同学同时喜欢上了一位女生，但由于 H 同学处理不当，使其演变成了如何与同学相处、如何珍惜朋友情谊的问题。在对这件事的处理上，教师以学生的兴趣爱好为切入点，旁敲侧击，逐步发现问题、解决问题。在此过程中，笔者通过自身经历，站在学生的立场，拉家常式地与学生进行深度交流。使学生树立了正确的恋爱观，也学会了如何维系朋友之间的关系，挽救了濒临瓦解的哥们情谊。

案例反思

以上案例充分说明了班主任在教育教学环节中都要做个有心人，细心观察，随时关注学生的心理动向。在课堂内外，抓住看似平常的交谈打开学生心扉，让他们能够不带着思想包袱学习，为他们的身心发展助力。我以为，像这样的轻寒暄，足以解决学生学习生活中的各种难题。像这样的"轻寒暄"，要把握以下几个原则：第一，随意而有针对性。第二，随和又不失威严。第三，随便却自然得体。

班主任是班级的主要管理者，是学生学习生活的引路人，负责学生的学习、生活和纪律。智慧的谈话对于师生之间沟通思想、交换意见、交流信息、解决矛盾、融洽感情、增强信赖及满足现代学生的心理需求和个体教育的需要有着非常重要的作用。成功的教育教学案例是教师心智的倾力奉献。每日几句寒暄语，胜似百酒解千难，它将深深地留在教师和学生的心底，对学生的终身发展产生深远的影响，也会让教育工作者迸发出更加睿智的火花。

点评

　　"轻寒暄"或者称之为"微沟通"，这体现出老师对学生既有关注又尊重和信任学生。每一个学生都希望得到老师的关注和重视，但是同时又不希望被过分关注和重视，因为过分的关注和重视就是不信任了，就是限制和剥夺。真正关心学生，尊重和信任学生，意味着要做个有心人，默默观察，及时发现学生的困惑和需要，送出爱心给予学生辅导和帮助；同时，对学生的关爱、尊重和信任的表达还要选择适当的时机，以一个学习或者班级管理实务作为切入口，和学生谈心沟通，学生不容易产生心理防御，比较容易接受。另外，尊重和信任学生还包括，当学生表示要自己面对和处理问题时，老师要默默走开，留给学生锻炼和成长的空间。

我的班级故事

黑龙江省讷河市实验小学　梁雪芹

在我的教学工作中，时时有一些事情促使我动笔记录下来，让我陶醉于自己的工作，让我反思自己的行为并总结经验和教训，让我感知我的学生和我共同的进步与成长。我把这些零散的记录整理在一起，命名为《我的班级故事》。

暖手宝——小馨

因为小馨，我不再怕冷。

那天，我来到教室，冷得用左手搓着右手。我看到坐在第一排的小馨，白嫩嫩的小手正在摆弄文具。走过去，把她一双软绵绵的小手抓在自己手里，坏坏地笑着说："我给你暖暖手吧！"

小馨惊讶地抬起头，脸上的笑容被我手上的冰冷给冻得僵住了，我暗笑：这孩子肯定是嫌我的手太凉了。

果然，小馨努力地把自己的小手从我禁锢的手中抽了出去。可随即就撑开她那白嫩嫩的小手，试图把我冰冷的双手紧紧地包裹在她那暖暖的小手里面……

手暖了，心暖了，可我脸上的笑却僵住了，在那一刻我才知道，她是那样爱她的老师。

有了暖手宝，何惧严冬？

富裕人家

"因为我家很穷，所以没有什么贵重的物品。"

听到小轩用"因为……所以……"这样造句时，我的心猛地抽动了一下，在这个用财富衡量价值的社会，小轩的造句显得有点沉重，我该怎么帮他呢？

"哦？我觉得这个句子不妥，相反，老师觉得你家很富有啊。"随即，我在黑板上写下了"小轩家因为有了……所以很富有。"接着问道："谁来帮老师完成这个句子？"

孩子们开始七嘴八舌讨论，因为有了知识、笑声、幸福、快乐……答案五花八门，高潮迭起。最后答案确定为：小轩家因为有勤奋好学的小轩，所以特别富裕。

这样的答案让小轩吃惊，小轩顿时神采飞扬。

于是，我对家长说：每家的宝贝都是家里最大的财富，有了他们，我们都是富有的。守护好我们的财富，他的价值，超出你的想象。

我对小轩说：小轩，加油！

富裕人家·续

走到教室的门口，听到有挪动桌子的声音。怎么回事，不是放学了吗？怎么会有孩子呢？

推门进屋，是小轩！他在摆放被同学们不小心撞歪的桌子，一张张、一行行、一排排，他不时站在不同角度去查看，不允许任何一张桌子差之毫厘。那态度，似乎是一位将军在检阅他的士兵。看着这整整齐齐、严阵以待的场面，他背上小书包，满意地走了。

教室里留下了惊愕的我和被他驯服的"士兵们"，个个精神抖擞、英姿勃发，我陶醉了。我在心里继续用"因为……所以……"造句，"班级里因为有了小轩，所以特别富有。"

小骨和小虫

"老师，小骨把虫子带进教室了。"

"啊？在哪里？"我气冲冲地来到小骨身边。小骨把两只手放在书桌里，抬眼看我，满是恐惧。其实，他不知道我更害怕，我不知道他抓的是什么虫子，不知道该怎么处理他，更不知道该怎么处理虫子。

"在哪里？赶紧拿出来！"我硬着头皮向他发出最后通牒。

他慢吞吞地伸出小手，攥得紧紧的小拳头慢慢张开，此时我真想闭上眼睛，我一直设想他手里的虫子是绿色的，软软的，一节一节的，鼓鼓的眼睛瞪着我们。

他终于完全张开了他的小手，一只类似于瓢虫的小家伙幸福地站在他的手心上，这个小家伙似乎憋坏了，振振它那不算发达的小翅，顺着中指的方向爬起来。

小骨的眼睛紧张地追随着小虫的身影，不停翻动手掌，免得它离开自己的手心跑丢了。那眼神，似乎是在盯着价值连城的宝贝，是珍惜、是怜爱、是担心……

这一切化解我所有的愤怒，他抽空看了我一眼，似乎我温柔的眼神也赶走了小骨的恐惧。眼神中都是感激，感激我还没有批评他，更感激我没有把他的虫子，摔在地上，踩碎！

"我们把它送到附近的树枝上，好吗？"我在等他的回答。他没出声，点点头，迅速跑出教室，透过玻璃窗，我看见他将那虫子小心翼翼地放在最漂亮的干枝梅上，待那虫子爬入花丛中看不见了，他才放心地回到了教室。

虫子风波，让我看到了小骨内心的温暖。

写给小杜的回信

小杜同学：

　　你好！

　　我是梁老师。我一直为自己要做一名守信用的人而努力！在群里看到你给我们的信后，我就一直琢磨怎么给你写这封回信。

　　开学时，你的座位空着，同学们面面相觑，摸不着头脑；上课铃声响起，有同学急切地汇报："老师，小杜还没来呢！"我看着你的座位空着，停顿了几秒，严肃地告诉大家，小杜转走了。班级里静默了，似乎每个人都有千言万语，都难以割舍与你的情谊，但每个人都必须接受这样的事实，未来的日子，我们不能在一起学习了。因此，班级里少了一名小帅哥；少了一名演讲高手；少了一位纯真宽容的天使；我失去了一位得意的学生；同学们失去了一位善良的伙伴；课堂上少了许多精彩的发言；班级里少了许多乐趣……

　　好在我们离得不远，于是这些暂时的缺失变成了祝福：

　　小杜，把你的这些优点带到新的学校、新的班级。新环境会迅速接纳你并且喜欢你的。你会很出色的，你有能力骄傲地告诉你的新同学：我来自讷河市实验小学二年级五班！加油！

　　祝：健康、快乐、进步

梁老师

2016 年 9 月 6 日

暑假里写给孩子们的信

五班的小伙伴们：

你们好！其实我真的想称呼你们为战友，这一学期我们并肩作战，打了一场又一场的胜仗，取得了一个又一个辉煌的成绩，有你们，我真骄傲！

日常生活中，我们的教室每天都干干净净、一尘不染，令所有经过的老师啧啧称赞；我们放学排队整齐划一、训练有素，令所有人赞叹不已；我们的课间，你们有的陶醉于书海，有的几个聚在一起悄悄分享读书心得，有的互相欣赏自己的美文佳作，这样的场面，让老师备感欣慰；我们的作业大家都认认真真地完成，要数量有数量，要质量有质量。

运动会我们取得了第二名的好成绩；书法竞赛、手抄报比赛、绘画比赛、征文比赛我们都有令校领导震惊的作品出现；艺术节闭幕式，你们的朗诵声情并茂、首屈一指；舞蹈社团、书法社团、口才社团都有优秀的选手来自我们五班。

最让我感动的是，这学期老师的工作量加大，会突然接到紧急的工作任务。这时，我欣喜地发现，你们能高效地进行自我管理，有时安安静静的读书、有时有组织的听考英语、有时有小老师组织讲题……这是小学生中任何一个班级都很难做到的，你们做到了！我特别骄傲和欣慰。

我一直要求你们做个自律的人，我一直想把你们培养成有自主能力的、有品位的、有创造力的、对于该做的事认真、坚强、有耐力的、高素质的人，而不是需要别人时时提醒、管理、惩戒，有奴性的人。三年来，我一直教育你们说：管理的目的是不需要再管，实现人人自我约束、自我管理，只有不依赖任何人，才证明我们的强大能力，让更多的人依赖我们，才证明我们生存的价值，我们五班的绝大多数孩子做到了，坚持下去，我会因此预知你们都将拥有不同凡响的人生。

特别是这次期末考试，由于平时扎扎实实的训练，由于强烈的读书兴趣，由于我们积攒的做事认真的态度，我们取得空前的好成绩：语文第一、数学第二、英语第二！孩子们，为我们的努力鼓鼓掌，为我们的成绩点个赞，特别是语文，每个孩子都抱着多得几分去承担班级里几个语文特别薄弱的孩子的成绩亏空，终于，我们靠着作文赢得了语文第一。

因此，假期里，我建议你们读5本书，自行设计填写5张读书卡；有感而发写5篇优秀作文；学一道拿手菜；拍一张自己满意的照片；为自己的布娃娃设计一套服装……你能做的还有很多，相信你们不会虚度这个假期的。我希望开学你们能带给我惊喜。

此时，梁老师在哈市学习，讲座的都是博士或者博士生导师。我在想，若干年后，你们当中的一些人成为某一领域的领军人物，父母、老师该是何等欣慰？

加油！

梁老师

2017年7月16日

我的班级故事还有许多，还在继续。现在想来，我不是在记录一个个案例，或者也不能叫作案例，我是在记录我的幸福生活，做老师，做班主任老师，真的很幸福！

点 评

　　梁老师为我们讲述了与学生在一起的幸福时光和感动时刻，这6个故事让我们也一起感受到了孩子们对老师的爱。特别值得赞扬的是，梁老师没有用成人的假设解释孩子的行为，而是用一种感兴趣的、接纳的态度与孩子对话。也只有这样，我们才能看到学生行为背后的美好期待，才能体会到孩子用自己的小手温暖老师大手所带来的感动，才能捕捉到孩子对自然、对小动物的好奇之心，才能发现孩子每一份向着未来的努力。

作者：张芯萌（一年级二班）　　指导教师：张明娜　　学校：黑龙江省加格达奇育才小学

书面沟通，是释冰的一剂良药

贵州省毕节市实验学校　王艳霞

∧
∨
∨
∨
∨
∨
∨

　　作为老师，尤其是作为班主任的我们，目标就是把学生培养成全面发展的身心健康的人，家长的愿望也如此。老师——家长——孩子三方目标一致，就像一个等边三角形的三个顶点，心往一处想，劲往一处使，我们之间关系应该是很和谐的。而现实教育生活中，也会出现不和谐的音符——老师埋怨家长不配合，批评孩子不努力；家长指责老师教学无方，苛责孩子不用功；孩子嘀咕老师心太狠，抱怨父母不理解自己。三角形的三个顶点相互排斥，这个等边三角形就很难形成，更别说稳定了。其实，三者之间彼此不理解，相互埋怨，就是缺乏沟通造成的。沟通，是释冰的一剂良药，是彼此知道对方有什么需求，自己应该怎么做的有效途径。

　　有的老师认为，现在工作那么忙，还要兼顾家庭，哪有时间沟通？也有老师认为，现在科学技术那么发达，电话、短信、微信、视频聊天，沟通快捷方便，与家长在沟通，但是沟通的效果不理想。是的，沟通方式多种多样，还有我们传统的交流方式——书信。我选择的就是书面沟通——每个周末写一封信，或给家长或给孩子。也许，有人会说："你真是多此一举，现在有那么多快捷而又高效的沟通交流方式，你为什么选择这种浪费时间和纸张的交流方式？"其实，书信的沟通交流，收效甚好。我们班的周末作业从一年级到现在，我一直打印成"作业单"。一张 A4 纸，一面是周末的各科作业布置及温馨提示，另一面则是老师的寄语。不管有多忙，我都会写，多则上千字，少则百余字。

书信与家长沟通，会让教育教学工作达到事半功倍的效果

我给家长的书信，有时向家长汇报孩子在学校的近况，有时告知家长教学上需要配合的地方，有时和家长探讨教育良方，有时向家长推荐适合亲子教育类的书籍。

给学生家长的信

尊敬的各位家长朋友们，大家好！

先向各位真诚地说声："谢谢，辛苦你们了！"上周的歌咏比赛得到家长们的大力支持，真的很感动。记得9月30日那天中午12:00，我本想先去教室看看孩子是否提前到，担心他们嬉戏时出危险（我原要求孩子们13:30到，也请家长们这个时间段来给孩子化妆）。没想到，我到教室一看，已经有四五位家长妈妈在给孩子们化妆了，她们还带上家属、朋友一起来帮忙。接着，我们10多位妈妈也陆陆续续地带上化妆盒来，给孩子化妆。我在一旁看着真的很感动。真的很谢谢各位家长，是你们用灵巧的双手，高超的化妆技术，让孩子们在"国庆节"更加漂亮、阳光、自信；是你们的无私、博爱让孩子都感到了被尊重；是你们——我的家长朋友在孩子口渴时给予孩子们生命之水，使他们嗓子甜润；是你们的面包让孩子们在漫长的等待中得到无穷的力量；也是我们的摄影师爸爸们辛苦跟拍，让孩子们的美丽成了永恒；孩子们为祖国妈妈祝福生日的同时，也享受到了自己如生日般的幸福与快乐！

谢谢我的家长朋友们，和你们合作共同教育孩子，真的很幸福！我们真是一个幸福的大家庭！

王老师

10月9日

　　我主动与家长的真诚沟通交流，家长们视我为朋友，有的家长夫妻双方在教子方面意见不一致，或者教子过程中出现困惑，都会与我共同探讨良策。

家长给我的一封信

　　尊敬的王老师：

　　　您好！

　　　王老师，谢谢您一直以来对小池的关爱。

　　　小池平时做作业都是他爸爸负责检查，近期他爸爸有事，我就和小池协商，只要他饭前认真完成作业，可以看电视到 20 时。这样，他一到我们单位就开始做作业，我还暗自高兴，觉得孩子自觉了。但是每次要求检查作业他都会说他已经认真完成了，不用签字。没想到他会有胆子不做作业和少做漏做作业情况，我真的有些愤怒和失望。

　　　我近期常常和他爸爸感慨，小池已经 10 岁了，不长高不长宽也不长心智。现在是自理能力差，又怕吃苦，以后不知道他咋办。

　　　因为您了解小池比较自卑胆怯的性格，所以，我们也感知到您对小池的包容，真的非常感谢。现在孩子 10 岁了，他现在的学习态度真的让关心他的人失望。

　　　王老师，您在信中谈到小池现在最让您担心的不是学习，而是小池的人际交往问题：在学校，每天除了大课间和上卫生间，小池都不离开座位，更不会主动与同学嬉戏、交流；当老师、同学与小池交流时，他也只能用"是"或"不是"，"有"或"没有"这些简单的字词来回答；小池也渴望与大家融为一体，一起说笑、娱乐，您带孩子们做游戏时，小池灿烂的笑容才会偶然显现。王老师，您不说，我还真没意识到问题的严重性。因为小池是独生子，平时我和他爸爸工作较忙，很少有时间与小池交流，更别说带他出去玩了。所以，也没注意到他与别人交往的困难。现在才发现，工作和学习与孩子的身心健康比起来，那算得到了什么？我和小池爸爸商量好了，按您的建议，多抽时间陪孩子，晚餐时和睡前，我们多和他聊天，每周至少有一次的户外亲子活动。

　　我们深知，小池的改变是一个漫长的过程，我们一定配合您的教育！在以后的日子里，还要辛苦您多费心！谢谢您，王老师！向您致敬！

　　祝您工作愉快！

小池家长

11月10日

用书信与孩子沟通，师生之间心贴得更近

　　我们的教育对象是孩子，在学校与孩子交流的时间有限，而且与孩子在教室或办公室个别沟通，会被其他学生误认为偏心，或者误认为老师与之交流的孩子犯错，进而冷嘲热讽。所以，选择书信交流会让学生更能理解老师，与老师的心贴得更近。

　　我致孩子的书信，有时和孩子交流共读一本书的心得；有时教给孩子学习的好方法；有时给予孩子鼓励……

给学生的一封信

亲爱的宝贝们：

　　周末好！今天终于可以静下心来和你们聊一聊了。静下心来，用心与你们交流的感觉真好！王老师觉得好愧对你们哦，12周已结束，可前11周的作业单上的留言，没有一次这样静下心来，真诚地去与你们交流，真心地让爱在纸间流动。

　　两个多月来，王老师感觉自己好忙，当我忙的时候，没有太多的时间和你们接触，更没太多的耐心和你们交流，就觉得你们特别浮躁，听课质量不高，作业书写不工整。其实，这是我把自己的烦躁投射给了你们。这一周，终于把自己解放了，开始有时间，用心去感受你们，似乎，你们又回到了开心、快乐、心平气和的时光；这一周，我们相处得

是那么愉快、和谐，每个宝贝都专心听课，积极地去回答问题。

孩子们，好想谢谢你们。谢谢你们的书写越来越漂亮，让老师在批改作业时心情愉快；谢谢你们的随笔写得那么生动，消除了老师的疲劳；谢谢你们按时完成老师布置的作业，我不再为有谁不完成作业而烦恼；谢谢你们上课时那么认真，让老师们感受到了被尊重的幸福；谢谢你们用稚嫩的小手帮老师拎包、抱本子、发本子、倒开水；谢谢你们灿烂的笑容，让老师们每天都如沐春风……真的很谢谢你们，做你们的老师真幸福！

让我欣慰的还有你们的主题班队会活动，两个中队长私下自己"备课"后，就用十来分钟时间，对小队长进行培训，然后就开始了你们人生的第一堂"学生授课"，效果真出乎我的意料。队长之间分工合作，井然有序，我的宝贝们在队长的带领和指导下，也配合得天衣无缝。在一旁摄像的我，倍感骄傲。你们才三年级，第一次组织班队活动就表现得那么出色，你们又成长了一次。我想，我和你们的爸爸、妈妈也是放手的时候了。

冬季运动会开始了，这次的比赛项目，主要考察的就是你们小组成员的组织能力和协作能力。一根筷子容易折，一把筷子难折断。王老师相信你们一定会齐心协力，把自己的潜能发挥到极致的！

祝你们运动会硕果累累！

王老师

11 月 17 日

书信与孩子沟通，我成了孩子们的"知心姐姐"。孩子们对我毫无戒备之心，不仅在知识困惑上大胆请教，在人际关系或在家庭问题上也能敞开心扉与我交流，并寻求帮助。

书信沟通的效果非常显著。首先，书信沟通谈话内容涉及面广，针对对象也宽，而且不受时间和空间的限制。书信的交流给学生做了良好的榜样示范，与他人交流，文字是很好的沟通方式，也提高了学生的写作能力。同时，书信的沟通在科技发达的今天更能显出特别的温度。

每周一次的书信沟通，使2014级十班就像一个温暖的大家庭。我保存一张照片，是歌咏比赛后我班任课老师、家长们和孩子一起照的全家福。照片中有年迈的爷爷奶奶；有身怀六甲的妈妈；有百忙中从外地赶回来的爸爸；有的一家三口全上阵，甚至有的一家五口三代人都到齐了。

多么温馨的画面！

书面沟通，是释冰的一剂良药。书信沟通，让三角形的三个顶点：老师、家长、孩子，一起快乐学习，共同健康成长！

点评

微信作为一种即时通信服务的平台，如今已经渗透到我们生活的方方面面，它开启了人与人之间沟通交流的新时代，语音和视频聊天，扫二维码付款，热门文章……这些功能给人们的生活带来了极大的便利。

但是微信的到来并没有缩短人们之间心灵的差距。正如木心的诗《从前慢》中写道："从前的日色变得很慢，车，马，邮件都慢，一生只够爱一个人。"书信是一种传统且又充满文化韵味的交流方式，每一封信都满载着深厚的情谊。手写心声，传递真情。与微信相比，书信更能让人安静沉思，更有人情味，更让人觉得细腻有真切感。

所以，我们相信王老师的感受和收获是真实的：用书信与家长沟通，会让教育教学工作达到事半功倍的效果；用书信与孩子沟通，师生之间心贴得更近。

小小任务单　大大促成长

北京市昌平区巩华学校　梁玉倩

事件起因

最近的一次家长会，有不少家长向我反映这样一个问题：孩子在家只顾着学习，除此之外什么也不做，衣来伸手，饭来张口，活脱脱一个"小皇帝""小公主"。据我了解，也有些家长持这种观念：现在孩子学习负担重、回家作业多，没有时间做家务，家长就要为孩子准备好一切。的确，眼下的小学生学习任务是很繁重，尤其是高年级段。学生一回家就忙于作业，这也是事实，但他们并没忙得一天就抽不出一些做家务的时间。一些明白的家长会把子女从事家务劳动，看作是孩子勤劳节俭品德的培养，每天固定一些家务让孩子作为任务来完成。孩子一有明确的任务，在忙完作业后，就认真去完成家长每天规定的家务事。例如扫地、洗碗、擦鞋子等，以便逐步培养孩子热爱劳动的观念。我希望通过一种家务劳动的评价手段，督促学生完成相应任务，培养学生做家务的习惯，从而让学生真正具有独立生活的能力。

发展过程

准备阶段

在活动开展前，为了设计出适合本班学情的家务评价表，我针对我班学生做家务劳动状况，做了一个现场问答形式的调查。

　　我发现有多一半的学生很少去做家务，甚至有个别学生不会做任何家务，就连整理书包有时都会请家长代劳。即便有做家务的也只限于擦桌、扫地、倒垃圾等极简单的劳动，有的学生起床不叠被子，有的学生不洗碗，也不洗自己的衣服，从来不洗菜、不做饭的学生有一大半。我问孩子们为什么不做家务呢？从孩子们的回答中发现并不是小学生们不爱劳动，大部分学生都觉得家务劳动有意义、有兴趣，愿意做家务；而认为劳动没意义、没兴趣的学生很少。学生不做家务的主要原因是"老师没教，家长不让做"。因此作为教师，规范学生的家务项目，制定评价表，以多种方式评价，就显得尤为重要。

　　考虑到每个孩子参差不齐的情况，我决定学生每日统一去完成一件家务，即"洗碗筷"，并且坚持一个月。"洗碗筷"是家庭中很常见的家务劳动，而且简单易行。于是，经过一番思考，我做出了一个简单的表格。

学雷锋　养习惯
——做一件家务活

日期		内容
我的评价		
父母评价		

　　在这份表格中，我设计的理念是注重学生和家长在整个过程中，不同时期的心理感受。学生的自我评价可以帮助学生加深对做家务的认识，以及不停地自我鼓励。父母评价可以帮助学生在家长的鼓舞中，坚持做下去。

　　我给每个学生发放了四周时间的表格，并要求每日带回学校，接受老师的不定期抽查。除此之外，我还建议他们可以适当拍一些照片，做交流用。学生们纷纷表示："没问题，我一定能都完成。"我在欣喜、憧憬的同时，心中却隐隐有些担忧。

实施阶段

第1周：开展活动的第一周，学生们都表现出了极大的热情，他们不光滔滔不绝地向我诉说着自己洗碗过程中的小事，还会与同伴分享"如何把碗洗得更干净"的小诀窍。我在检查学生的家务评价表时，看见他们在"我的评价"一栏中填写类似"我觉得很累，感到父母很不容易""洗的还可以，下次一定要做得更好""一次比一次好"等话，这说明孩子对自己的表现期望很高，总觉得有进步的空间，并且通过身体上的疲劳，感受到了父母的不易。而"父母评价"一栏中，填写的是类似"这个活动真不错，可以锻炼孩子""洗得较干净，但浪费水"或"虽然慢，但很干净"等话，真实地说明父母对这次活动的支持与肯定，更多的是对孩子行为改变的欣慰。

第2~3周：开展活动后的两周，开始出现了各种各样的问题。有些学生无法做到坚持，更多的学生反映的是评价语的匮乏。一名学生向我反映："老师，我妈妈都不知道每天写些什么了……"有的干脆只签上了家长姓名，证明孩子真的做了，但其中也有一位家长，每天会写一条关于"习惯"和"坚持"的名言，以此鼓励孩子。在这两周中，学生在"我的评价"一栏中基本上都是关于是否坚持的挣扎，比如"我要坚持！坚持！坚持！""怎么办，我好累呀！"但也有少数同学对自己越来越熟练的洗碗技巧进行称赞，以此鼓劲加油。我也为这部分学生的乐观向上的精神所触动。

第4周：活动的最后一周，坚持每天"洗碗筷"并作出相应评价的学生，比最初少了很多。在全班28名学生之中，有11名学生完完整整地坚持下来。在"我的评价"一栏中，大多数的学生都在不断地鼓励自己，比如写道"加油，还有两天！"也有的则写道：慢慢变成了习惯。"父母评价"一栏中，有的家长写道："做什么都是习惯，每天吃完晚饭，你就去洗碗了，已经养成习惯了，妈妈感到很欣慰。看着这样的评价，我的心情同样是激动的。我想，这就是我最想要的结果，最重要的不是将任务完成得多么出色，而是学生在这自我评价的过程中，学会了坚持和自我鼓励，克服困难，取得进步。

总结评价阶段

全班汇报交流。每个学生带好自己的照片及做家务的总结，全班进行交流。

我为在这次活动中做到持之以恒的学生颁发奖状。这是作为班主任的我，对他们的行为给予的肯定评价。

结 果

通过多种评价方式，培养学生做家务习惯的活动取得了阶段性的成功。不仅提高了孩子的生活能力，让他们学会了坚持与自励，并在这身体力行的过程中，体会到了父母的不易，拉近了亲子关系，培养了孩子们懂得关心亲人，能为亲人尽一片孝心，送出自己的一片心意！

反 思

看着学生那一份份被填得满满当当的家务评价表和书写的活动感想，以及全班交流讨论时，一张张神采飞扬的脸庞，我知道，我的这次评价故事画上了一个完满的句号。

当初我在选择开展这次活动之前，只是想解决部分家长对孩子的抱怨，想要孩子懂得一点点父母的不易。没想到的是，通过多种评价的方式，孩子们在这一个月的坚持中成长了很多。是的，孩子需要的不仅是书本上知识，他们更需要一些生活技能来充实他们。也许他们缺的正是一种机会，需要的是老师与每一个家庭的共同努力。从孩子自身的特点来说，由于他们好动，往往都很乐意自己动手干点什么。如果因势利导，让孩子参加些力所能及的轻微劳动，犹如在进行一场特别有趣的游戏，但久而久之能使孩子懂得劳动对人生的重要作用，懂得生活的艰辛，得到意志的磨炼，使他们从小萌发靠自己的劳动自立的思想，并逐步提高独立生活的能力。孩子是祖国未来的建设者，他们必须热爱劳动、善于劳动，所以要培养孩子从小热爱劳动、勤劳肯干的品质。

最后，以学生家长的活动感想作为结语："在家长的眼中，孩子永远都长不大，总想去呵护他们，其实孩子远比家长想象得要坚强、勇敢、能干得多。我们只需给予正确的引导大胆地放开手，给孩子们展示的空间，帮助他们养成做家务的好习惯，培养孩子们为家庭尽一份力的责任。"

一张小小的家务表，承载着太多美好的期望，它的真实、动人，是老师、学生、家长三方的桥梁，让我们尽可能用多元评价的方式，最大化地促进学生的成长。

点 评

国外学者曾经做过一项调查研究，得出一个惊人的结论：爱干家务的孩子和不爱干家务的孩子相比较，前者成年之后的就业率更高，犯罪率低，离婚率低，心理疾病患病率也低。做家务可以磨炼孩子的意志；可以强化孩子的责任感；孩子在做家务中可以丰富生活知识，发展动作技能与认知能力；可以增强孩子的自信。一个除了学习什么家务都不会的孩子是没有足够的自信的；会做家务的孩子，长大了参加工作也会具有条理性。

但是有些父母过分地宽容孩子、宠爱孩子，什么事情都舍不得让孩子做，这样做的结果是把孩子变成一个懒惰、依赖性强的人，严重的还会危害到孩子以后的人生。

梁老师有意识的促进班上的孩子们做家务，既是协同家长进行家庭教育，同时孩子们劳动能力的提高，责任心和感恩心的增强也有助于班级建设。

天涯有爱不觉远，雨润桃李花千树

甘肃省张掖市肃南裕固族自治县第一中学　李　琳

我是一名普通的语文老师，从教 20 多年来，雪山草原，见证了我教书育人的喜怒哀乐；讲台岁月，浸透着我不懈追求的挚爱深情。

"闻道者百，行道者一"，那时，我出发了

没有一颗敏感的心，定不会感受到弱者的疼痛和无助；没有一份悲悯的情怀，定不能伸出援助的双手。在工作之余，在与同事的交谈中，在我听到一些孩子的故事后，我不能安然地教自己的"圣贤书"了。想看看那些不幸的孩子，想为他们做点什么的心愿，促使我出发了。

我看到了：肃南裕固族自治县马蹄学校五年级学生小英同学，在很小的时候，父亲因驾乘摩托车发生意外死亡，2011 年母亲又在工地打工时发生意外，被搅拌机夺去了生命……

我看到了：肃南裕固族自治县决翔中心小学五年级学生达娃同学，从小父母离异，父亲常年在山里放牧，他放学回到家里只有狗的陪伴。肚子饿时，他常常只能在学校老师和亲戚家蹭饭……

这些学生的不幸遭遇让我牵挂在心，促使萌发了通过社会力量来帮助他们的想法。2011 年，我发起并成立了裕蕾爱心助学协会。每到节假日，我就和志愿者一起自费到学生家里调查、核实资料，将需要资助的学生信息发布到网络上，让

更多的爱心人士去关注贫困留守儿童。功夫不负有心人，在我的努力下，先后有100多名学生得到全国各地爱心人士的一对一资助。2013年的冬天，裕蕾爱心助学协会联合张掖、民乐、山丹的公益组织发起了"2013——温暖甘肃"的公益活动，从杭州、上海募集了几千件衣服，发放到了民乐县舟曲移民新村、山丹县位奇乡、肃南裕固族自治县马蹄学校、大泉沟小学；2014年六一儿童节来临之际，我联合张掖市商友会给肃南裕固族自治县泱翔中心小学捐赠了一台投影仪和一些衣服、书包等学习生活用品；联系公益组织及爱心单位给康乐明德学校捐赠了20个葫芦丝，帮助该学校组建了学校的葫芦丝乐队；联系陕西的企业家给马蹄学校的住校生捐赠了一些生活用品。2014年暑假，我联系北京大学爱心社的志愿者走访了民乐县、山丹县的贫困学生家庭，资助了数十名贫困学子。

"工欲善其事，必先利其器"，那时，我已深思

功夫不负有心人，我的努力为一些困难儿童带来了帮助，我也收获了社会的认可和赞扬，我很高兴，很有成就感。可是一次走访活动促使我的助学方向发生了改变。

2013年，我和志愿者到受助学生家里发放助学金和学习用品，看到多数孩子的父母外出打工，与孩子们聚少离多，孩子们平时由爷爷奶奶照顾，这种状况容易导致留守儿童在心理、性格等方面出现偏差，影响留守儿童的健康成长。回来后，我联系肃南团县委和河西学院大学生志愿者发起了"你的童年我陪你——关爱留守儿童"活动。同年暑假，我带领15名大学生志愿者来到大泉沟小学支教。宿舍床铺不够，我们就打地铺。没有食堂，我就给大学生做饭。我们除了给学生辅导作业以外，还和孩子们一起唱歌、做游戏、聊天。慢慢地，孩子们话多了，性格开朗了。这件事说明助学活动不仅要提供物质的帮助，更要提供精神支持。

"饮其流者思其源，学其成者怀其师"，此时，我已远行

孩子们的成长需要爱心的呵护，更需要学习知识，学习知识最好的方式之一就是读书，但是许多农村缺乏图书或图书品类不适合孩子们阅读。2011年，我在网络上看到一个叫"微笑图书室"的公益机构在全国农村中小学建立图书室的消息，就打电话和"微笑图书室"取得了联系，并首先在肃南裕固族自治县第一中学申请开展"微笑图书室"项目。三年多来，我和志愿者一起肩扛车拉，把4000多册图书从邮局搬到学校图书室，及时造册登记、分类上架，在各个班级建立了图书角，还在学生宿舍建立图书室以方便孩子们读书。2013年4月，我邀请"微笑图书室"的志愿者走访了裕固族自治县的12所中小学，考察了各学校图书室的情况，为各学校按照生均6本书的标准配发了精美的儿童绘本。

独乐乐不如众乐乐。我了解到张掖市其他农村学校同样需要图书资源，就于2014年和"微笑图书室"专员走访了民乐县丰乐、新天两个学区的15所乡村小学，在2014年年底给这两个学区的学校配备了绘本。2015年3月，我联合"微笑图书室"在丰乐乡丰乐中心小学举办了儿童阅读培训，120多位乡村老师参加了此次培训，精美的绘本、通俗易懂的阅读理念和可操作的阅读方法得到了老师们的欢迎。

有了好的图书，还需要老师、家长读书理念、方法的转变。为了更好地开展读书活动，2013~2014年，我邀请著名儿童文学家余雷教授、亲近母语阅读推广人余耀老师，还有微笑图书室的阅读推广人来到肃南，分别在肃南县城和皇城镇举办了第三届儿童阅读研习营，600多名老师参加了此次儿童阅读培训。我积极地和心平基金会开展合作，先后有59位乡村老师得到该基金会的资助，到成都、南京参加了儿童阅读研习营的活动，培养了一大批当地的阅读推广人，为牧区教师职业成长提供了不同的途径，开辟了一条以多元教育资源推动自治县学校的发展和教育的创新的新途径。

"兼收并蓄走出去，海纳百川请进来"，此时，我已成为我们

肃南裕固族自治县大河乡裕康社区是一个新建的牧民安居社区，社区的文化建设正在起步，家长们在山里放牧，孩子的学习成了他们最大的牵挂。2014年，社区工作人员找到了我，希望我能够帮助解决这个问题。我和志愿者在社区创办了一个"牧童之家"，在广东省春桃慈善基金会的支持下，根据牧区孩子在县城和牧区流动的特点，量身定做了"书包图书馆"。每到星期六，社区的孩子们就聚集到"牧童之家"，听志愿者们讲故事，自己画画，制作手工，家长们也来分享亲子阅读的快乐时光。越来越多的社区志愿者加入到"牧童之家"的建设中，逐步把资助的教育资源和社区的需求结合起来，探索社会组织服务社区文化教育的模式。

我借助互联网和微信平台，持续深入地开展阅读推广，结识了许多著名的儿童阅读推广人，获得了许多家长和老师的支持。我不再是一个人走在助学的路上，一批热爱读书、热爱公益的志愿者、老师、家长和孩子，凝聚在我的身边，在书香的浸润中，共同前行。在2015年度的"阅读改变中国"评选活动中，肃南裕蕾爱心协会是西部唯一入围的"年度阅读推广机构"；2016年度"阅读改变中国"评选活动中，我荣获"年度点灯人"称号。获得这样的殊荣，从我心底升起的不仅是欣慰，更多的是责任感和使命感。

"雨滋桃李花千树，风举鲲鹏路万程"，明天，我亦风雨无阻

从最初单纯的资金助学，到注册成为合法的社会组织，得到各行各业人士的支持和帮助，也获得了其他公益机构的扶持和鼓励，我愿意继续前行，汇集社会力量为肃南牧区的学生、家长、老师、学校、社区提供教育服务。

我所做的事情很普通，只不过是把我们中华民族扶危济困的传统通过大家的爱心得以传递，弘扬了社会的正能量。我和裕蕾使者的行动吸引了众多关注的目光，带动了更多的人同行，大家一起创建一个互帮互助、相互关爱的和谐社会。

点 评

　　没有名声雷动的波澜，没有炫眼夺目的彩虹，有的只是朴实无华的为人处世和低调无私的大爱情怀。在奉献社会的过程中，李琳老师燃烧着青春，激扬着梦想，把坚持助人为乐作为一种人生态度和生活方式，践行"生命不息，志愿不止"的精神，默默地在肃南大草原上，用真情和爱心诠释着对家乡的爱恋。他是助人为乐精神的坚定的实践者、传播者，也是志愿服务工作优秀的组织者。他行走在爱的路上，穿行在苦难和不幸的生命里，义无反顾。他是新时代的楷模，弘扬了中华民族扶危济困、友爱互助的文明风尚，为营造民族团结、社会和谐、和衷共济的良好氛围默默贡献着力量。

我和学生共成长

内蒙古自治区锡林浩特市芳草小学　李　静

　　我的梦想是做一位能登讲台，能讲课的教师。在这个梦想的支撑下，通过不断努力，我走上了讲台，成为一位小学教师。"理想很饱满，现实很骨感"，真正登上讲台，却发现教育书典中那些班级管理和教学经验实践起来真是不易。美丽的校园，一流的教学设备，努力奋进的教师队伍，促使我必须提高自我、潜心研究、刻苦钻研、提升教学素养，在工作中不断前行、进步。

　　我在教学岗位上摸爬滚打，探索教学方法、研究课题与学生管理，五个春夏秋冬转眼过去了，班级的小豆豆已经破土而出，长成苗壮的小苗。五年间，太多感动、太多故事、太多的付出与欣慰在记忆中沉淀，那许多抱怨、困惑随着教育经验的积淀也早已释怀。像一片冬天里的雪花诗意般地飘落与融化，翻过去，春天就又来了，暖暖地停歇在心里。

遇见，走进内心

　　我所教班级的学生来自外来打工家庭的比例占了3/4，家长大都没有固定工作。最大的问题是有好几名学生的家庭是破碎的，孩子像烫手山芋一样，被家长扔来扔去，没人监管。像我班里的王同学便是这样的一个男生，给班级管理带来了极大的困难。每天推开教室的门，你第一眼便能瞅见他，黝黑的皮肤，透着灵气的眼睛，可是手脚，甚至脑袋没有一刻能停下来的时候，他特别好动，课堂上不守纪律，想说就说，想下座位就下座位，十分随意，特别影响班级的学习环境。他面对教师的严厉、批评满不在乎，课上读课文总是拉着长调，生怕别人听不出他在搞怪。好不容易消停一会儿，他却趴在桌上若有所思，不听课，你问东他答西。课下总爱和同学打闹，总想欺负别人，自我保护意识特别强，只有占了上风才肯罢休。作业更是经常不做，即使做了也书写潦草、错字连篇。他从不佩戴红领巾，校服脏兮兮的，甚至连个像样的文具都没有。每天不是科任教师就是学生向我告状。因为他，我们班好长时间都没得过流动红旗了，面对他，我觉得自己整个人都要疯掉了。于是，我找他谈话，希望他能遵守学校的各项规章制度、安心学习，按时完成作业，团结同学，争取进步，争做一名好学生。他当时满口答应，可事后又一如既往，毫无长进。这样的反复沟通，不仅没有见效，反而使他变本加厉，每天无精打采，对什么都无所谓，更没有了学习兴趣。

这名学生让我手足无措，我原以为教师的任务就是备好课、教好书、判好作业，谁想还有这许多恼人的学生！我翻阅了很多教育理论书籍，满心欢喜地想找到医治这类学生的灵丹妙药，但似乎疗效很一般。随着日常工作的磨砺，班级琐事的增加，面对这样的学生，我渐渐失去了耐心，变得有些暴躁了。我批评他不完成作业，批评他总是惹事，事后我也反省，但脾气上来的时候仍控制不住自己的情绪，我不止一次地觉得做教师一点都不幸福，茫然无措。

一次偶然，我看到了《做传递正能量的教师》这本书，书上说："教师的正能量能影响到学生优秀品质的培养，如果一位教师对事业、对生活总是持乐观向上的态度，那么他的学生也会乐观向上；如果一位教师整天愁眉苦脸，阴云密布，学生也会在压抑中度过自己漫长的学习生涯"。我自省：是不是对这名学生的看法过于偏激，自己的主观定位使得做出的评价过于片面，我应该对这名学生的成长环境、性格等形成更全面、更客观的认识，从而保证自己做出客观、科学的判断和选择。

施爱，感受温暖

为了更加深入地了解他，我必须要走近他。几经辗转，我才得知：王同学生活在一个离异家庭，家庭条件不好，父亲有酗酒、打牌的不良嗜好，离异前，经常与孩子母亲大打出手，离异后，孩子一直跟着爷爷奶奶住，也不允许孩子母亲探望。原来他是一个被爱抛弃的孩子，这一切让他承受着沉重的精神压力，难怪他自我保护意识那么强，也许他是怕受到伤害；难怪他总爱出那些怪相，也许他是想引起大家对他的关注。我为自己以前的错误做法懊恼不已，我怎能那样伤害这幼小的、脆弱的心呢，他还只是个孩子。

为了改变王同学的现状，我多倾注了一份关爱在他身上。他的母亲是南方人，离异后因为不能见孩子就回到了南方老家，通过与他母亲的交流，我了解到她非常想儿子，无奈不能相见。我多次联系他的父亲，和他做深层的交流，让他了解孩子的在校情况，希望家里能多给他关爱，尤其是思想方面的引导，建议让孩子定期和母亲相聚，也能方便照顾孩子的生活，让孩子感受到母爱，感受到家的温暖。也许是我坚持的态度影响了他的父亲，又或者是在我们的沟通过程中，这位父亲意识到了问题的严重性，他最终接受了我的建议。孩子的母亲从南方回来了，和母亲在一起的那些日子，我明显感受到了孩子的巨大变化，衣着整齐干净了，佩戴红领巾的次数多了，和同学们的关系和睦了，最主要的是他会笑了。那发自内心的快乐，让我觉得作为教师的最大快乐，就是你的学生能快乐地成长，看着他快乐，我的心里暖暖的。我相信我能转变他。

身教，找到自信

王同学所处的家庭语言环境不好，父亲是蒙古族，经常说蒙古语；母亲是南方人，口音很重，因此他说话总是颠三倒四，表述不清。为了帮助他提高口语交际能力，轮到他回答问题的时候，我总是耐心倾听，从不打断他的表述，还让表达能力强的同学帮他补充。我让语言表达能力强的学生和他坐在一起，耳濡目染，一学期后，他的语言表述能力有了很大提高。一次课上，我发现他没有专心听讲，我心中的无名火"嗖嗖"地往出冒，但我没有像以往那样，我决定选择另一种方式去"收拾"他。刚好讲到概括课文内容的知识点，我便点名让他回答，我原本以为这道题对他是有些难度的，没想到他仰起头，顿顿神，嘴巴一张，答案便跟着出来了，课文内容概括得非常精练准确，还有自己的阅读感受和想法。回答很精彩，我被他的灵敏、聪慧惊呆了。顿时，全班响起了一阵热烈的掌声。我看到他脸上露出了得意的笑容，我抓住时机，在全班同学面前表扬了他。从那之后，我发现他在课堂上的专注力集中了，能够跟同学和教师积极地交流问题，常常见解独特，一语中的。

因为家庭条件不允许，所以他的读书量还是上不去，怎么办？我想到了班级中爱读书的学生很多，经常会做一些读书交流活动，于是我发挥班级图书角的作用，倡议学生们把已经读过的经典图书放在那里，建立图书借阅档案，让学生们都能读上好书陶冶性情、荡涤心灵。这个方法既能让像王同学这样想读书没书读的学生读好书，也不打击学生的自尊心，还能映射到全班同学，掀起读书的浪潮。这让我想到了《黄生借书说》中的"书非借不能读也"，还是挺有道理的。

我特意安排了几个责任心强、乐于助人、耐心细致的学生坐在他周围了，照顾和提醒他的日常事宜，发挥同学的力量，让他感受到同学的关心。有时，这几名学生也会产生厌烦情绪，说他脾气暴躁，不主动学习，没写完作业就不见人影，经常要满世界找他……于是我开导这些学生："慢慢来，别强迫，用你的优点去慢慢影响他。"后来，他取得进步时，除了表扬他，我也表扬了这些帮助他的学生：他的进步离不开大家的帮助。

他的作业很乱，书写极不规范，我逐字给他做示范，包括怎么用钢笔，写错了怎么修改，这些细节都不放过。他的习作通篇没有标点，我和他打趣："写文章和说话一样，需要停顿，需要呼吸，这满满的一篇文章要是读下来后，老师就见不到明天的太阳啦！你这是何居心呀？"他吐吐舌头："老师对不起，我立刻去急救！"再交来作业时，呈现在我面前的作业质量就会提高了。我决心坚持这样做下去，不急不躁，去感化他、磨砺他，让他在无压力的状态下，收获进步。这也让我明白，换一种思路，换一种方式，换一种态度，便能收获一份完美。

转变，收获青山绿水

一年一度的"校长杯"校园足球联赛开始了，王同学在球场上的出色表现，让我发现了他的这项特长。我向校队教练推荐他，让他参与学校的足球训练活动，让他把多余的精力转移到这方面来，丰富他的学校生活。渐渐地，他的形象在同学们心目中高大了许多。

现在的王同学，已经融入班级的大集体了。虽然还是经常的犯错误，但哪怕他有点滴的进步，都在说明我们教育的力量是强大的，只要教师引导得当，不失时机地鼓励，相信他会沿着教师指引的方向去获取新知，增长才干，不断进步！

苏霍姆林斯基说：一位好教师意味着什么？首先意味着他是这样一个人，他热爱孩子，感到和孩子在一起交往是一种乐趣，相信每个孩子都能成为好人，善于跟他们交朋友。我浅薄的学识因为有了学生而碰撞激荡，渺小的身影因为有了学生而忙碌活跃，平凡的人生因为有了学生而丰满感性。所以，我是幸福的，因为，我和学生共成长！

 点评

这个案例让我联想到《地球上的星星》，影片中的美术老师尼克说："发烧了，只是表面现象，他为什么会发烧？"一个让教师、家长头疼的顽皮学生，在遇到尼克之后，人生轨迹发生了180°的大转变。尼克在意班里的每一名学生，不会因为某些应试的才能欠缺而否定学生。他找到伊夏的作业本，认真分析其中真正的问题，并且与伊夏的爸妈进行深入交谈，用自己的关爱一点点地改变伊夏，让他慢慢走出自己的世界，慢慢找回自信，最终克服掉自身的毛病，在后来举行的绘画比赛中，发挥出自己的才智与与众不同的思维，一举夺得该赛事的冠军。伊夏是一名幸运的学生，遇到了一位善于发现个人才能的教师。尼克真正做到了因材施教，不是一棍子打死一大帮，而是看到了个人的特点，并且用足够的耐心进行鼓励、引导，使之朝正面的方向发展。

每一个孩子都是独一无二的，都有自己的故事和烦恼。作为父母或是教师，要在他们的成长之中，做照亮他们夜空的最亮的那颗星星，给孩子多一份接纳和包容，陪伴和指引他们前行。

案例中的李静老师，就是一位我们现实生活中的尼克老师。

写接力日记辟育人之蹊径

——以"接力日记为载体，提高小学高段德育的实效性"实验报告

四川省攀枝花市实验学校 刘 晶、高 勇

引 言

"接力日记"，即将班级学生分组，一周内组内学生按顺序完成一篇日记的方式真实记录所见所感，班主任教师每天进行评点，随后学生反思、讨论，引导学生通过日记对当天思考的问题进一步深化、拓展，从而达到学生人格素质的培养这一德育根本目的。

实验研究综述

在对当前小学高学段学生由于身心快速成长致使传统德育说教方式效果不佳的现状观察思考，并对有关文献进行回顾分析的基础上，确定本研究问题。

小学高学段学生逐步进入青少年阶段。根据发展心理学理论，作为人生发展历程中的一个特殊阶段，青少年的心理发展不管在发展的主题与任务，还是发展的背景方面，与童年期相比都存在明显的甚至在某些方面是质的不同。例如，自我同一性、亲密感、自主性、亲子冲突以及性的问题，这些都是个体在青少年时期所面临的与其他阶段相比具有特殊重要性的发展主题。此时学生已不满足于常

规的学校家庭的说教式教育，他们企图向内探索生理心理的规律特点，向外探索对社会规律规则的适应融合，同时迫切期望这种探索活动得到老师家长同学的认可和支持，避免探索产生冲突而引发的不适应感和排斥感。

实验目的

以"接力日记"为载体，提高小学高学段德育的实效性。

实验研究对象

四川省攀枝花市实验学校 2016 级十班全体学生。

实验方法

定性研究法、文献法。

实验过程

写

给全班同学分组，每五人一个小组。组内的这五个同学从星期一到星期五每人轮流一天在"接力日记"上记录自己生活中的一个见闻和它带给自己的感受和思考。并要求同学们要注意以下三点：留心观察，寻找日记素材；描写真实，让读者身临其境；抒发真情，无关对错。

选

老师每天到校的第一件事就是批改每天交上来的"接力日记"，同时每天从这十几篇日记中甄选出有德育价值的日记作为"讲评日记"。

展

请"讲评日记"的作者亲自在班上读自己的日记，以此激发学生写"接力日记"的浓厚兴趣。

评

引导学生对"讲评日记"中所描述的事件本身和作者的思考展开讨论，老师适机点拨，有针对性地进行德育教育。

引

鼓励学生对讲评中所谈到的话题进一步思考，并将自己的思考体现在日记当中。遇到有价值的话题，甚至可以以此话题为一个主题，组织学生做一个为期一周或更长时间的日记接力。老师坚持每天组织学生点评，以此给学生提供一个平台让学生深入思考，各抒己见，自我教育，自我完善。

实验研究结果

四川省攀枝花市实验学校 2016 级十班共 69 名学生，属片区招录。本实验从 2014 年 9 月实施。2014 年和 2015 年，班级连续两年被评为全校"最美班级"。

实验研究分析

小学高年级学生自我意识逐渐进入迅速发展时期。他们已经有了独立意识，逐步依靠内化了的行为准则来监督、调节和控制自己的行为，喜欢尝试着从个性品质、人际关系、自我价值等方面来描述自我形象。与此同时，小学高年级学生在自觉性方面虽然持续发展，但仍处于较低水平。心理发展的独立性与幼稚性的矛盾日益突出，表现出容易固执己见、盲目地拒绝他人的劝告和建议。在果断性方面出现片面、冲动、草率和情绪化。社会上一些消极颓废、陈腐没落的东西对学生意识形态影响较大。基于对小学高学段学生的心理特征的认识，如果德育还动辄给小学高学段学生灌输人生意义、价值目标等大道理，往往让孩子一头雾水。有效的小学高学段德育应该是能符合学生的心理特征，能帮他们解决实际问题的。这需要小学高学段德育"小一点、实一点"，从小事入手，扎扎实实地去推进德育工作。以"接力日记"为载体，把全班学生分为若干小组，每个小组5人，每人轮流一天记录生活中的一个见闻和自己的思考。这样每一位同学都是记录者，每一位记录者又都是一位德育工作者，每一天的选材都是教育资源，利用好这些资源，对班主任来说是多了几十位帮手，自然也就能营造出良好的班级氛围，提高德育的实效性。

实验研究结论

第一，即时掌握学生思想动态，及时解决所遇问题、促使学校德育工作不流于表面，深入学生内心，符合学生实际。

第二，以培养人格素质为目的的成功德育教育、对学生智力发展和知识文化学习产生极大的正面作用。

第三，建立学校、家庭、社会三位一体的教育、对塑造学生人格及价值观、世界观、人生观起到十分重要的作用。

第四，教师对青少年心理发展的掌握、教师知识的全面性、教师解决问题的能力在本实验中起到决定性作用。

第五，由于青少成长的特性，本实验在小学高学段、初中阶段效果明显，不建议小学低学段或高中阶段开展。

后续问题研究

第一，小学高学段学习困难学生的德育教育。

第二，小学高学段留守儿童的德育教育。

附　录

案例"我与亲情"

2016年春季学期刚开始，刘老师给全班布置的第一个日记主题是：寒假中印象最深刻的一件事。小罗同学的日记详细记载了春节期间全家人带着外公外婆一同出游的事，一路上大家的关注点更多的是放在了对外公外婆的照顾上，虽然这样的出游会更累些，但让他们一家人体会到了不一样的满足感。于是家人们约定这样的出游每年都要有一次，并喊出了"许多年后，我们也许已经历风霜雪雨，走过千山万水，仍要坚定地在一起"的心声。日记在班会上宣读后，引发了同学们对"亲情"的深思。刘老师立即组织了一场讨论，主题就是"我与亲情"。同学们观点鲜明，畅所欲言。刘老师最后陈辞，亲情是我们的传统，更是我们的根本，我们的成长与亲情相伴，无论远近，无论时空，无论形式，它扎根在我们的血脉中。就这样思想的风暴被掀起，亲情与叛逆、盲目的孝顺、新时代的亲情等话题被写进了日记。有的学生通过"接力日记"反思为何爸爸、妈妈与爷爷、奶奶所聊之事甚少，其原因是爸爸妈妈太忙了，疏于陪伴；有的学生在日记中通过描写爷爷那双因操持家务而变得粗糙的手，表现出内心的自责；有的学生在日记中描写自己看望爸爸已故朋友的父亲的场景，提出"老吾老以及人之老"的观点……有一天李同学的家长打电话来欣慰地说这段时间孩子天天缠着让外婆做好吃的，开始还批评孩子不懂事，今天看了孩子的"接力日记"，才知道是班上这段时间的"接力日记"引导李同学观察到外公去世后外婆的种种失神的表现，并意识到应让外婆忙起来转移注意力，这样才能从外公去世的阴影中走出来，于是她才天天缠着外婆给她做好吃的。

分析："亲情"的话题是老生常谈，如果仅靠书本的说教来宣传这个中华传统，学生一定感觉味同嚼蜡。身边同学的真情实感最能激发孩子的同感，引发自身的思考。刘老师把握住时机，抛出话题让孩子们畅所欲言，既宣泄了孩子平时对长辈不满的情绪又启发了孩子对自己的反思。孩子们对亲情有了正确的认识，容易"假大空"的话题却如春风化雨般渗透进了孩子的心灵。能够感受亲情、珍惜亲情的孩子他（她）们的本质一定是善良的！

启示：德育不能仅靠说教，好的时机十分重要。好的时机不能仅靠等待，更要靠挖掘。"接力日记"是学生抒发真情实感的一个平台，即时给予相应的教育让学生尤其是高学段的学生更能接受。"非令而从"也是教育的最高境界。

案例"由墙报引发的思考"

还有几天全校墙报比赛就要开始了，可六年级十班的墙报还是空空如也，原因嘛——刘老师又没有指定哪个人办，何必强出头呢？班会课上老师给大家读了一篇台湾校长谈责任的文章，当天晚上的"接力日记"就有好几位同学在日记中谈到了责任。同学们在日记中表示：好好帮妈妈干活是孩子的责任；努力学习是学生的责任。在同学们洋洋洒洒读完自己的日记后，刘老师问了大家一个问题：作为班级一员，你的责任是什么？有同学回答：为班级争光。"为班级争光就是对班级的事情漠不关心吗？指定的任务才是责任吗？怎样才是有责任心呢？"连续的几个问题让同学们哑口无言，再看看自己在日记中的大话，很多同学低下了头。刘老师仍没指定由谁来办墙报，什么时候完成墙报。可第二天早上，一幅精美的墙报就呈现在大家面前，这幅墙报在本次全校墙报大赛中一举夺魁。同学们纷纷在日记中记述了此事的感受。于是老师决定接下来一周的"接力日记"主题就是"我眼中的责任"。随着讨论的深入，上课积极举手发言的人多了；家庭作业写得好被表扬的人多了；主动发作业的人多了；就连教室的绿色植物和图书角的图书也变多了……两个多月后的一天，校德育主任在全校广播里表扬六年级十班的小秦同学：小秦同学从教室门口的楼梯一路收捡遇到的垃圾，一直到学校门口。走在后面的德育主任实在好奇走上前去问他为什么这样做，他腼腆地回答，这是作为我们学校学生的责任。

分析：从等着吩咐去做到主动去做，这是责任心建立的一个标志。责任心的建立又来源对责任的认识。如果墙报事件发生后，老师在班上大发雷霆，责骂一番，恐怕下次墙报依然没有人主动去办，班上的一切事情都要安排到人，安排到位。这样的教育又有什么用呢？那样教育出来的孩子做事往往是敷衍塞责、草草了事、互相推诿。老师通过日记让学生谈责任，再结合身边的事进一步理解责任、责任心，学生的感受可谓深也。尝到了有责任心的甜头后，养成敢于承担责任的品质就顺理成章了。

启示：学生出现问题是必然的。当出现问题后，很多人采取了强加指责的方式，忽略了学生对这种指责的接受性。指责这种方式对小学高学段学生尤其需要慎用，小学高学段学生身心的快速发展使其自尊心膨胀，变得非常敏感，强行指责容易引发学生的逆反心。老师通过"接力日记"将道理深入分析，娓娓道来，深入其心，使学生进一步修正自己的行为。老师也能从孩子日记中得到反馈，将要讲述的道理进一步根植于学生心中。

点评

"接力日记"和普通日记的不同在于，普通日记是私密的、个人的，而进行"接力日记"的过程中，每名学生既是记录者又是见证者和评判者。于是，"接力日记"就成为一个学习共同体，一个大家都在其中感受和建设的心灵家园；"接力日记"使每名学生突破了自我的封闭和狭隘，使学生之间比学赶帮，每个人都力求表现得更优秀得到别人的肯定。当然，"接力日记"是否会产生另一种可能：学生为了迎合老师以及同学，掩饰自己真实的想法，特别是一些带有批判性质的个人反思，而只是弘扬所谓"正能量"？本文中只是就单篇日记做分析，没有对"接力日记"的作用做出辩证分析，还望研究进一步深入。

作者：覃倩佳禾（三年级四班）　指导老师：兰巧益　学校：湖北省宜昌市实验小学

献给折翅的天使

北京市海淀区万泉小学　李　伟

　　记得一次沙龙前，我们从老师们手里收集了一些拉手过程中的问题与困惑。当时有一位老师交上来的材料有一万多字，据说这只是其中一部分内容，还有上万字没交呢。听到这个消息后，我一阵惊喜，多有心的一位老师呀，下了这么大的功夫记录学生的成长，真不容易。我迫切地想和大家分享这位老师的心血。

　　从题目看就很吸引人，我想一个个故事会更吸引我（以下引用了一些老师交上来的材料）。

故事 1　初次领教

　　刚开学没几天，班里的小组长就向我汇报他们组的刘同学没交作业。我随口问了一句："刘同学，你的作业本呢？什么时候能交？"只见刘同学看了我一眼，然后默默地把书包收拾了一下，起身背起书包，昂首走出了教室。我一愣，没有阻拦，因为我知道阻拦会加剧他的逆反心理，我没有做声，任由刘同学走出教室。随后我跟着他悄悄地（没让他发现）走出了教室。

　　说明：老师有爱心，没有对学生大吼大叫；也有责任心，怕他出事，悄悄跟出去。

　　我看见刘同学背着书包站在离教室外不远的楼道里，既然他没有像以前一样往学校外跑，我怎么能让他回班呢？我马上返回到班里，灵机一动，把教室门打开，提高嗓门说："这两天大家表现得不错，我想发奖品，念到谁的名字请上台领奖。"

说明：老师还是很有智慧的，把学生呼唤回来的方法很巧妙，同时给了学生一个台阶，保护了学生的自尊。

我逐一地念着同学的名字，根据班里评比表点了点得贴花最多的同学的名字。随后我又说："刚才老师发的是表现好的同学，现在我想把奖发给进步最大的同学，请大家说一说这几天谁的进步最大。"教室里小手如林，我逐一让孩子发言，很多孩子都不约而同的点到了刘同学的名字，我趁机大声地说："刘同学，很多同学都说你进步大，来领个奖吧。"我确信我的声音刘同学肯定能够听见，果然刘同学背着书包进到教室，从我的手中拿走了奖品，然后若无其事地回到自己的座位。这一天，我没有理他。第二天早上，刘同学把作业本交到了我的手上，我夸了他一句："作业能按时完成真好。"

说明：效果显现了。

故事 2 丢钱风波

日子一天天地过去了。有一天小然找到我，说自己放到书包里的 120 元钱不见了，我忙帮其展开调查。据同学小漪说，她上操回班拿衣服，看见刘同学在翻同学的书包。我问他为什么翻同学的书包，他说是为找自己丢失的溜溜球，可刘某某的溜溜球根本就没丢，就在他的座位里。我告诉他班里有同学不见了钱，问他是否看见。

说明：这样的处理方式，能让学生明显地感到老师已经把自己认定为肇事者，从而心理上开始抵触，导致后面再次出逃的结果。

他说没看见，并提出小宣可以作证。第二天，我看见刘同学走进教室，我刚提到小宣这个名字，他就发疯地向学校大门跑去，幸亏保安把他追回，等他平静后我追问他原因，但没有结果。其实当时我想告诉刘某某，小宣说她当时什么也没看见。事情到此搁浅，怎么解决，头疼。我只好按兵不动，观察。

说明：刘同学拿没拿这钱，我不知道。

故事3　沉默对抗

从此以后，我明显觉得我和刘同学的关系没有以前亲密。以前上课他积极举手读课文，语文作业能按时完成，并积极改错，据我所知他只做语文作业。可经过这件事后，他在课上高兴就听，不高兴就玩东西，作业也不写，对我说的话爱搭不理，往往用沉默回答我。我找他谈过几次，他就是低着头，什么话也不说。我当时就想只要他不惹事，先随他去吧。

说明：这样的孩子非常敏感，很在意老师的态度与评价，当老师处理问题不够妥当时，孩子的情绪就一落千丈。而老师又没能及时与孩子进行沟通，这就会使孩子对老师的关爱产生抵触和逆反心理。

故事4　再次爆发

有一天梁老师告诉我，她发现刘同学和朱同学在水房点火。这件事的后果十分可怕，我赶紧通知了学校。学校让我找刘同学的妈妈谈谈。身为班主任，我觉得自己有必要和刘同学谈谈。我告诉他这样做非常危险，如果起火，他会是第一个受到伤害的人。没想到，他当着全班同学的面对我大声吼道："你管得着吗？受伤害的人是我，和你有什么关系？"当时的我很委屈，甚至觉得这个孩子已经无药可救了。

说明：基于前面的几件事，孩子已把老师推向了对立面，老师的关心也不起作用了。而孩子的气话又使老师萌生了不恰当的情绪。

故事5 掐人报警

一天中午吃过饭后，孙某某给了田某某一些糖。田某某想把这些糖再分一部分给他的好朋友，就把糖放在自己的桌上数。没想到刘某某一下冲过去，顺手就抓起了桌子上的糖，田某某就说："你还我糖。"刘某某二话不说，双手就死死地掐住田某某的脖子。当时高老师看见后立马阻止，可刘某某就是不撒手。高老师和同学们一起动手，试图帮田某某从刘某某的手中解脱出来，可无济于事。高老师见状，灵机一动，让田某某把衣服从身上退下来，然后赶紧把田某某和刘某某隔离，叫田某某去办公室休息。我们的刘某某此时还双手紧紧地握住田某某从身上退下来的衣服，一个人站在墙角喘着粗气生闷气。高老师告诉刘某某，如果他把同学伤害了，是要负法律责任的。刘某某听了这话，立即用自己的手机报警，告诉警察他我杀人了，让警察抓走他。总之情况是混乱的。我了解了情况后，忙下楼查看，刘某某这时又因听到别人说"掐人是不对的"，就死死掐住自己的脖子，蹲在墙的一角，任谁劝都不听。

说明： 孩子的情绪和行为越来越难以控制，问题更加严重。

我试图劝了他几句，可刘某某的情绪非常激动，我决定先让他自我冷静。我先去安慰田某某，又查看了他的伤势，再和田某某的家长取得联系。此时，刘某某还是掐住自己的脖子，气哼哼的。此时，于老师过来抱住了刘某某，说："你掐了田某某是不是很后悔？你是不觉得他是你的好朋友，觉得很对不起他？你向他道歉，他会原谅你的。"此时的刘某某放了手，向田某某道了歉。

说明： 无助的刘某某在于老师的怀抱里感受到了温暖，而于老师的一番话不仅给了他一个台阶，而且还告诉他怎么收拾"残局"。

反思与感悟

故事还在继续。老师的记录也非常生动、翔实，但我的心情却越来越沉重。

我纳闷：这位老师开始时挺有智慧、挺有爱心的，现在她的智慧哪去了？她的爱怎么这样苍白无力？这个孩子开始时还是有变化的，为什么几次之后，反复到了"无可救药"的地步呢？经过一番思考，我得出了如下结论。

爱是教育的一切

不知大家是否发现，孩子情绪的变化是随着老师的爱与关注而起伏不定的。开始时孩子能感受到老师的爱，继而在爱的感召下有了一定进步。后来当他发现老师的爱减少了，他不再被信任、被理解时，他内心深处的不安油然而生。

这也让老师们痛苦万分：什么招数都用了，可这孩子就是转化不过来。还有老师经常抱怨：这孩子，爱也没用，就像一块冰，焐都焐不化。

听了这话，我也在想：为什么我们付出那么多，还换不回孩子的一点感动呢？是冰也会有融点的呀，总焐不化，是不是温度没达到呢？是不是我们付出的情感不够、爱的不够呢？什么招数都用了，那最简单、最实惠、最古老但又最基本的招数——爱，老师们用了吗？我相信，老师们肯定会说用了，但是用好了吗？

爱是教育学生的起点和基础，是打开学生心灵的灵丹妙药。而教师工作真正的乐趣则是每天与孩子心灵接触的乐趣。

有的老师也曾问过：今天的孩子缺爱吗？全家几代人围着他们转，个个都被视为宝贝的。的确，今天的孩子几乎都是物质上的富翁，但同时大多数也是精神上的乞丐。

所以我们特别要做的就是给予学生精神上的爱，它包括平等的爱、理解的爱、尊重的爱、信任的爱和民主的爱。

爱需要一定的合力

一个人的爱是有限的，如果能调动一切力量，这种爱是无限的。

作为老师，人人都有教育管理的责任与义务，所以要人人参与，共同关心和帮助每一个孩子。尤其是各科老师要达成共识，学会一唱一和、协调一致，这样才能形成教育的合力，才能起到事半功倍的作用。

　　同时，老师还要引导班级中朝夕相处的小伙伴给予有特殊需求的孩子大家庭一样的爱。老师毕竟是成年人，有时不一定能清楚地了解孩子的心思。而小伙伴间有共同语言，更能相互理解，所以老师要学会发挥集体的爱的力量和同伴互助的力量，让有特殊需求的孩子能在班级中有人与他合作交流，能感受到同伴间的温暖。

　　当大家的爱都一致时，老师们的负担就减轻了，否则大家总处于一级战备阶段，自己的心境也会大受影响。

爱需要一定的能力

　　教师需有能力让学生感受到关爱。这种爱也许是一个鼓励的眼神，是一句亲切的叮咛，是一个充满感情的抚摸，是一次善意的表扬或提醒等。刚才"掐人报警"的故事中，于老师先抱住了刘某某，然后在他耳畔低语，刘某某听进去了，也照着老师的方法做了。为什么？因为他感受到了于老师的爱，从于老师的拥抱中，他感受到了安全与温暖。所以，发自内心的爱是能于细微中渗透到孩子心里的。

　　同时，教师还要有能力让学生反过来爱自己，让爱发挥更大的作用。比如：有很多学生因为喜欢某一个老师而喜欢他的课，因为爱某一个老师而不厌学等。这都是爱的力量的表现。

爱是一种储蓄

　　有人说，教师是在学生心灵深处耕耘的人，若想打动学生，就要经常地去拨动其心弦，让其心灵受到感动，每感动一次，爱就积攒一些像储蓄一样，攒到一定程度，量变就会发生质变，教育的奇效就会发生。只不过有些孩子慢热，需要教师爱得更深沉、更长久。

　　经过以上反思，我初步拟定了下一步的做法。

　　加强师德教育，树立"学生在我心中"的责任意识。我们想从一个孩子入手，让所有任课教师共同商议教育转化的办法，并付诸实施。

　　加强班集体建设，努力形成平等友爱、和谐互助的班级氛围，让有特殊需求的孩子有一个良好的转化环境。

将有特殊需求的学生进行分类研究。

对有些学生，有必要的话联系家长，介入医疗手段，进行统合康复训练；有些学生，可联系专家或聘请在这方面有特长的老师定期给与心理疏导；对学习有问题的学生——找准切入点，加强引导与辅导。

点评

案例中学生的情况需要做进一步鉴别，根据文中的描述，刘同学可能属于"品行障碍"，因为该生的攻击性行为（对同学）和对立违抗性行为（对老师）明显，也有一定程度的反社会行为（偷钱，不经同学同意就拿同学的糖吃）。"品行障碍"的干预需要取得父母以及家庭成员的积极参加和合作才能得以实现。要协调家庭成员之间，特别是亲子间的关系；纠正父母对子女不良行为采用的熟视无睹或严厉惩罚的处理方式；训练父母学习用适当的方法与子女进行交流，用讨论和协商的方法，正面行为强化辅以轻度惩罚的方法对子女进行教育，减少家庭内的生活事件及父母自己的不良行为等，也可以采用阳性强化法、消退法和游戏疗法等进行行为辅导，或者引导学生调整认知，帮助学生发现自己的问题、分析原因，考虑后果，并找到解决问题的方法。在精神卫生机构，对"品行障碍"的干预，有时还会用适量药物进行治疗。本文作者已认识到了对于问题严重的学生，有必要的话联系家长，介入医疗手段等。的确，老师的爱心是必要的，但仅仅有朴素的爱心远远不够。